# 数字版权保护技术
## 在垂直领域的应用

DIGITAL COPYRIGHT
PROTECTION TECHNOLOGY
APPLICATION IN VERTICAL FIELD

张 立　张凤杰　陆希宇　等著

中国书籍出版社
China Book Press

# 《数字版权保护技术在垂直领域的应用》

## 主要撰稿人员

| | | | |
|---|---|---|---|
| 张　立 | 张凤杰 | 刘颖丽 | 介　晶 |
| 熊秀鑫 | 栾京晶 | 陆希宇 | 周　琨 |
| 周　丹 | 王　瑶 | 尚　雨 | 李嘉宁 |
| 王　烨 | 何国强 | 彭海韵 | 王　蒙 |
| 刘　杰 | 张万涛 | 王　宁 | 高阿坤 |
| 闫进兵 | | | |

# 前 言

　　数字化和互联网正在以前所未有的力量和速度改变着出版产业的发展方式。有人将数字技术看作是继造纸术、印刷术之后的第三次出版革命。随着数字以及网络技术的不断发展和迅速普及，广大国民的阅读习惯与购买倾向开始发生巨大变化，以数字出版、数字印刷业为主体的新兴出版业呈现高速发展态势，成为出版产业未来发展的重要增长点。同时，互联网和数字内容作品，正在成为越来越多的人学习、工作和生活的重要渠道和手段。伴随着数字版权产业的迅猛发展，如果没有对数字出版的版权内容进行技术保护、对数字出版产业秩序进行技术规范的数字版权保护技术手段和研发活动，数字出版产业以及整个出版业实现又好又快的发展是不可想象的，也是难以持久的。

　　近年来，数字版权保护成为各国法律界、出版产业界共同探讨的一个热点和难点问题。当前，由于我国数字版权保护技术的发展历史较短，基础比较薄弱，除了在电子书等平面媒体类的数字版权保护技术上有部分优势外，数字版权保护技术整体的研发水平相对滞后。如何充分研究、发展并应用数字版权保护技术，提高我国的版权保护水平，促进相关产业的健康发展，这成为"新时代"我国数字版权技术亟待解决的重要课题。

　　基于以上原因，我们开始着手进行相关调查和研究。本书通过对数字版权保护技术原理、技术需求、应用场景等方面的深度研究，阐述了不同行业领域不同形态数字作品的数字版权保护技术使用实例，并结合两者对今后数字版权保护技术发展及服务模式进行了探索，这种探索对于数字版权监管部门、广大权利人和相关研发企业，都有一定的意义。

　　本书共有五块内容。第一块是概述，分三节阐述了数字版权保护技术的背景环境、管理现状及技术发展。第二块从版权登记、DRM 技术、水印嵌入技术、唯一标识符嵌入技术、时间戳技术、媒体指纹技术和侵权追踪技术、音视频加密播放器等七个主要版权保护技术，分析总结了当前数字版权保护技术的原理、实现路线和特点等主要方面。第三块分析了主要的数字版权保护应用系统，并对八大版权保护应用系统进行了全面系统的介绍、核心功能阐述及应用场景分析，全面覆盖了目前实际应用中主流版权保护相关的应用系统。第四块从传统出版社多媒体形态数字作品、影视版权管理、商标图形、视频及检测类作品的侵权追踪等多个案例出发，结合第二块中阐述的七大版权保护技术和第三块中数字版权保护应用系统，充分展现了数字版权保护具体需求、实际应用场景及策略，并进行了简要分析。第五块综合了第四块的实用案例和第二、三块技术及应用系统的分析，总结了数字版权保护技术发展和服务模式两个方面的发展趋势，并具体进行了阐述。最后，我们归纳整理了"数字版权保护相关术语"和历年"数字出版蓝皮书"中涉及数字版权技术的部分，即"2005—2018中国数字版权保护状况"，并将这两部分作为附录，供读者参考。

　　本书在研究和撰写过程中，得到了多方面的帮助与支持，也参考了大量的文献，在此一并表示感谢。由于数字安全技术在不断更新发展中，书中或有不妥之处，恳请业内同行读者谅解，并给予指正。

作　者<br>
2019年11月

# 目 录

一、数字版权保护技术概述 ················································· 1
  （一）数字版权环境分析 ··············································· 1
  （二）数字版权管理现状分析 ··········································· 2
  （三）数字版权保护技术综述 ··········································· 3

二、数字版权保护技术现状分析 ············································· 5
  （一）版权的登记与管理平台技术 ······································· 5
    1. 版权登记背景 ···················································· 5
    2. 版权登记与管理平台核心功能 ······································ 6
    3. 在线登记技术 ···················································· 7
    4. 在线分配唯一标识符技术 ·········································· 9
  （二）DRM 技术 ······················································ 10
    1. DRM 相关的基础技术 ············································ 10
    2. DRM 技术的应用 ················································ 13
    3. DRM 技术需求分析 ·············································· 16
    4. 核心问题 ······················································ 17
  （三）水印嵌入技术 ·················································· 18
    1. 研究及应用现状 ················································ 18
    2. 技术原理 ······················································ 19
    3. 分类及特点 ···················································· 20
  （四）唯一标识符嵌入技术 ············································ 24
    1. 单一标识符嵌入技术 ············································ 24
    2. 批量标识符嵌入技术 ············································ 25
  （五）时间戳技术 ···················································· 26
    1. 时间戳技术背景 ················································ 26

  2. 时间戳技术特点 ·················································· 26
  3. 应用场景 ························································ 26
 （六）媒体指纹技术 ·················································· 28
  1. 应用需求分析 ···················································· 28
  2. 研究及应用现状 ·················································· 29
  3. 技术路线 ························································ 31
 （七）侵权追踪相关技术服务 ·········································· 33
  1. 侵权追踪流程 ···················································· 33
  2. 技术原则 ························································ 34
  3. 技术路线 ························································ 35
  4. 比对分析技术 ···················································· 36
 （八）音视频加密播放器 ·············································· 37
  1. 工具介绍 ························································ 37
  2. 应用 ···························································· 38

## 三、数字版权保护应用系统 ············································ 39
 （一）版权资产管理系统 ·············································· 39
  1. 系统介绍 ························································ 39
  2. 系统核心功能 ···················································· 42
  3. 应用场景 ························································ 45
 （二）版权交易系统 ·················································· 45
  1. 系统介绍 ························································ 45
  2. 系统核心功能 ···················································· 46
  3. 应用场景 ························································ 47
 （三）网络视频侵权追踪系统 ·········································· 47
  1. 系统介绍 ························································ 47
  2. 系统核心功能 ···················································· 49
  3. 应用场景 ························································ 52
 （四）数字签章系统 ·················································· 52
  1. 系统介绍 ························································ 52
  2. 系统核心功能 ···················································· 53
  3. 应用场景 ························································ 55

（五）版权资源长期保存系统·················································· 55
    1. 系统介绍···································································· 55
    2. 系统核心功能······························································ 56
    3. 应用场景···································································· 59
（六）版权知识加工及标准系统·················································· 60
    1. 系统介绍···································································· 60
    2. 系统核心功能······························································ 60
    3. 应用场景···································································· 62
（七）版权知识问答系统··························································· 64
    1. 系统介绍···································································· 64
    2. 系统核心功能······························································ 65
    3. 应用场景···································································· 68
（八）推荐选题服务系统··························································· 68
    1. 系统介绍···································································· 68
    2. 系统核心功能······························································ 69

# 四、数字版权保护技术应用案例················································ 73
（一）在数字版权批量登记中的应用············································ 73
    1. 数字版权保护技术研发工程背景及成果···························· 73
    2. 版权工程数字版权批量登记情况···································· 74
    3. 版权批量登记业务流程················································ 75
（二）在多媒体形态的数字内容作品版权保护中的应用···················· 76
    1. 实例背景···································································· 76
    2. 版权保护策略方案······················································ 77
（三）在影片著作权授权公示系统研发中的应用····························· 78
    1. 影片著作权授权公示系统研发背景································· 78
    2. 成果及应用································································ 81
（四）在数字版权监测中的应用·················································· 84
    1. 案例背景···································································· 84
    2. 监测数据分析···························································· 85
（五）在出版编辑版权作品中的应用············································ 88
    1. 版权工程及其数字内容作品注册管理功能简介················· 88

  2. 数字内容注册管理基本流程描述……………………………………… 89
  3. 出版编辑版权作品注册管理——以图书审读报告注册管理为例　91

（六）媒体指纹技术在商标图形中的应用…………………………………… 95
  1. 媒体指纹技术背景……………………………………………………… 95
  2. 媒体指纹技术种类……………………………………………………… 97
  3. 媒体指纹技术发展趋势………………………………………………… 99
  4. 媒体指纹技术应用情况………………………………………………… 99
  5. 商标图形特点及其元素属性分析……………………………………… 101
  6. 商标图形数字版权保护的必要性分析………………………………… 103
  7. 面向商标图形的媒体指纹技术………………………………………… 109
  8. 基于媒体指纹技术建立商标图形数字版权保护专有系统的可行性系统需
   求分析…………………………………………………………………… 116
  9. 技术可行性及初步实验验证…………………………………………… 117
  10. 系统架构可行性分析………………………………………………… 120
  11. 系统功能模块分析…………………………………………………… 121
  12. 系统性能分析………………………………………………………… 123
  13. 我国商标注册申请总体情况及发展趋势分析……………………… 124
  14. 商标行政管理与执法部门需求分析………………………………… 126
  15. 商标注册代理机构需求分析………………………………………… 128
  16. 其他单位需求分析…………………………………………………… 129

（七）在国内外新兴阅读终端版权管理模式中的应用……………………… 130
  1. 概述……………………………………………………………………… 130
  2. 亚马逊电子书客户端数字内容资源版权管理模式研究……………… 134
  3. 微软手机客户端数字内容资源版权管理模式研究…………………… 136
  4. 微软平板电脑客户端数字内容资源版权管理模式研究……………… 139
  5. 苹果手机客户端数字内容资源版权管理模式研究…………………… 142
  6. 苹果平板电脑客户端数字内容资源版权管理模式研究……………… 144
  7. 苹果手表客户端数字内容资源版权管理模式研究…………………… 147
  8. 三星手机客户端数字内容资源版权管理模式研究…………………… 148
  9. 三星平板电脑客户端数字内容资源版权管理模式研究……………… 150
  10. 腾讯电子书客户端数字内容资源版权管理模式研究……………… 152

11. 小米手机客户端数字内容资源版权管理模式研究 ………… 154
12. 华为平板电脑客户端数字内容资源版权管理模式研究 …… 156
13. 新兴阅读终端数字内容资源版权管理模式的总结 ………… 159

## 五、数字版权保护技术发展趋势分析 …………………………… 164
### （一）数字版权保护技术趋势探索 ………………………………… 164
1. 区块链技术在数字版权保护中的应用 …………………… 164
2. 云计算环境下的数字版权保护技术应用 ………………… 168
3. P2P 网络环境中数字版权保护技术应用 ………………… 169
### （二）数字版权保护技术服务模式发展趋势 ……………………… 169
1. 私有部署与第三方服务结合的服务模式 ………………… 169
2. PC 端与移动端结合的服务模式 …………………………… 170

## 附录 1　数字版权保护相关术语 ……………………………… 171
1　数字版权保护权利术语 ………………………………………… 171
2　数字版权保护技术术语 ………………………………………… 178
3　数字版权保护安全管理术语 …………………………………… 195
4　缩略语 …………………………………………………………… 201

## 附录 2　2005—2018 中国数字版权保护状况（节选） ………… 202
（一）2005—2006 数字版权保护状况 …………………………… 202
（二）2009—2010 数字版权保护状况 …………………………… 209
（三）2011—2012 数字版权保护状况 …………………………… 213
（四）2012—2013 数字版权保护状况 …………………………… 216
（五）2013—2014 数字版权保护状况 …………………………… 221
（六）2014—2015 数字版权保护状况 …………………………… 226
（七）2015—2016 数字版权保护状况 …………………………… 230
（八）2016—2017 数字版权保护状况 …………………………… 236
（九）2017—2018 数字版权保护状况 …………………………… 242

# 一、数字版权保护技术概述[①]

## （一）数字版权环境分析

数字化和互联网正在以前所未有的力量和速度改变着出版产业的发展方式。有人将数字技术看作是继造纸术、印刷术之后的第三次出版革命。随着数字以及网络技术的不断发展和迅速普及，广大国民的阅读习惯与购买倾向开始发生巨大变化，以数字出版、数字印刷业为主体的新兴出版业呈现高速发展的态势，成为出版产业未来发展的重要增长点。同时，互联网和数字内容作品，正在成为越来越多的人学习、工作和生活的重要渠道和手段。

在国民阅读和消费转型的强力带动下，数字出版产业正在成为今后出版的主流，成为出版业未来发展的广阔空间和新增长点。据统计，2000年全国数字出版产业产值只有15.9亿元，2006年高达200亿元，2009年达到795亿元，2015年突破4400亿元，15年间增加了270多倍。而传统出版发行在同一期间则明显处于"滞胀"状态，期刊发行增长总体陷入停滞，图书库存每年都在大幅增加。而由于面临前述问题，传统出版业也在加速向数字化出版转型。

我国数字出版由此进入了一个前所未有的发展时期，数字出版相关产业链日趋完善，出版形态日益丰富，数字出版对各行业的内容支撑明显加强，产业规模逐渐扩大。由此，我们完全可以说，数字出版是大势所趋，是高新技术条件下出版业发展的必由之路。

伴随着数字版权产业的迅猛发展，我国也面临着猖獗的网上侵权盗版的威胁。据不完全统计，目前在国内1400多个电子书网站中，真正拥有版权的大概只有

---

[①] 本部分摘自中云文化大数据科技有限公司资助课题：数字版权保护技术研究报告
  课题组负责人：张　立　中国新闻出版研究院
  课题组参加者：张凤杰　中国新闻出版研究院工程研发中心
        栾京晶　中国新闻出版研究院工程研发中心
        周　丹　中国新闻出版研究院工程研发中心
        周　琨　中国新闻出版研究院工程研发中心
        王　瑶　中国新闻出版研究院工程研发中心
        陆希宇　中国新闻出版研究院工程研发中心

4.3%。2016年，盗版网络文学如果全部按照正版计价，PC端付费阅读收入损失将达到29.6亿元、移动端付费阅读收入损失达50.2亿元，合计79.8亿元。此前的一项统计也显示，目前我国活跃盗版电子书网站数量达到了1.5万余家，其收入超过了正版书网站的8—10倍。

为此，近年来我国政府不断加大网络文化建设和管理力度，加强网络环境下的知识产权保护工作，在推进网络版权保护方面取得了明显成效。网络环境下的版权保护法律体系初步建立，2006年7月，《信息网络传播权保护条例》正式实施；《世界知识产权组织版权条约》和《世界知识产权组织表演和录音制品条约》两个互联网国际条约也在中国正式生效；打击网络侵权盗版工作力度不断加大，打击网络侵权盗版专项治理"剑网行动"连续开展第七年，是继2005年开展以来的第六次网络专项行动，在"十二五"期间查处网络案件2765件，依法关闭侵权盗版网站1193个，有效打击和震慑了网络侵权盗版行为。国家版权局、国家互联网信息办公室、工业和信息化部、公安部联合深入开展打击网络侵权盗版的专项治理行动，依法打击各类网络侵权盗版活动，规范市场秩序。

但互联网环境下的侵权盗版问题是一个世界性的问题，目前来讲，还没有一个国家——不管是发达国家还是发展中国家，能够找到有效的根治途径。所以，打击互联网环境下的侵权盗版活动是一项艰巨的、长期的任务，国家除了组织专项行动外正致力于建立互联网环境下的版权保护长效机制，数字版权保护技术的研发和应用无疑是题中应有之意。国家版权局发布的《版权工作"十三五"规划》，也将数字技术和互联网技术列为了"十三五"期间版权工作的有效手段。

抛开对数字出版的版权内容进行技术保护、对数字出版产业秩序进行技术规范的数字版权保护技术手段和研发活动，数字出版产业以及整个出版业的又好又快的发展是不可想象的，也是难以持久的。近年来，数字版权保护成为各国法律界、出版产业界共同探讨的一个热点和难点问题。各国的经验表明，数字网络环境下的版权保护需要法律、技术双管齐下，法律是版权保护的根本，技术是版权保护的手段。

# （二）数字版权管理现状分析

版权管理与服务的主要内容包括：版权贸易信息管理，如版权的许可使用信息、版权转让信息的收集、整理等；版权权利内容管理，如版权登记管理、版权数据贮存与编目、版权合同登记、版权质押登记等；反盗版信息管理，如作品使用跟踪、盗版行为的证据记录、盗版作品信息披露等。这些任务的完成必须依靠版权管理与服务系统作为有力的支持。

日本研究者Yoko Murakami提出了版权管理与服务系统设计与运行的新协议框架，其内容包括系统建设目标、组成部分、系统模型的硬件构成等几个部分。欧盟近年来也在建设整个欧盟的版权信息系统，整个欧盟将来的所有版权通过一个信息中心就可以进行控制。

2008年7月1日，OCLC一个新的服务系统——版权信息登记系统（The Copyright Evidence Registry）开始提供实验性服务，该系统建立在世界范围内成千上万家图书馆共享的超过一亿条WorldCat书目记录基础之上，旨在鼓励图书馆员和其他感兴趣的各方共享图书版权状态相关信息，以促进版权工作。用户可以在系统中对图书的版权信息进行检索，了解其他人共享的相关信息，同时也可以通过系统贡献自己所知的内容。实验后期，OCLC将对系统增加新的功能，使图书馆能够建立并自动运行一套符合其版权定义的版权规则，这套规则将帮助图书馆分析从OCLC版权登记系统中所得的信息，形成自己的结论。

美国版权局的CORDS系统则是版权管理与服务系统的成功代表。该系统开发始于1993年，宗旨是通过互联网实现数字作品的在线版权登记申请、注册与保存。该系统的工作机制大体如下：当接收版权登记申请人通过电子邮件寄送的电子申请表格后，版权局进行一系列记录与贮存活动，如进行数字化签名的确认、编制跟踪记录并反馈给申请人、审查作品的版权性质及其他要求、给定有效登记日、给定登记号、打印版权确认证书、确定版权标识、进行作品编目、将记录输入版权数据库等。这样，其他网络用户就可通过版权局的版权数据库进行版权数据的检索。从这一系列过程可以看出，CORDS是一组管理系统与软件组件的集成，分别进行版权登记、注册、贮存、信息处理、检索等功能的实现。

在我国，近年来也产出了相关研究成果，很多系统或平台也已投入使用，但在提供的功能上还不够全面和完善。中国版权保护中心著作权登记管理信息系统于2009年3月2日正式启用，系统初步实现了著作权登记申请和登记业务办理的网络化。该系统具有在线填报、登记受理、审查、审批、发证、公告等功能。

从版权管理与服务的各项业务环节所需的技术支持来看，国内外版权管理与服务系统的开发建设尚存在不足，反盗版信息管理系统、版权合同管理系统的开发还没有出现显著的软件成果。

## （三）数字版权保护技术综述

数字版权保护，英文为Digital Rights Management，也经常翻译为数字版权管理。尽管各种研究文献对数字版权保护技术的定义不尽相同，但对数字版权保护所涉及技术的描述是基本一致的。一般认为，DRM技术就是以数字加密技术为基础，综合一系列软硬件技术，用以保证数字内容在整个生命周期内的合法使用，平衡数字内容价值链中各个角色的利益和需求。它通常包括对软件、文本、图像、音频、视频等媒体介质的保护，目的是从技术上防止数字内容的非法复制与传播。在网络和数字化飞速发展的今天，数字版权保护技术作为"将影响世界"的十大新兴技术之一，在文化、经济、社会的发展中发挥着重要作用。

数字版权保护技术应该涉及数字内容使用权限的描述、认证、交易、保护、监测、跟踪，以及对使用权拥有者之间关系的管理，这几乎涉及数字内容生存周期中的每一种状态。目前对数字版权保护技术应用的要求当中，涉及的应用领域广泛分布于数字出版、电子政务、数字电视、音乐传播等各大领域。

"数字版权保护技术"是我国信息化建设的重要内容，也是出版业数字化转型和可持续发展的关键。《国家中长期科学和技术发展规划纲要》强调，"保护知识产权，维护权利人利益，不仅是我国完善市场经济体制、促进自主创新的需要，也是树立国际信用、开展国际合作的需要"。

# 二、数字版权保护技术现状分析[①]

随着 Internet 的普及和数字化技术的发展，网上传播的数字内容越来越多，数字作品易复制、拷贝和再分发的特性使得传统的版权管理方式已经无法满足数字内容版权管理的需要，互联网成了数字作品盗版和侵权的温床。针对这种严峻局面，国内外的业内人士们开始寻求能够保障数字环境下作品权利的途径和方法，数字版权保护技术领域的研究和应用应运而生。

## （一）版权的登记与管理平台技术

在数字作品的网络传播过程中，我国至今尚未建立统一的数字内容作品登记注册管理体系，难以实现对数字内容作品版权的有效跟踪监管，无法提供知识产权不受侵犯的基础保障。因此，对数字内容进行无异议的注册与规范化管理，保证数字内容作品的永久可识别性和稳定性，并可随时获取数字内容作品完整有效的版权信息、确认数字内容作品的版权状态，是进行数字内容交易和版权保护的基础。

### 1. 版权登记背景

自世界上第一部现代著作权法——1710年英国《安妮女王法》出现，版权登记制度就产生了。迄今为止，世界上很多国家都有关于版权登记制度的规定，但关于版权登记的类别和效力却存在着较大的差别。大致而言，世界各国著作权法上的登记可以分为三类：登记是取得著作权的先决条件（"权利取得模式"）、登

---

[①] 本部分摘自中云文化大数据科技有限公司资助课题：数字版权保护技术研究报告
  课题组负责人：张  立  中国新闻出版研究院
  课题组参加者：张凤杰  中国新闻出版研究院工程研发中心
        栾京晶  中国新闻出版研究院工程研发中心
        周  丹  中国新闻出版研究院工程研发中心
        周  琨  中国新闻出版研究院工程研发中心
        王  瑶  中国新闻出版研究院工程研发中心
        陆希宇  中国新闻出版研究院工程研发中心

记是行使著作权的前提("权利行使模式")、登记是权利的初始证据("初始证据模式")。

数字版权的登记和注册是数字作品网络传播过程中确保知识产权不受侵犯的基础保障。作品的著作权主要保护的对象是围绕作品的各种权利人,初始的围绕作品的权利人,首先是作者,其次是帮助编辑出版的机构(出版机构),其中包括改编演绎的机构、发行服务的机构或代理服务的机构。在数字作品传播过程中,作品的载体形式可能是多样的,但权利的顺序关系应该是唯一的。所以,在数字版权保护的源头,依然是作品权利、授权、转移的关系在数字记录、磁光载体、互联网/广播/电视/移动通信网上的权利迁移与技术控制。

## 2. 版权登记与管理平台核心功能

数字化资源版权登记和管理,通过及时、细粒度的数字内容登记,生成版权登记唯一标识,并实现标识在数字内容载体的有效嵌入和解析是数字版权登记管理平台的核心功能。通过实现不同粒度数字资源内容的版权登记和标识嵌入解析,达到数字内容的版权标记、鉴别的目的,从而达到数字内容的版权认证监管的目的。

数字版权登记与管理平台的核心功能应包括以下几个方面:

一是建立数字内容权利登记数据库,支持面向数字内容权利的统一注册登记服务,为数字内容的版权及其他权利拥有者提供基于数字内容权利的注册登记、变更、状态跟踪。

二是为登记在库的数字内容创建永久有效的唯一版权识别,利用数字水印等多种技术将其与数字内容本身进行绑定。

三是建立数字内容权利登记信息查询服务,基于数字内容权利登记数据库,面向产业链上下游用户提供相关信息的查询服务、获取数字内容权利登记的相关信息。

四是开发数字版权标识的解析算法,结合数字内容权利登记数据库,通过分析数字内容的绑定信息得到有关的数字内容版权等相关登记信息。

五是基于数字内容权利登记数据库及相关版权标识创建与解析算法建立数字内容版权标识的注册管理平台,通过网络面向行业用户提供安全可靠的数字资源认证和监管服务。

数字版权登记技术平台主要包括注册登记系统、认证监管服务系统、登记信息查询系统、版权标识水印生成与嵌入系统、数字作品版权登记数据库、用户管理系统。具体如下:

(1)注册登记系统

该系统提供数字内容版权登记服务,主要分为数字内容注册模块、数字内容查重模块、数字作品注册登记号分配模块等。

（2）认证监管服务系统

基于数字版权注册信息，提供基于版权标识水印的数字版权认证接口、基于内容+版权标识水印的数字版权认证接口、基于内容的版权认证接口，同时，还提供基于版权标识水印的版权离线认证工具。

（3）登记信息查询系统

提供基于元数据的注册信息查询接口、基于数字作品注册登记号的注册信息查询接口。

（4）版权标识水印生成与嵌入系统

基于注册信息生成版权标识水印。ePub、PDF、数字版权保护技术研发工程标准体系中数字版权保护内容格式的版权标识水印嵌入。

（5）用户管理系统

根据系统权限和安全管理要求，设计研发用户管理系统；支持系统管理和运行的用户管理和授权控制要求。

数字版权登记与管理平台的核心功能图如下所示：

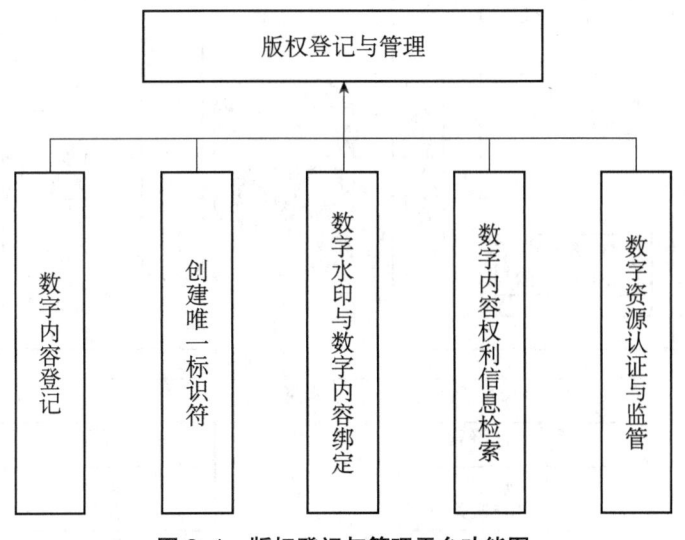

图 2-1　版权登记与管理平台功能图

### 3. 在线登记技术

（1）在线登记平台技术架构及体系

数字版权在线登记管理平台可采用分布式技术架构和体系，建设基于数字内容特征数字指纹的数字版权标识生成和解析机制，支持数字资源在发行、使用过程中的数字版权标识和保护。

数字版权的在线登记管理在多个级别上采用分布式设计方案，保证元数据注册和解析的高可靠运行。首先，采用基于BigIP的分布式多节点方案，将数据和服务分布到多个机房节点中，数据通过事务复制方式在多个节点之间进行实时备份，保证系统的数据和服务不受灾难、设备和网络故障等因素的影响；其次，在一个服务节点内部，对注册、解析以及数据存储等关键服务采用负载均衡和集群方式构建，确保服务的高可靠运行。

根据在线登记平台技术架构，可以形成全流程的数字版权在线登记的数据流程图，所登记版权信息及其流程具体如图2-2所示：

图中涉及的数据信息及数据流均显示，在数字版权进行登记的过程中，登记信息均为作品内容的元数据。

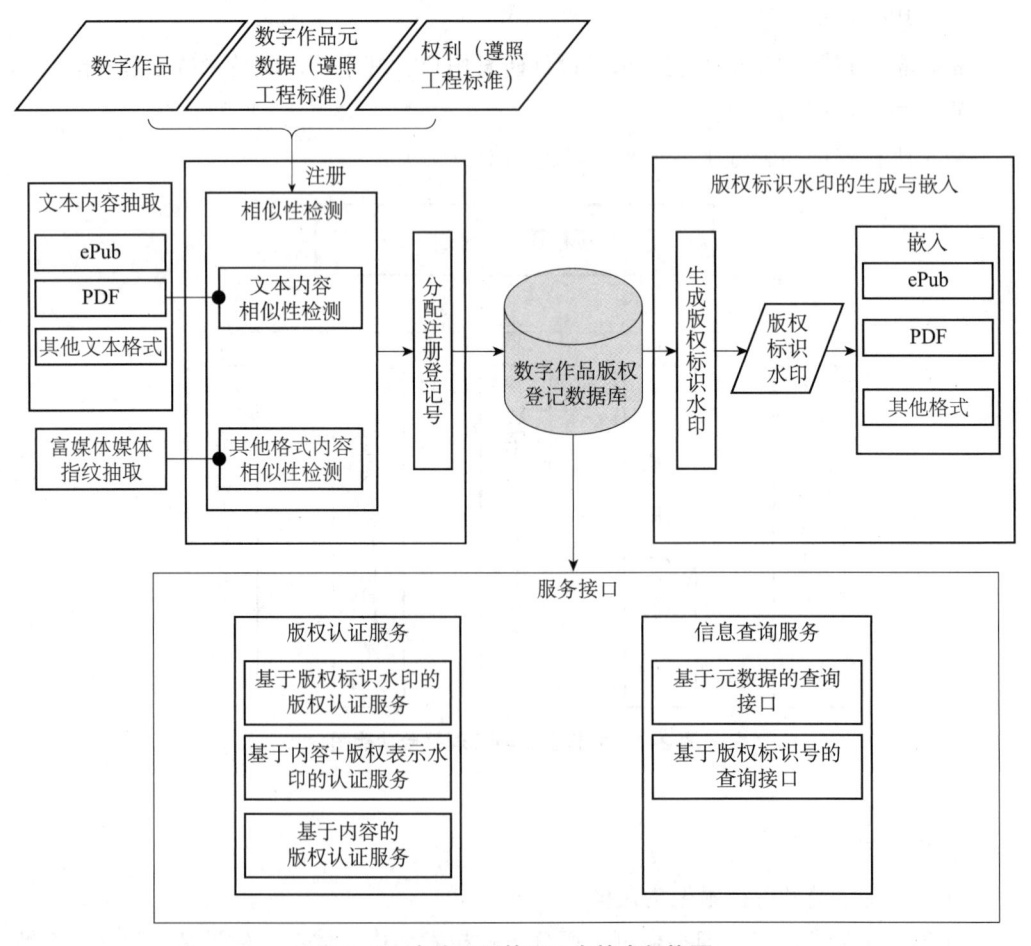

图2-2　在线登记管理平台技术架构图

总之，数字内容注册与管理相关技术内容包括登记信息的确认与跟踪、与相关系统的数据交互与互操作接口、与国家相关法律的关系及与管理机构的接口等。

（2）在线登记技术优势

与传统出版的作品版权登记管理系统相比，数字作品的版权登记与注册平台技术优势明显，它采用数字化、网络化对数字作品进行版权登记和管理，具有更加灵活易用、服务丰富的特点。具体表现在以下几个方面：

①数字作品的登记和管理除了传统版权登记的注册登记功能提供版权登记号外，还提供数字版权标识，用于直接嵌入数字作品；

②数字作品的登记和管理可以自动化进行，大大减少人工成本；

③可以网络化服务，对全民提供查询接口，支持全民版权鉴别能力。

4. 在线分配唯一标识符技术

资源标识技术也是数字版权保护的重要技术。在数字出版领域，所有具体的应用实际上都是使用者对数字出版资源的应用。因此，对于数字出版资源的标识技术，可以说是所有版权保护应用系统的基础。

在数字版权保护技术应用方面，资源标识技术占据着比较关键的位置。要对一个数字内容资源实现控制和权限管理，就必须对这个数字内容资源赋予在数字版权保护系统中的一个唯一标识，否则，记录权限的许可证就无法与数字内容资源关联，版权保护就失去了意义。目前已经市场化的数字版权保护系统内，基本都有一套对被保护资源的命名规则。

随着数字版权保护系统以及数字出版应用系统的发展，不同系统之间的互操作性要求越来越高，因此，实现一种公共的标准化资源唯一标识法则就成了一个新的研究方向。

目前已经形成了一批应用在不同环境下的标识符方案。但是，很多标识符方案仅被定义及形成了一个标识符名称空间及标识符构成机制，尚未构成一个完整的包含解析系统的标识符系统，如SICI、BICI、PII等。这类标识符详细地定义了其构成规则并由特定机构对其进行登记管理，但是其在制定时并没有为其设计一套用于互联网环境的分布式的解析和管理机制，当前最为普遍和实用的标识符解析机制仍然是基于HTTP/DNS的。

由美国CNRI（Corporation for National Research Initiatives）建立的Handle System是互联网上比较成功的唯一标识符系统。近十年来，我国已有若干机构对于唯一标识符系统进行了深入的研究，开展了基于Handle System的应用试验，并取得了实质性的研究成果和进展，在此基础上建立的系统已经在国内投入了实际应用。

1994年美国出版商协议（American Associate of Publishing, AAP）成立了非盈利组织 IDF（International DOI Foundation），在 CNRI Handle 系统的基础上，专门研发了一种既能保护知识产权又能保障版权所有者商业利益的系统——数字对象标识符 DOI（Digital Object Identifier）。DOI 系统由标号体制、元数据、解析系统和政策框架四部分组成。目前 DOI 已经得到了广泛认可，大约 90% 以上的出版商都通过 DOI 注册机构 Crossref 使用了 DOI。Elsevier、Blackwell、John wiley、Springer、Science Direct、Web of Knowledge 等大型出版商大多都使用了 DOI 系统。DOI 已经广泛应用于期刊、学位、图书、科学数据等领域。实现了引文与全文的开放式链接，建立了不同信息资源之间的链接关系，使参与 DOI 系统的所有资源形成了一个有机整体，最大限度地保持了知识体系的完整。

在我国，北京万方数据股份有限公司联合中国科学技术信息研究所于 2007 年 3 月成为全球唯一的中文 DOI 注册机构（RA），其在 Handle System 基础上开发了中文 DOI 注册与服务系统，提供学术期刊论文和科学数据 DOI 注册、DOI 元数据查询、DOI 解析等方面的服务，该系统获得了 2009 年第三届中国数字出版博览会创新技术奖。截至 2009 年底，中文 DOI 的注册数量超过 125 万，居全球所有 RA 中的第二位，已经为 1500 余种科技期刊提供了 DOI 注册、查询与解析服务。

数字作品中嵌入的版权标识通过数字化网络化的手段可以设计提供更多灵活的服务功能，比如出版商在阅读工具中嵌入版权标识自动校验功能，通过登记管理中心的查询接口，判断嵌入特定版权标识的数字作品是否被篡改或盗用等。

## （二）DRM 技术

1.DRM 相关的基础技术

DRM 技术是一种强保护策略，它是一种综合性的技术或技术集合，以很多常见的技术为基础，通过对基础技术的合理组合和应用，构成有效的 DRM 技术体系，实现对数字内容的版权保护。DRM 技术作为信息化时代诞生的一项技术，目前的研究与应用领域非常广泛。从应用环境看，在互联网环境、移动环境和数字电视环境都有大规模的研究或应用；从应用的媒介看，（电子）图书、报刊、文档、知识库、图片、软件、音乐和视频文件都有 DRM 技术的实际应用或潜在需求；从应用模式看，数字化阅读、数字印刷、查询检索、安装运行和影音娱乐都会涉及 DRM 技术的应用。

如上所述，DRM 技术是一种综合性技术或技术集合，它是以很多常见的技术为基础的。这些技术中属于强保护技术手段的包括以下这些。

（1）加解密技术

加解密技术是信息安全技术领域的主要传统技术之一，也是数字内容安全的基础。它以密码学理论为基础，采用的传统方法是将文件加密成密文的密钥系统或公钥系统，只有授权用户才能得到解密的密钥。另外，加解密技术也通常会应用到一个数字版权保护系统的其他每一个模块，例如消息通信加密、证书内容加密、数据库信息加密等。通过加密技术和硬件绑定技术的结合，能够有效防止数字内容的非法拷贝和非法扩散，达到版权保护的目的。当前，国内外大部分计算机公司和研究机构的DRM技术都采用这种以数据加密和防拷贝为核心的DRM技术方法。尽管目前在各个领域中加解密技术应用已经相对成熟和稳定，但随着应用模式的发展，媒体类型和应用环境之间的界限已经逐渐模糊，以加解密技术为基础的数字版权保护应用面临着复合媒体和多重环境的技术挑战。

（2）身份鉴别技术

身份鉴别是数字版权保护系统的一个重要组成部分，是实施权限管理的基础。权限管理关系到人和数字内容之间的一种约束，其中一个关键就是"人"这个角色要能被辨认。

身份鉴别技术多种多样，从最简单的用户名密码、硬件标志技术到公钥基础设施（PKI）技术，甚至正在研究的生物识别技术都可看作身份鉴别技术。

目前市场上的数字版权保护系统多数有自己的身份鉴别平台，但如果数字版权保护系统需要面向比较广泛的公众用户，或者需要与其他系统进行交互，采用公共的身份鉴别平台就是一种较好的选择，例如，电子商务中银行的CA（Certification Authority，证书授权中心）证书技术就是一种范围最广泛的身份鉴别技术，以公钥合法性作为身份合法性的鉴别依据，CA实际上是电子商务交易中受信任和具有权威性的第三方。

（3）资源标识技术

资源标识技术也是数字版权保护系统的重要技术。在数字出版领域，所有具体的应用实际上都是使用者对数字出版资源的应用。因此，对于数字出版资源的标识技术，可以说是所有出版应用系统的基础。

在DRM技术应用方面，资源标识技术占据着比较关键的位置。要对一个数字内容资源实现控制和权限管理，就必须对这个数字内容资源赋予在数字版权保护系统中的一个唯一标识，否则，记录权限的许可证就无法与数字内容资源关联，版权保护就失去了意义。目前已经市场化的数字版权保护系统内，基本都有一套对被保护资源的命名规则。

随着数字版权保护系统以及数字出版应用系统的发展，不同系统之间的互操作性要求越来越高,因此,实现一种公共的标准化资源唯一标识法则就成了一个新的研究方向。

(4)密钥管理技术

密钥管理是数字版权保护应用中关键的一步,主要是对数字版权保护体系中使用到的密钥进行管理。密钥管理包含密钥产生、密钥的安全交换、密钥安全存储、密钥吊销、密钥契约和密钥验证等诸多问题。在实际的数字版权保护应用中,不论是针对文档、图像类型的平面媒体应用,还是针对音视频类型的流媒体应用,安全的密钥传输和管理都是一个重点。安全的密钥传输和管理通常包括以下几个部分:文件加解密密钥的构造和存储;文件密钥分发与权利证书的配合;在权利转移和设备转移要求下的文件密钥转移和传递问题;对于域环境应用的密钥派发和传递机制等。另外,在一些新型的应用需求情况下,密钥管理也面临着一些新课题,例如对多种媒体格式并存的文件(也就是所谓的富媒体文件)的多个密钥构造、存储和管理机制;对于文件分段加密分段控制要求下的密钥构造、存储、管理和作用机制等。

(5)权利描述技术

权利描述的核心是权利描述语言(REL：Rights Expression Language)。REL是在数字版权保护应用中用于表述数字内容关于使用权利的表述语言。这些语言应具有通用性,可以被网站、文本、图片、图像、音乐、流媒体等广泛认知。

权利描述语言方面的研究是目前数字版权保护研究领域中相对比较规范和具有成效的部分。国际上较为著名的权利描述技术包括以下这些:

① XrML：Extensible Rights Markup Language,XML的扩展,从数字化知识产权语言(DPRL)发展而来,后者是Xerox's Palo Alto研究中心基于LISP开发的语言。2000年,Xerox和微软合作建立的Content Guard公司在DPRL基础上发布了XrML语言,这也成为微软系列数字版权保护应用系统的权利描述基础。XrML是一种标准的数字版权保护标记语言,允许用户指定与数字内容或网络服务等资源相关的权限和条件。

② ODRL：Open Digital Rights Langauage,ODRL是IPR Systems公司提出的一个开放标准,为出版和发行电子出版物、数码图像、音频等数字资源提供了灵活和共享的管理机制。尤其在网络环境中,ODRL充分利用版权管理标准管理作品的数字特性,对作品的表达语言和词汇进行了标准定义。目前移动领域应用最广泛的数字版权保护标准OMA所采用的权利描述语言就是ODRL1.1。

③ EBX：EBX是在电子书应用中使用最为广泛的权利描述语言。EBX是Electronic Book Exchange的简称,最初是由十几家公司参与制定的标准,后EBX组织并入著名的OeBF(Open eBook Forum)组织,成为OEB标准的一部分,并逐渐发展为当今数字出版行业最为著名的国际标准化组织IDPF。目前在电子图书领域,比

较著名的数字版权保护系统多遵循 EBX 的协议和权利描述。

（6）硬件捆绑技术

硬件捆绑技术，也称硬件绑定技术，是目前 DRM 技术应用中比较常见的软硬件结合模式。硬件绑定技术通过一定的算法提取出数字内容资源被授权使用的设备的某些机器信息，并构造成唯一标记，通过与权限许可证挂钩的方式实现许可证的扩散限制，从而形成文件使用权限限定于某台机器上的效果。硬件绑定技术通常与内容加解密技术相配合，实现内容的防拷贝和防扩散。

随着个人电子设备的发展，硬件绑定技术也面临着很多新的问题。例如，个人电子设备越来越多，在设备间的权利转移和权利共享就是一个研究的热点问题。另外，电子设备更新换代的频率越来越高，对于不断出现的新设备，如何寻求一种灵活的解决方案去实现硬件绑定，更是一个制约应用模式继续发展的难题。

（7）安全通信技术

安全通信技术是所有信息安全系统都需要关注的基础技术。在出版应用相关的 DRM 技术中，安全通信技术通常包括三个方面：

①数字资源内容通信的安全；

②权利许可证通信的安全；

③认证和追踪过程的安全。

在现有的数字版权保护系统中，安全通信技术常见两种模式：一种是利用通用的网络安全信道技术例如 SSL 保障通信安全，另一种是使用自定义的算法对网络通信内容进行处理。

（8）其他基础技术

除了上述七项基础技术外，还有其他的很多技术（例如虚拟机技术）都进入了数字版权保护应用的范围。随着数字版权保护应用需求的深化和应用环境的发展，尤其是在现有的应用环境和应用媒介交叉发展的情况越来越多，更多的基础技术手段进入数字版权保护基础技术的范围。

2.DRM 技术的应用

鉴于推广应用在 DRM 技术研发中占有重要地位，我们根据 DRM 技术在不同媒介上的应用状况进行如下梳理：

（1）电子书的保护

对于电子书的 DRM 技术，国外有 Microsoft DAS、Adobe Content Server（原 Glassbook Content Server）等等；国内有方正 Apabi、书生、超星等公司的 DRM 技术。在电子书市场上，方正、超星、国图、书生等企业的数字图书馆系统已经将我国的数字图书馆应用水平推向了国际领先地位。而其中的优秀系统，甚至已经能够将电子图书从出版社发行、数字图书馆和电子书店的图书上线，到最终用户阅读的整个出版后流程完美地利用 DRM 技术给予控制，再通过安全可信的统计中心实现出版商、销售商之间的利益自动分配。可以说，电子图书应用是目前国内 DRM 技术应用最为成熟的领域。

在学术界，国内外近几年对于 DRM 技术的合理使用、局部共享、互操作性等方面的研究较多。例如，国外英国格伦比亚大学、牛津大学、美国密西根大学、卡内基梅隆大学等发表了相关的学术论文；国内的北京大学在局部共享、硬件适应性等 DRM 技术方面也取得了较好的成果。

在电子图书的新兴传播形式——原创文学应用中，一些著名的原创文学网站，如起点中文网、17k 等已经开始利用简单的手段进行图书 VIP 章节的阅读控制。虽然这种模式在安全性上较为薄弱，但对于网络原创文学的阅读而言，不失为一种有意义的尝试。

（2）文档的保护

企业或政府部门里的重要文档，需要通过 DRM 技术控制其传播方式，避免信息的泄露。当前大部分人对于重要文档的 DRM 技术保护还没有充分认识。在电子政务和企业的信息安全方案中，注重的是防火墙、防病毒、入侵检测等，往往忽略了这样的状况：有权限阅读文件的人员，有意或无意地把文件传给不该阅读的人员。例如，某企业财务总监在发 E-Mail 时，如果一次误操作把重要的财务数据发给了企业外部人员，导致企业财务数据泄密，就可能对企业造成损失。因此，在信息安全方案中，DRM 技术应该作为防火墙、防病毒、入侵检测等手段的重要补充。

（3）音视频的保护

音乐和视频都属于流媒体，因此所采用的 DRM 技术本质上是一样的。国外的流媒体系统目前都已拥有了 DRM 技术的解决方案，多数在视频或音频领域拥有专用播放软件或播放设备的大企业都有自己的标准，并且都力图将这些标准推广成为行业甚至国际标准。

目前，在音乐保护领域最具代表性的 DRM 技术是 Apple 公司的 FairPlay 系统。这一系统是当今占统治地位的数字音乐版权保护技术系统，它使得苹果在美国数码音乐市场占有垄断地位，使得 Apple 公司的 iTunes 在美国的合法歌曲下载市场上独揽 88% 的份额，iPods 则占领了美国数位（数字）音乐播放器市场的 75% 的份额。视频领域的两个代表系统，分别是微软发布的 Windows Media DRM 技术和 Real Networks 发布的 Helix DRM 技术。此外，一些没有专用播放软件的厂商也加入了这一竞争，例如，IBM 公司的 EMMS 已经被全球众多企业采用，并得到了索尼和 BMG Entertainment 公司的支持。而这些企业标准因为激烈的市场竞争也在不断变化，例如 Windows Media DRM 技术由于开放接口太多，应用铺开过猛，已经出现了破解工具，而最近苹果公司的 iTunes DRM 技术也被破解。同时，由于受到音乐爱好者的抱怨，环球唱片公司、英国百代公司和 iTuens 网站等又在准备重新推出部分没有 DRM 技术限制的 MP3 音乐文件。

我国在工业和信息化部（原为信息产业部）领导下也在组织进行音视频 DRM 技术标准研究。由工业和信息化部科技司于 2002 年批准成立的数字音视频编码技术标准工作组（简称 AVS）就是一个有组织的音视频编解码技术研究组织，其编制的标准中有一个专门的部分就是音视频 DRM 技术标准的研究和制定，主要有中科院计算机所等单位参加。近年来，各类国家级 DRM 技术研究课题中，关于音视频方面的 DRM 技术研究占据了很大一部分。虽然音视频应用不完全归属于数字出版产业，但针对目前数字出版信息化技术的发展趋势，富媒体数字资源必将越来越流行，在面对富媒体出版资源的 DRM 技术保护问题上，现有的音视频技术和标准可以起到一定的借鉴作用。

（4）移动应用的保护

目前，国际上针对移动 DRM 技术开展了大量的研究工作。开放移动联盟（OMA）组织的 OMA DRM 技术标准得到了广泛的认同和支持。以 Nokia、SaftNet、德国电信为代表的手机厂商、运营商和设备提供商都支持这个标准。OMA 已经在 2005 年 6 月发布了 2.0 版本。当前，已经出现了支持 OMA DRM 技术的移动设备，如 Nokia 6220 手机。然而，OMA 现在也面临着巨大的挑战。在移动领域，微软正计划通过智能手机中的 Windows Mobile 平台，最终垄断移动 DRM 技术标准。由于下载速度和费用问题，移动 DRM 技术产品的普及使用还存在一定的困难。

此外，OMA 标准未必完全适合所有的移动应用领域。例如，OMA 最主要的约束是限制内容的分发和传播，针对整个的手机软件或彩信固然比较合适，但对内容具体使用（操作）上的支持并不丰富，对于出版行业这种书报阅读的应用，操作上的限制要求未必能有效支持。

国内在移动阅读、手持设备的阅读方面发展得较为领先，例如 IRex、津科等一些电子书阅读设备采用了方正阿帕比的 DRM 技术，已经可以支持电子图书阅读的版权保护 DRM 技术应用。而手机阅读方面最近一年发展较快，例如 17k 等原创文学网站已经开始提供对手机上购买阅读原创文学图书的支持。而相对于手机书而言，手机报更适合于手机阅读这种快餐式的阅读消费，中国移动等电信运营商已经推出了一些手机报刊，以包月形式收费，以彩信模式传输和阅读。然而，由于手机应用的特性，目前的手机阅读 DRM 技术解决方案还不够成熟，上述手机上的阅读基本上是不受 DRM 技术保护的。虽然在市场上已经有一系列基于 OMA 的移动 DRM 技术解决方案，例如 CoreMedia DRM 技术、NDS DRM 技术、ZRRT DRM 技术等，但基于 OMA 标准的 DRM 技术方案多适用于对短信或游戏程序、彩铃等应用的支持，而难以完全支持移动阅读的要求。随着3G移动技术以及OMA DRM技术的发展，DRM技术在移动领域的应用研究将更进一步，市场上将会出现更多的移动DRM技术系统和产品。

国内的各大服务运营商和技术厂商在加入OMA组织的同时，也在考虑构建我国自主知识产权的移动DRM技术标准。我国的移动多媒体技术联盟（MMTA），也在组织进行类似OMA的DRM技术标准研究。

（5）其他应用的保护

除上述应用之外，还有部分与出版相关的领域，目前还没有成型的DRM技术应用方案。例如，数字报刊应用领域和知识库应用领域，是近两年发展起来的新型数字出版应用领域，随着经营模式的逐步成熟，已经出现了比较强烈的版权保护的呼声。

数字印刷系统是连接电子图书和纸质图书两种应用模式的枢纽。随着数字出版业务的发展，按需印刷服务成为数字印刷系统一种新颖的运用方式。目前国内外已经有一些出版机构和研究机构在研发按需印刷服务系统。随着按需印刷应用逐渐进入实际的商业应用，按需印刷上的DRM技术要求也随之出现。在CNN评选的2007年十大商业创意当中，按需印刷应用入选为唯一一个与IT领域相关的商业创意。由此可见按需印刷应用的商业前景。

### 3.DRM技术需求分析

（1）产业需求

当今时代是高新技术快速发展、快速应用的时代。以数字和网络为代表的高新技术正在迅速改变着出版业的面貌。作为国家文化产业的核心组成部分，出版产业在内容数字化、渠道网络化的过程中，因传统版权保护手段无法有效跟进而遭遇侵权盗版肆虐，面临内容创新乏力、粗俗作品泛滥等一系列问题。这不仅严重制约我国出版产业的又好又快发展，而且严重阻碍我国软实力的全面提升，甚至给我国长久的文化安全带来了严重威胁。党的十七大报告提出，深入贯彻落实科学发展观，实施知识产权战略，运用高新技术创新文化生产方式，推动社会主义文化大发展大繁荣。为达到这一要求，新闻出版业必须充分运用高新技术的相关成果，积极构筑新形势下出版产业版权保护的有效防控体系，为净化和优化产业环境，促进先进文化的快捷、合法传播提供坚实的技术支撑和保障。

（2）核心需求

有人将数字技术看作是继造纸术、印刷术之后的第三次出版革命。随着数字以及网络技术的不断发展和迅速普及，广大国民的阅读习惯与购买倾向开始发生巨大变化，以数字出版、数字印刷业为主体的新兴出版业呈现高速发展态势，成为出版产业未来发展的重要增长点。数字出版是大势所趋，是高新技术条件下出版业发展的必然所在。然而，由于数字网络环境下侵权盗版的范围更广、速度更快、总量更大，侵权盗版的主体和行为更隐蔽、更复杂，权利维护和侵权查处也更困难、更艰巨，必须用高新技术手段解决高新技术发展和应用带来的种种问题。数字内容强保护策略的核心需求要包括以下几个方面：

①利用 DRM 提供管理、保护和跟踪数字内容的功能，只有合法的用户才可以使用数字内容。支持对各种形式使用权利的描述、识别、交易、保护监控和跟踪。其实质是保护数字内容的安全性。保证数字内容在出版发行、分发、使用等整个流通过程中的安全性。数字内容的安全性是数字内容版权保护最基本的要求，主要包括数字内容的机密性、完整性和非否认性。

②利用 DRM 提供透明易用的体验环境，保护用户的合法权益和隐私。使用者可以自由选择、购买数字内容，可以在多种设备上使用数字内容，在合法的范围内，可以不受时间、地点、网络状况的限制使用数字内容，可以转卖、赠送或者出借购买的数字内容，支持用户变更数字内容使用设备，支持法律规定的用于保护公众利益的相关权利。

③权利描述数字内容授权信息。支持不同商业模式下，各种数字内容、各类使用权利的描述。

④控制数字内容的使用，确保只有授权使用者才可以使用受保护的数字内容。同时，用户对数字内容只拥有授予的使用权利，根据使用权利对数字内容进行访问。支持用户对数字内容的合理使用，平衡版权持有人和公众之间的利益。

⑤权利转移支持数字内容使用权利的转移，可以转移到另外一台设备上，也可以暂时或永久地转移给其他用户，使得用户可以更换数字内容使用设备，可以转卖、赠送、出租或者出借数字内容。

⑥可信执行即在不安全的环境中保证程序按照预期的方式执行，程序的执行是安全可信的。此外，电子商务中的安全交易、电子支付等技术也是影响 DRM 发展的重要因素。当前大部分系统中，数字内容是经过加密、封装、添加水印和签名等处理后分发的，可以认为通过加密等处理的数字内容是安全。

### 4. 核心问题

作为一种数字加密技术，DRM 的初衷是加强数字内容的版权，防范盗版。但事实上，DRM 这种强保护技术在根本上还是无法杜绝盗版行为。从技术角度分析，DRM 技术是依靠它给每一个"版权文件"分配的密匙和其他证书来防止被盗版传播的，但是当这个"版权文件"被下载或存放在用户 PC 上时，用户对于自己 PC 上的东西具有查看和修改的权利，所以它就存在被破解掉密钥并剥离出"原文件"的可能。DRM 充其量只是一个"减速带"——让盗版行为变得困难。

在 DRM 技术对数字内容提供"有限"保护的同时，却给用户的使用带来了很多的麻烦。可以说 DRM 保护策略的力度越强，用户的使用体验就越差。因此，DRM 技术的核心问题从来都不是技术本身，而是如何平衡"保护"与"使用"二者关系的问题。这也是决定 DRM 技术发展的核心问题。

DRM 需要更多考虑用户的需要，实用性、易用性更强，在权限控制和用户方便使用的博弈中取得平衡。要实现这一点需要在以下几个重点环节有所突破：

①要在各应用领域尽快建立起统一的应用规范和标准，如电子书阅读器的兼容性，电子文档格式的统一，流媒体文件的格式和播放器的兼容性等。

②进一步完善权限描述机制，发展更适用的权限描述语言，加强权利描述语言的开放化与标准化研究。

③数字化产品元数据格式的标准化。

④用户需要有更加灵活方便的权限使用机制和权利转移机制。

⑤数字内容的合理使用以及用户的个人隐私保护。

## （三）水印嵌入技术

数字版权保护技术种类繁复，不仅有强保护手段的 DRM 技术，还有更多的弱保护策略，包括水印嵌入技术、唯一标识符嵌入技术、时间戳技术以及媒体指纹技术。

1. 研究及应用现状

数字水印（Digital Watermarking）技术是一种常用 DRM 技术，通过这种技术，可以将表示信息或标识符直接嵌入到作品内容中或通过修改特定区域的结构间接表示。通过数字水印技术，能够在不影响原作品内容使用价值的前提下，不被非授权者探知和修改，但可以被生产方识别和辨识。

自 1992 年开始，国外有学者相继提出数字水印的概念和相应技术。多年来，数字水印技术的研究发展十分迅速，现在它已经成为多媒体信息获取及处理的主要技术之一，并一直呈现出十分活跃的研究和应用状态。

从保护版权的角度看，加解密技术和数字水印技术分别相当于版权保护中的盾与矛。加解密技术是对数字资源设置重重保护，阻止针对数字资源的盗版行为；数字水印技术提供的就是一种事后追查的进攻手段，通过水印技术验证数字资源的盗版情况，作为对盗版者进行追惩的依据。

数字水印技术的发展目前也面临着一些问题。总的来说，加解密技术采用的基础算法基本都是公开和通用的国际标准算法，技术效果上比较清晰，而数字水印技术目前多属于企业或私人研究的算法，其应用效果很难得到论证和对比。

数字水印技术在国内的市场推广还远未达到实际应用的需要，但是在国外，数字水印技术已经基本进入了实用化阶段，比如IBM公司在其"数字图书馆"软件中就提供了数字水印功能，Adobe公司也在其著名的软件Photoshop中集成了Digimarc公司的数字水印插件。

2. 技术原理

由于需要进行数字水印嵌入的数字作品形态多样，不仅包含文档、音视频、软件等，格式还不尽相同，因此数字水印嵌入技术的实现方案会根据具体需求改变。但一般情况下，数字水印嵌入技术主要分为水印嵌入和水印提取两个阶段，具体原理如图2-3所示：

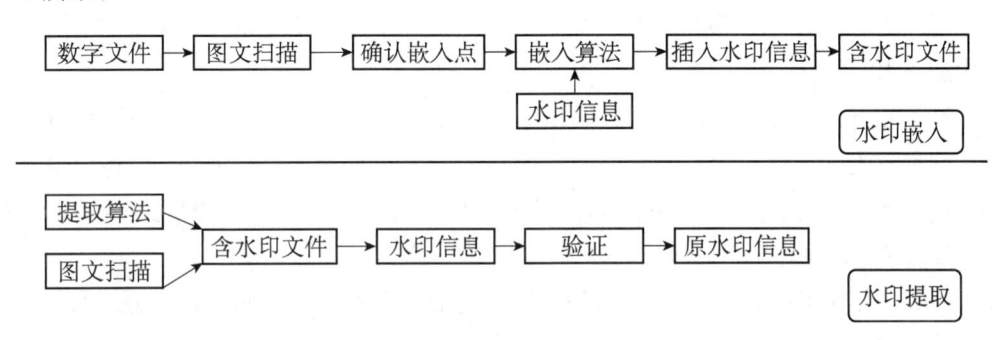

图 2-3 数字水印嵌入技术原理

通过以上数字水印技术嵌入流程，可以实现将所需嵌入的各种水印信息，安全嵌入到数字文件中，并通过后期的水印信息提取和比对，确认内容创建者、购买者以及文件是否被篡改等信息。这些功能的实现是版权保护的有效办法。

水印技术系统一般架构由四大模块组成，分别为水印预处理模块、特征提取模块、水印嵌入模块和水印提取模块。

水印预处理模块对版权水印信息进行置乱等预处理，为水印嵌入模块提供支持；特征提取模块对多媒体抽取特征，并将抽取到的特征提供给水印嵌入模块，然后水印嵌入模块利用特征信息对多媒体进行版权水印信息的嵌入。具体来说，水印技术系统的架构模块工作内容如下。

（1）水印预处理模块

该模块对水印信息进行置乱，除了使得水印信息的分布均匀，还能保证对水印信息的保护，即使非法用户提取出水印信息也无法读取水印的内容。

（2）特征提取模块

特征值提取模块包含四个主要内容：

①研究 Waston 感知模型，以此得出新的感知模型；

②抽取图像中的纹理、边缘、角点等特征；

③抽取视频帧中的运动向量；

④分别利用描述性特征（文本名称、日期、大小、类型等）与语意性特征（文本作者、标题、机构、内容等）进行文本特征的提取。

（3）水印嵌入模块

该模块根据特征提取模块所提取的特征，依照感知模型，将水印依照相应的水印算法融入到多媒体内容当中，以达到水印的不可感知性；同时可以根据不同的需求调整水印嵌入的强度，以保证水印可以抵抗需求中所存在的攻击。

①在图像水印中，根据图像中的纹理、边缘、角点等特征，以及人眼视觉模型，在色彩空间域以及变换域进行水印的嵌入。

②在音频水印中，根据音频信号的分布与统计特性以及人耳听觉模型在变换域频谱中加入水印信息。

③在视频水印中，可以利用编码压缩中的量化系数和码流的修改来进行水印的添加，这种方式可以满足对实时性要求较高而鲁棒性较低的应用；也可以采用将视频帧视为单幅图像的方式进行色彩空间域和变换域的水印嵌入，同时利用多帧统计的特性，来实现高鲁棒性的水印信息嵌入。

④在文本水印中，通过修改排版方式、文字的拓扑结构、编码方式等达到水印信息嵌入的目的。

（4）水印提取模块

在水印提取模块下首先判断多媒体的种类，根据判断结果选择相应的水印提取算法，然后依照已知的嵌入强度和参数进行水印的提取，并对水印信息进行统计和校正来得到版权信息。然后将提取得到的版权信息与注册的版权信息进行比较，从而达到版权认证、保护和追踪的目的。

3. 分类及特点

目前的数字水印市场前景很好，因为数字水印技术在国内正处于发展阶段。根据保护资源内容的类别，水印技术可以分为图像水印技术、视频水印技术和音频水印技术。图像和文本水印可以应用于 Web 页面、办公文档、手机短信和彩信等的版权追踪中；视频水印技术可以应用于电视台节目版权保护以及播放的监控和统计，也可以用于 DVD 发行中的版权保护；音频水印可以用于广播节目播放监控和检测统计，也可以用于音乐发行中的版权保护。

（1）图像水印技术

图像水印技术发展相对较为成熟。自1992年开始，国外有学者相继提出数字水印的概念和相应技术。据统计，公开发表的关于数字水印的文章数量在1992年、1993年和1994年分别为2篇、2篇和4篇。但从1995年起，已经有相当一部分人员在进行这方面的研究，公开发表的文章数也增至15篇。十多年来，数字水印技术的研究发展十分迅速，现在它已经成为多媒体信息获取及处理的主要技术之一，并一直呈现出十分活跃的研究状态。911事件之后，对网络中传输的图像、视频等多媒体数据实施有效的隐藏信息检测成为维护国家安全、反恐的重要手段，信息隐藏技术不仅受到越来越多的研究者的重视，而且得到许多国家政府和军方的关注。在美国国防部，国家安全局等机构的资助下，美国的一些高等学校、研究团体先后开展了信息隐藏技术的研究。公开资料显示，德国、日本、印度、加拿大、芬兰等国也开展了这一方向的研究。目前，国内多家科研院所都开展了这方面的研究，国家自然科学基金、973计划等都对这一方向的研究给予了资助。

频率域水印算法的代表是Cox于1995年提出的发散谱（spread spectrum）算法，其原理是通过时频分析，然后根据发散谱特性，在数字图像的频率域上选择修改那些对视觉最敏感的部分，使修改后的系数隐含数字水印的信息。这种方法较好地利用了人类视觉系统的特性，水印信息经过一定的调制过程隐藏于数字图像感知比较重要的频谱部分，从而可以抵抗通常的有损压缩和其他数字图像处理操作。

2000年有学者提出一种新颖的图像保护方案，他们称之为"Cocktail Watermarking"。在他们的方法中，两个作用互补的水印可同时嵌入宿主图像。该方法的特点是有水印的图像无论遭到何种攻击，至少有一个水印不会被破坏。两个水印是正态分布的序列，而且采用了基于小波的人类视觉系统（HVS）模型以充分进行可容许容量的水印嵌入。在检测一个给定的图像时，先将原图像从给定图像中减去，然后计算差值图像和水印信号的相关性，如果相关值高于给定阀值，则认为实验图像中有水印。他们给出的许多实验结果表明该方法能抵抗多种攻击。

水印系统提供了一种有效的数字版权的保护方法，在数字产品日益普及的今天，有着广阔的应用前景。国内众多学者在比较典型的水印基准测试工具软件的基础上，讨论水印系统的安全性，以此提出一种水印系统满足有效性的评价框架，另外也对水印系统的鲁棒性、嵌入量和质量三者之间的约束关系进行深入探讨。他们利用集合论思想，给出了信息隐藏的一般数学模型，并给出了存在性证明。同时，他们提出了在两帧数字图像嵌入两种不同水印的新算法，并对算法安全性给予了分析，在变换域上给出实现双盲水印的算法，提供了一种新的数字版权保护的方法。结合一种用于票据交易的安全模型，并讨论了两种实现的技术方法：数字水印和图像变换技术。这两种技术可用于在线票据交易,解决交易票据传输中的认证问题,具有防欺诈和篡改等特点。

王道顺与戴一奇提出了一种可抗相应角度裁剪和旋转攻击的水印嵌入新方法,给出将对称思想与多次嵌入方法相结合的解决方案,不依赖于工作域的选择,同时也与具体水印嵌入算法无关。试验结果表明它能抵抗相应攻击。王道顺与齐东旭给出了一种新的图像隐藏方案,与其他隐藏方案的不同之处在于:一方面隐藏了信息后的图像既包含隐藏信息又包含密钥信息;另一方面,此方案完全采用异域运算,隐藏信息和恢复原始信息采用不同算法;因而其运算速度较快,同时此隐藏方案具有随机性、变化的多样性和抗几何变形的性质。他们研究了 FibOnacci-Q 变换及其逆变换的周期性,定义了一种新的非线性变换——A-F 变换,同时对其变换周期及其逆变换周期进行了研究;也给出了这两类变换周期的简洁算法。由于 A-F 变换和 Fibonacci-Q 变换与 Arnold 变换的周期性大相径庭,在实际应用中可达到更加安全的保密效果。

梁敬弘等学者针对普遍使用的 MP3 水印嵌入的最新软件 MP3Stego1.1.16 版,提出三种直接有效的攻击方法,并进行了听觉、统计分布、信噪比和相关性等的检验。易开祥、孙鑫等也提出了一种小波域上基于 HVS 的水印方案,该方法可以定位出受到攻击的图像位置,并能区分受到攻击的类型。实验结果表明,该算法具有好的鲁棒性和识别被篡改的区域能力。王道顺给出了一种较简单的方案来解决(2,2)可视分存中的像素膨胀问题,并证明了此方案的有效性以及其密图的恢复不需要加密知识也不需要密码计算。他还提出了三种检测类型,通过比较不同的水印攻击工具,讨论了水印系统的有效性,提出了一个基本条件和评价方法。并提出了一种在单幅图像中隐藏密图的方法,密图的恢复不需密码知识和密码计算,该方法具备了其他可视隐藏方法没有的抵抗压缩和扭曲的特性。

O. H. Kwon 利用有限正态分布产生一个随机序列作为水印信号嵌入到 DCT 变换域中对人眼视觉最为敏感的区域。在小波域基于 HVS 模型,利用中值量化嵌入水印。G. J. Mark 把水印图像构造成一个相应的水印金字塔,在小波分解后的多分辨率分层结构中,通过特定的量化调制嵌入水印,该算法能区分恶意攻击和偶然攻击。王卫卫等将二值随机序列作为水印信号嵌入在图像傅里叶变换的重要系数的相位成分中,该算法是不可见性水印算法,能对通常的图像处理,如 JPEG 压缩、剪切、缩放、中值滤波等以及噪声干扰都具有很强的鲁棒性。

(2)视频水印技术

流媒体的数字水印技术是当前国际上最热门的高科技研究应用课题之一,它是综合隐藏技术、流媒体编码技术和通讯技术而迅速发展的一门综合性技术。随着流媒体在公用网络传播的不断增加,技术的不断完善,通过公用网络上的普通流媒体实时传输隐藏信息的研究日趋成为各国政府部门、企事业单位、安全部门和军方的重要研究课题。

国外视频水印技术研究和应用相对成熟。国外研究集中在流媒体文件信息隐藏和数字水印技术，其中也涉及 Mepg-2 实时水印系统研究，但并未涉及对其隐秘分析技术进行研究。在视频水印技术应用方面，已经有很多的流媒体厂商，比如目前参与流媒体技术竞争的主要大公司 Real Networks、Microsoft 和 Apple QuickTime，他们已开发出了一系列的流媒体产品，其中互联网上使用较多的流媒体格式主要是 Real Networks 公司的 Real Media 和 Microsoft 公司的 Windows Media。在视频流信息隐藏系统的研究也已经有了一些成型的系统。

T. Kalker 为广播监控设计了一套视频水印系统。其核心技术是使用 JAWS 嵌入器，其具有不可见、低虚警率、高比特率下搭载率高等优点。H. M. M. Hosseini 设计了一种实时视频水印系统，它使用了一些视频传输协议（RTP、RTSP、RTCP），在压缩域中嵌入水印，克服了一些系统的数据存储问题，具有良好的性能。但是这些系统的传输平台和流媒体水印算法的核心技术都是国外的，没有我们的自主知识产权，所以应用于国家安全部门和政府机关是不可靠且存在未知危险。

目前，我国关于视频水印技术的主要研究进展大多集中在单纯的流媒体文件的信息隐藏和数字水印上。

（3）音频水印技术

目前音频数字水印技术的研究相对图像而言比较滞后。音频水印主要有最低位法、相位法、扩展频谱法和回音法等。最低位法是把信号样点的最低位用秘密信息的二进制流替代，这种方法最简单且嵌入容量最大，但鲁棒性较差，不能抵抗有损压缩或音频变换；相位法是用代表嵌入数据位的参考相位代替原音频段的绝对相位；扩展频谱法是把隐藏信息扩展到载体信号的整个频率谱上的技术；回音法通过引入回音的方法来嵌入数据，它主要调节 3 个参数：初振幅、衰减率和时间偏移。

从已知研究可以看到目前音频水印技术还处于起步阶段，分析方法主要是图像水印技术在音频水印技术上的延伸。

（4）文本数字水印技术

数字水印的研究主要集中于图像、音频、视频等方面，对以文本文档为载体的数字水印研究较少，但文本水印同样具有很重要的价值。不像噪声数据，文本数据含有很少的可用来进行秘密通信的冗余信息，隐藏的方法可以是试图将信息直接编码到文本的内容中去（利用语言的自然冗余性），或者将信息直接编码到文本格式中去（比如调整字间距）。

已经提出很多方法将信息直接存储在文本消息中，比如利用偶尔的打字或拼写错误、逗号可以省略、词可以用同义词代替等。但他们绝大多数并不是首选的，因为它们会严重降低文本的品质，另外嵌入工作需要用户的介入和交互，所以不能自动完成。

对于在载体文本以固定格式（像 HTML、LATEX 或者 Postscript 文件）的形式传播，则信息可以嵌入到格式中而不是消息内容本身。秘密信息可以存储在行间距中，如果两行之间的距离小于某个门限值，就代表隐藏的信息是"0"，否则隐藏的信息是"1"。类似的方法也可用于 ASCII 文本的信息，偶尔的附加空格字符可以用来构成秘密信息。

文本消息中能否存在安全和健壮的信息仍然是一个悬而未决的问题，一个攻击者只需要简单地重新调整文本的格式就可以破坏掉所有嵌入在文本格式中的信息，另外文本消息可以用各种不同的格式进行存储（比如 HTML、DVI、Postscript、PDF 或者 RTF），从一种格式转化到另外一种格式对嵌入的信息也有很大的损害。

总之，数字水印技术的发展目前也面临着一些问题。总的来说，数字水印技术还不如加解密技术那样成熟和可靠，加解密技术采用的基础算法基本都是公开和通用的国际标准算法，技术效果上比较清晰，而数字水印技术目前多属于企业或私人研究的算法，其应用效果很难得到论证和对比。

## （四）唯一标识符嵌入技术

数字水印技术与唯一标识符技术对数字版权保护都有重大意义，将两者有效集成应用更是数字版权保护的有效手段。

在第一节中提到的数字版权登记与管理平台技术与第三节水印嵌入技术的阐述中，可以看到唯一标识符通过水印技术嵌入的巨大应用意义，利用数字水印技术来进行版权标识符的安全嵌入，通过水印的提取来对其在传播和使用过程中进行认证和监督。

### 1. 单一标识符嵌入技术

结合版权登记与管理平台，数字作品在进行数字版权保护时，会通过版权登记平台生成唯一标识符，用来记录版权信息。经过第三方平台的审核后，会由平台生成相应的标识信息 DMRI，利用水印嵌入技术，我们可以将相应标识符嵌入到数字作品中，形成以唯一标识符为水印信息的数字作品。这个过程就是唯一标识符的嵌入过程。当作品为单个作品的时候，具体的嵌入流程如图 2-4 所示：

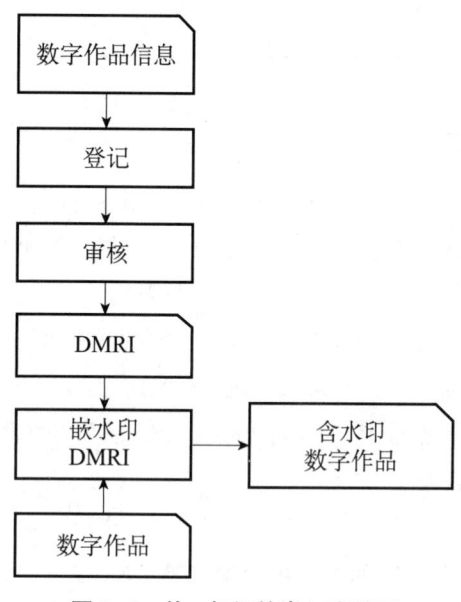

图 2-4 单一标识符嵌入流程图

## 2. 批量标识符嵌入技术

在数字出版领域的实际操作中，由于一般内容生产商需要进行版权保护的作品数量较大，往往需要批量操作。因此，批量嵌入标识符的技术也是实际应用标识符嵌入技术的必经之路。

批量唯一标识符的嵌入过程中，主要在于嵌入失败的文件重新查找和信息提取过程，通过图 2-5 所示的流程，将可以实现批量唯一标识符的嵌入：

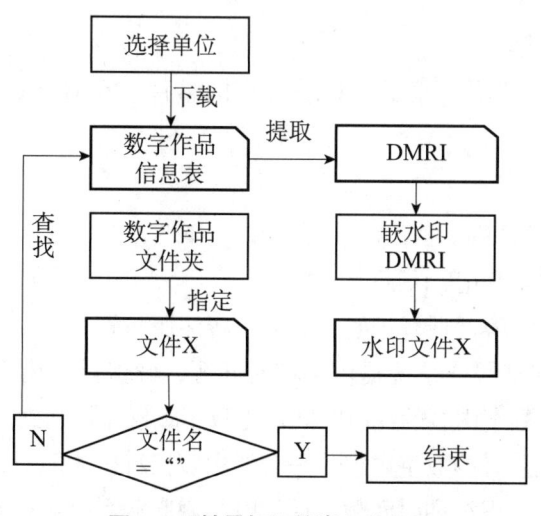

图 2-5 批量标识符嵌入流程图

## （五）时间戳技术

### 1. 时间戳技术背景

随着互联网浪潮的到来，电子交易已逐渐进入我们的生活，电子购物将逐渐成为我们生活的一部分。随着电子交易的普及，电子交易的安全逐渐成为人们关注的主题。

那么如何确保电子交易的安全呢？目前普遍采用的是公钥基础设施（PKI）。PKI可以在电子化社会中建立人们之间的信任关系。但是要保证交易的防抵赖，依靠单纯的数字签名技术是无法实现的。因为要实现防抵赖，不仅需要对交易数据进行数字签名，还必须保证此交易数据在某一时间（之前）的存在性（Proof-of-Existence）。通常这要借助于时间戳来解决。

由于用户桌面时间很容易改变，由该时间产生的时间戳不可信赖，因此需要一个可信任的第三方——时间戳权威（Time Stamp Authority—TSA），来提供可信赖的且不可抵赖的时间戳服务。TSA的主要功能是提供可靠的时间信息，证明某份文件（或某条信息）在某个时间（或以前）存在，防止用户在这个时间前或时间后伪造数据进行欺骗活动。

### 2. 时间戳技术特点

时间戳服务系统具有数据完整性和行为不可抵赖两大特点。

（1）数据完整性

通过时间戳可以证明：原始信息在具体的签名时间之前已经存在，并且没有改变。

（2）行为不可抵赖

通过时间戳可以证明，原始信息所代表的事件，在具体的签名时间之前已经发生。

### 3. 应用场景

（1）数字内容注册登记/认证

用户在进行数字内容注册登记时，数字内容注册与管理平台为数字内容生成版权标识符，其中由时间戳服务系统提供可信时间源，确保数字内容的完整性和不可抵赖，通过时间戳证明数字内容的注册时间，为数字版权保护起到关键作用。

用户向平台提交持有的数字内容，平台调用版权解析功能对持有数字内容进行版权提取获得数字版权标识符和时间戳。通过时间戳服务系统对持有的数字内容时间戳进行版权验证。

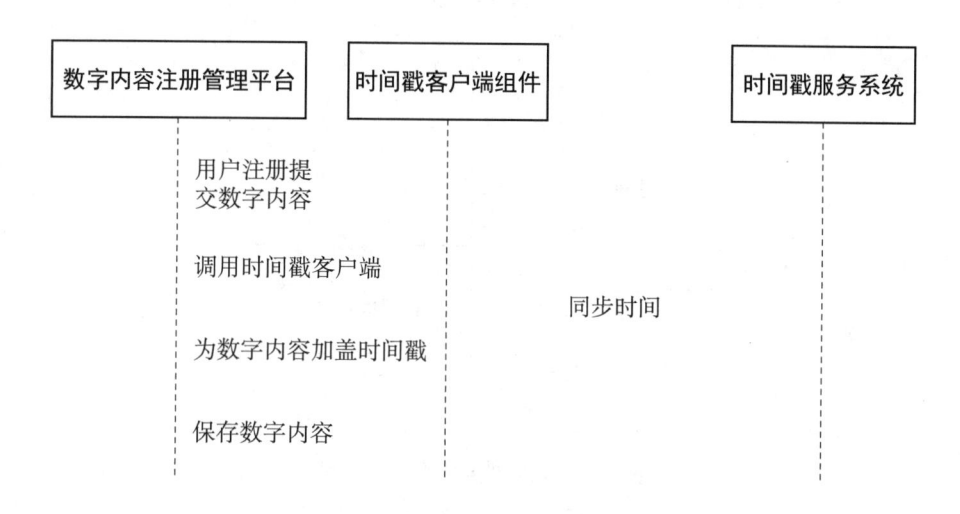

图 2-6　数字内容时间戳注册流程图

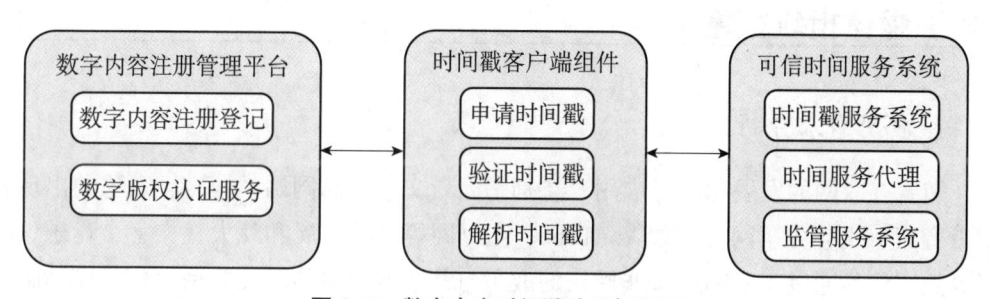

图 2-7　数字内容时间戳注册框架图

（2）网络取证

时间戳服务系统为网络取证提供时间戳服务，确保网络取证获得的证据信息完整性和不可抵赖，通过时间戳证明证据信息在具体的签名时间之前已经存在，并且没有改变，证据信息所代表的事件，在具体的签名时间之前已经发生。

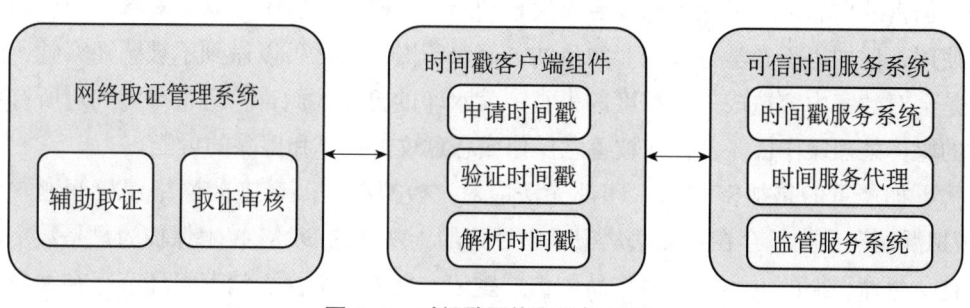

图 2-8　时间戳网络取证框架图

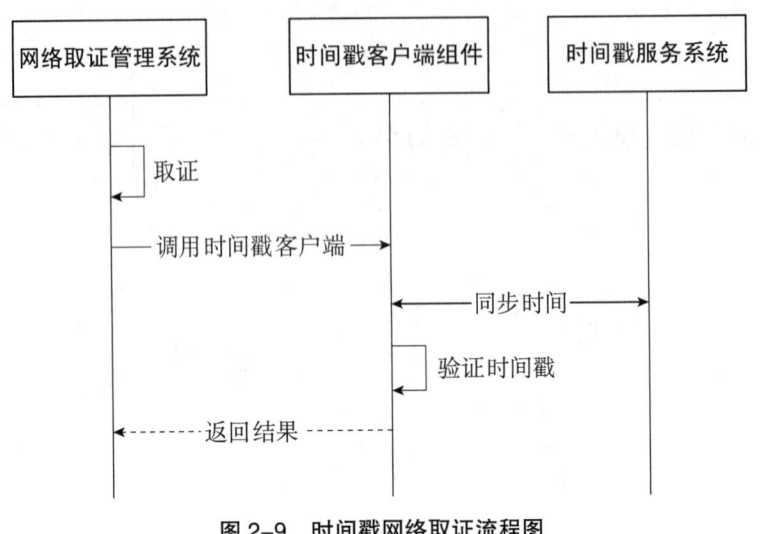

图 2-9　时间戳网络取证流程图

## （六）媒体指纹技术

1. 应用需求分析

随着互联网的发展和广泛应用，特别是大量文字作品网站、博客、贴吧的出现和大量音频、视频分享网站（如 YouTube、土豆网等）的发展和壮大，文字、音乐、电影等数字作品通过互联网进行非授权的散布与共享愈演愈烈。互联网上数字作品版权管理的复杂性决定了采用传统的数字版权管理策略（如数字水印和版权标识）不可能在各种情况下都有效。

传统 DRM 的两条技术路线为：密码学和数字水印。前者以加密、授权方式对数字内容提供保护，后者通过水印嵌入与检测来标识、认定数字内容的权属。但两者皆有其内在的弱点。由于数字内容易于复制、传播，加密的数字内容一旦解密即失去保护；加密的作品在过了保护期限后无法自动解密；同时加密也限制了对数字内容的合理使用，比如用于教学等非商业的目的。而水印嵌入虽然可以做到不被感知察觉，但还是会对数字内容造成一定程度的失真；就水印的鲁棒性而言，还很难做到对所有正常的媒体处理操作鲁棒，存在被善意操作或恶意攻击破坏和擦除的可能。

更加严重的是加密和加水印都无法应对"模拟漏洞"带来的网络侵权问题。而"模拟漏洞"是大量存在和无法从根本上杜绝的，现有的 DRM 技术保护的只是数字内容整个生命周期的一小段，在作品创作、登记、发表、交换、消费等环节存在大量泄露机会，只要作品被人欣赏和使用，就需要从数字空间进入人类感知的模拟空间，也就存在被复制、泄露的可能。"模拟漏洞"的一个典型情况是用户利用数码设备从电脑屏幕或者其他消费终端设备上采集文本、音视频等数字内容,然后在未经授权的情况下将获得到的既不加密也不含水印的数字内容上传至网络,从而造成互联网上侵权作品泛滥成灾,对版权所有者的权利造成巨大侵害。对通过"模拟漏洞"流入网络的大量有版权数字内容进行保护的前提是确认其是否有版权及相应的版权权属。在版权标识符(水印)缺失、同时又缺乏统一的数字内容注册与管理平台的情况下,仅依据数字内容名称或标识符难以确认其权属。

而事实上,一个数字内容本身即具有区别于其他数字内容的独特特征,这种内在的区分性好比生物特征如指纹、声纹、虹膜、人脸、DNA 等,因此可以从数字内容中提取其独特特征作为数字内容的标识。类比于生物指纹,数字内容的独特特征可称为媒体指纹。如果数字内容在版权注册时提取了媒体指纹并将其与权属信息关联保存于媒体指纹库中,则对于网络上流通的任意数字内容可依据其媒体指纹在媒体指纹数据库中的检索结果决定其是否有版权及其版权权属,在作品有权属的情况下可依据版权所有者的权利声明对该作品执行相应的警告、删除或关联广告等操作。可见,基于媒体指纹与数字内容的注册登记平台结合可对数字内容的版权保护进行认证和监管,从而有效应对"模拟漏洞"带来的网络侵权问题。

2. 研究及应用现状

根据数字内容的媒体类型,媒体指纹(mediaprint)大致可以分为文本指纹(textprint)、音频指纹(audioprint,简称音纹)、图像指纹(imageprint,简称图纹)和视频指纹(videoprint,简称视纹)四大类。对各类媒体指纹的研究现状分别描述如下。

(1)文本指纹

近似重复文本检测中,直接对原文档进行精确的文本字符串匹配需要大量的时间和空间。基于文本指纹的方法,提取代表文档语义的文本(如段落、语句、关键词、文本块等),将这些文本经过散列函数生成的数字串称为文档的指纹,并以指纹间的相似度作为文本相似性的度量。在文档集合中检测重复以及近似重复的文档存在着广泛的应用,如:论文剽窃检测、重复网页检测、垃圾邮件检测、数据去重等。

对文档提取特征、生成指纹,对比文档间的指纹以检测重复与近似重复的方法主要集中于三种思路,shingling 算法、I-Match 算法和 simhash 算法。shingling 算法把连续的 W 个单词称为一个 shingle,对 shingle 进行 Hash 运算,得到的 Hash 值作为文本的指纹表示。对文本间的指纹集合定义相似度和包含度计算文本相似性。I-Match 先由文档集合构造一个词典,根据单词 idf(inverse document frequency)值去除文档中的常见词和罕见词,再对文档剩余部分用 SHA1 映射,得到唯一的文档指纹,指纹相同的判为重复或近似重复文档。有研究者提出利用原始文档集的词典随机生成多个子词典,子词典分别过滤文档,生成多个 I-Match 指纹,以此提高 I-Match 方法的稳定性。有文献建议采用的方法是先提取文本关键词,将文档映射成一个高维的加权特征向量,经 simhash 算法生成 f(64) bit 的文本指纹。指纹对间的海明距离(hamming distance)小于 k(3)的则认为是相似文本。

shingling 算法以连续词串作为特征,有利于提高检测的准确率。但生成指纹集合、计算集合中公共元素的比例为相似度的方法,计算量太大。simhash 算法以指纹间的汉明距离度量相似性,计算量小,且 f(64) bit 的指纹,占用空间小。但 simhash 算法以单词为特征,不能很好地表征文档的语义,对于文档用词基本相同,但词序不同且语义不同的文档,也会判定为近似重复文档。基于随机词典生成多个指纹以提高稳定性的方法,同样适用于 simhash 算法。

(2)音频指纹

音纹在目前媒体指纹中研究得最为充分,已得以初步应用。理想的音纹必须满足以下几个方面的要求:健壮性(robustness)、可靠性(reliability)、尺度大小(size)、颗粒度(granularity)、搜索速度(search speed)和可伸缩性(scalability)。有文献使用比特序列特征组成音纹,这里比特表示的是相邻频带和相邻帧之间的能量差的正负。也有文献采用频率带的均方根和功率谱的标准偏差这两个特征序列组成音纹。早在 2001 年,MPEG 就提出了多种音频描述子,如音频频谱平滑度(ASF)、音频频谱质心(ASC)和音频签名(Audio Signature)等。使用 ASF 来表示音频特征,能有效应对多种音频失真。有研究者将长时间的音频序列映射到很短的序列,从而得到音纹。也有研究者使用频率谱的子带矩,通常使用第一矩(即质心)。还有研究者通过将音频数据在时间和频率方向看成二维图像,再用视角研究的方法来获取其音频特征。大规模条件下的媒体指纹匹配和数据库搜索也是音纹研究的一个重要方面,有文献提出了一种使用最近邻的搜索算法在高维度空间进行音纹的搜索。

(3)图像指纹

在图纹方面,有研究文献提出了基于 Trace 变换的图纹提取和匹配算法,其优势在于对仿射变换的稳定性以及合理的图纹大小。韩国 ETRI 等在 MPEG 上提出的图像签名提案是将图像用一系列同心圆处理成很多相邻的同心圆区域,计算这些区域之间的相关性得到图像签名(即这里的图纹)。有研究者提出将图像分成 8×8 子块,利用各子块 DCT 系数间的大小关系提取图像特征,对加噪、压缩等具有很好的稳定性。以上这几种方法都是从图像全局考虑,提取其图纹。另有一类方法从图像局部考虑,提取稳定的局部特征。另有研究者提出了图像感知哈希方法的框架,由提取视觉鲁棒特征和量化特征向量两步组成,将图像映射到足够短的二进制比特串,基于此它通过反复特征检测,提取保留有显著几何特性的特征点,并对所提特征进行似然量化,得到最终哈希值。近年来，由 D. G. Lowe 所提出的 SIFT 描述子在多媒体分析与检索中得到了广泛的应用，它从尺度空间的极值点中筛选稳定关键点，利用其周围点计算关键点的描述子，具有很高的区分性和较好的鲁棒性。

（4）视频指纹

视纹是媒体指纹的一种，可用于标识视频序列（或片断）的独特标识。视纹要对于同源视频的多种失真、变形具有强鲁棒性，这里的视频失真或变形主要包括：彩色转单色、亮度变化、压缩编码、叠加标志和字幕、数模/模数转换、尺寸变换、屏幕重拍等等。从视频的处理结构上来看，可以把现有的研究方法分为两类：一类把视频文件当作一个由整体的三位数据结构，通过三维数据变换（例如三维 DCT 变换）提取出一个整体的描述子，这种方法的缺点是不能分段鉴别视频片断。第二类方法把视频看作是时间轴上的连续图像，把图像处理中的方法应用到经过去噪、帧率重采样、关键帧提取后的视频帧序列上。已经被尝试使用到的特征包括：颜色（亮度）直方图、平均亮度及其变种、梯度重心方向、主要颜色、兴趣点、径向投影等。这类方法提取的视纹具有以帧为单位，可用作视频片断匹配。从视纹的表达方式上来看，也可以分为两类。一类方法提取的帧视纹是一个浮点向量，整个视纹就是一个向量集合，在视纹比对时，需要遍历式逐个对比，这对于大型数据库和海量的视频文件来说效率过低。第二类方法主要是将提出的视纹量化成某个编码，通过建立包含所有可能编码的倒排表，提高检索的速度。

### 3. 技术路线

（1）不变特征分析模型与算法

不考虑不同的媒体类型，用不变特征分析模型与算法研究的技术路线分为以下几步。

①不变特征分析与提取：从媒体数据中提取具有健壮性与区分性的独特特征，作为媒体内容标识的基础。需要提取的特征大致分为全局特征与局部特征两大类。按特征提取发生的域，又可将特征分为空域特征、时域特征与变换域特征等。分析各种媒体在其生命期内可能遭受的各种变形；分析各种变形给媒体内容造成的影响，包括媒体数据的变化、内容的变化及相应导致的人的感知的变化；针对不同变形的特性确定相应的不变特征，并对媒体信号进行适当处理以提取相应的不变特征。特别指出，我们将深入研究视觉与听觉感知机理，研究感知特征（如 Sparse Coding）的提取。

②特征表达模型及优化：为使最终特征更加鲁棒与紧凑，我们将结合高效的描述子（如图像 SIFT 和 SURF、音频的 WASF）与特征表达模型（如 BoWs）对最终特征进行优化，特别是应用特定的不变特征词典构建与学习。以视频为例，我们将从两种方法来研究视频等连续媒体的表达：一类把视频文件当作一个由整体的三位数据结构，第二类方

法把视频看作是时间轴上的连续图像,把图像指纹处理技术应用到视频帧序列上。

③距离度量:我们将需要根据不同特征的特点,选择设计合适的距离度量,并通过实验比较,对不同距离度量的有效性进行评估。

(2)提出健壮高效的媒体指纹技术

媒体指纹技术包括指纹提取、集成、压缩编码、索引与匹配等技术。

①指纹提取:对媒体进行预处理以获得适当尺寸的媒体单元用于逐一提取稳定的指纹片段。针对文本、图像、音频与视频等不同的媒体类型,提取针对各种变形情况下健壮的不变特征。

②互补性媒体指纹集成:针对媒体可能经受的各种变形,提取具有互补性的多种特征,并与变形检测相结合,从而构成能对各种变形鲁棒的可扩展媒体指纹。

③指纹压缩编码:对提取到的特征进行量化编码,并考虑不同特征间的统计冗余与关联,形成媒体指纹作为该媒体内容的唯一标识。

④指纹索引与匹配:对大规模特征库建立索引结构,以加速对特征的检索与匹配。重点研究高效的倒排索引与局部敏感哈希(LSH)算法及其应用。开展大量实验以获取优化的算法参数,这些参数包括描述子的维数、单词表的大小、量化步长等。利用该索引,给定指纹的检索可以缩小到一个相对较小的范围;根据选定的距离度量与匹配策略确定媒体指纹库中与查询指纹匹配的媒体指纹及相应的匹配度(相似度)。

(3)开发基于媒体指纹技术的拷贝检测系统

我们将参与国际上具有一定权威性的 TRECVID 基于内容的拷贝检测比赛,以此来检验评估我们开发的拷贝检测系统的性能。因此,我们将参照 TRECVID 采用的三个性能评测指标来进行系统优化,即正规化的检测成本率(NDCR)、拷贝定位准确率(F1)和查询平均处理时间(Mean Processing Time)。

(4)集成拷贝检测系统到网络侵权追踪平台

媒体指纹作为版权标识符的有益补充,可被有效应用到网络侵权追踪中。在版权侵权举证核实及受理分发系统中,举证核实可以通过媒体指纹比对来实现,即计算版权注册用户持有的媒体内容与其举报的侵权媒体内容之间基于媒体指纹的相似性;在数据比对分析系统,可以通过媒体指纹比对确定给定的多个媒体内容之间的相似度。

媒体指纹技术,是对现有的数字水印技术与版权标识技术的有益补充,有利于综合多种技术手段建立开放环境下的统一版权管理体系:对各种出版物,尽可能通过版权标识符进行有序管理,通过类似"身份证/护照"系统的内容管理系统进行监管;对于新注册的数字内容,利用数字水印技术将包括版权标识符在内的权利信息嵌入数字作品之中;对于公共空间传播的内容,通过从内容中提取标识作品的独特性特征(媒体指纹),达到类似利用人的指纹管理身份的目的。媒体指纹、版权标识与数字水印这三大技术路线与内容注册、许可发放、电子商务等系统的有机融合,可支持建立完善的开放数字作品市场运行机制和有效的内容认证监管体系。

## （七）侵权追踪相关技术服务

1. 侵权追踪流程

网络侵权追踪平台技术的核心需求是追寻互联网络和移动网络可疑的侵权行为，对该行为进行版权鉴别，在线取证，证据保全，将该平台获取的证据完整地提交给司法机关，作为法律认可的证据，从而打击网络盗版侵权的行为。

网络侵权追踪平台技术最核心的问题就是如何取证、如何判断侵权主体、如何保全证据等问题。我们迫切需要通过技术手段来解决目前的状况，建立技术平台，通过对网络的主动扫描，获取网络侵权信息，建立正版产品信息库，将网络扫描和取证的内容通过数字指纹比对进行分析，对侵权产品进行取证和维权。

互联网在我国的发展历史并不长，但无论从内容的范围还是规模上，它的发展速度都是空前的。全国目前从事网络出版业务的网站数以万计。截至 2008 年年底，全国网站数达到 115 万个，其中从事互联网出版的网站达到了 5.8 万个。

由于信息量大、内容庞杂，所以监测难度大。面对网络盗版监测的艰巨任务，仅依靠传统的管理手段，凭现有的人力物力，根本不可能查阅全部的网络出版物，无法及时查阅盗版信息，更谈不上监管和执法了。因此如果没有先进强大的技术手段辅助配合，版权管理工作的及时性和有效性无法得到保证。急需充分利用现有计算机技术、网络技术的先进成果，通过高技术手段，实现网络盗版监测的智能化和自动化，从而实现及时、准确、全面的网络盗版监测。

因此，网络侵权追踪技术平台需要解决的核心问题是：网络侵权行为追踪；网络侵权行为判断；网络侵权行为取证；网路侵权证据保全。

（1）网络侵权行为追踪

如何进行网络侵权行为追踪的判断是侵权追踪技术服务的首要问题。互联网发布的数据类型和发布方式迥异、传播速度快、传播范围广、转载率非常高，如何追踪到发布的源头，是进行网络侵权行为鉴别首要解决的一个问题。

（2）网络侵权行为判断

如何进行网络侵权行为的判断是侵权追踪技术平台需要重点突破的问题。互联网传播速度快、传播量大、转载率高，根据侵权线索追溯到侵权行为的源头、丢弃垃圾数据，与正版作品内容比对的判定，都是侵权追踪技术平台需要重点关注的地方。

（3）网络侵权行为取证

网络发布信息变化快，如何实时取证，是网络侵权行为判定和版权维权所必须解决的问题。因此要求侵权追踪技术平台进行网络侵权行为的取证，保证证据的真实性，可以作为维权和进入司法程序的证据。

（4）网络侵权证据保全

网络侵权取证获取的证据信息是进行版权维权的重要证据，因此如何保证存储证据的数据库安全，不会被任意修改和丢失，并且能够得到司法机关的认可，是侵权追踪技术平台的重点。

2. 技术原则

网络侵权追踪平台建设要做到"两结合一兼顾"。首先是技术先进性与成熟性相结合，既要保持一定时期内技术的领先性，又要实现系统运行的稳定性。其次是应用需求和客观条件相结合，设计低成本高效用的建设方案，同时兼顾系统的可扩展性、可靠性、安全性等要求。

网络侵权追踪平台建设的基本原则：

①实用性与可行性：根据网络侵权追踪平台需求，既要最大限度地满足业务上的各项功能要求，又要确保实用性，具有良好的性能价格比；

②先进性：采用先进、成熟、实用的技术，既要实现网络侵权追踪平台的功能，又要确保在未来几年内其技术仍能满足应用发展的需求；

③均衡负载：采用分布式计算模式，以每台服务器为工作任务处理子中心，以线程为最小工作任务单元，高效利用计算机系统资源。尽可能地减少网络侵权追踪平台任务计算瓶颈。采用新技术，将整个网络侵权追踪平台的计算任务维持在一个均衡高效的指标之下；

④开放性：采用的各种设备（软、硬件）均应符合通用标准，符合开放设计原则，使用的技术要与技术发展的潮流吻合，具有良好的开放性、技术延伸性、技术亲合性，要充分考虑后续工程的需要。网络侵权追踪平台局域网拓扑结构要灵活，扩展余地充分，能够满足业务不断增长的需求。在软件、协议、服务和传输方面提供更多选择，使用模块化设计、集群分布方案，可根据需求变动适当取舍；

⑤安全性：保证网络侵权追踪平台和数据的高安全性，从设备和技术上采取必要的防范措施（物理隔离、防火墙和防毒墙技术），使整个网络侵权追踪平台在受到有意、无意的非法侵入时，被破坏的可能达到最小程度；

⑥可靠性和容错性：在设计中要考虑整体网络侵权追踪平台的可靠性，根据设备的功能、重要性等分别采用冗余、容错等技术，以保证局部的错误不影响整体运行；

⑦可管理性：能够实时地管理网络侵权追踪平台运行，动态配置资源，构成高效安全的运行环境，监视系统中的错误，及时排除故障，使整个网络侵权追踪平台能够坚持长时间的无故障运行；

⑧易维护性：网络侵权追踪平台的管理、维护和维修具有简易性和可行性。

## 3. 技术路线

网络侵权追踪技术平台通过人工举报和网络自动扫描结合的方式，进行互联网和移动互联网的侵权行为的监测与扫描。侵权追踪技术平台通过将扫描信息和系统存储的正版信息经过多轮严格的信息比对，核实侵权信息，进行版权维权。

一般来讲，侵权追踪技术平台监测的互联网发布的数据内容包括文字、图片、音频和视频等，通过合理的算法和扫描深度，尽可能多地扩大侦测范围，并能处理各种不同规范的网络协议和标准。

在网络扫描的过程中，实时对侵权行为进行网络取证，并将证据进行保全存储。取证过程也是采取人工和自动取证相结合的方式，确保整个取证的过程与信息是完整、清晰、可靠的，能够达到司法机关对于网络取证的法律要求。

在侵权追踪技术平台中，需要建立合理的数据模型，满足系统对于数据的挖掘和分析需求。并且在安全存储方面做出一定的考虑。

可实现的侵权追踪技术体系框架图如下所示：

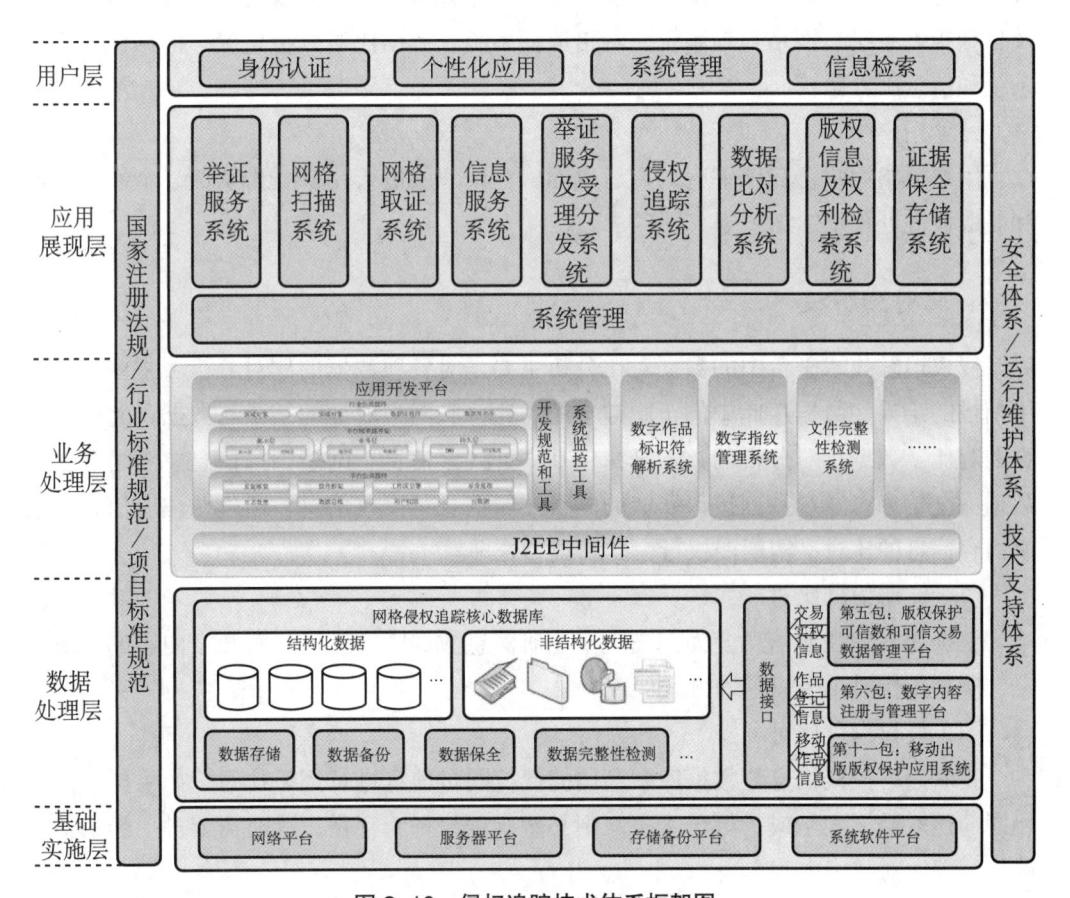

图 2-10　侵权追踪技术体系框架图

（1）基础设施层

基础设施层是指网络侵权追踪平台运行的基础环境。包括网络环境、服务器环境，数据存储备份和系统软件等。

（2）数据处理层

数据处理层是处理业务数据，进行数据保全存储的业务单元。在数据处理层要进行网络扫描数据，从其他系统同步接收的数据等数据的存储、备份、保全以及证据数据的完整性检测，并为业务处理层的数据分析提供数据支持。

（3）业务处理层

业务处理层是网络侵权追踪系统的基础业务处理单元。为应用展现层提供数字指纹分析比对结果、为应用展现层提供数字版权标识解析的结果，并进行数据完整性的检验。在业务处理层进行网络盗版侵权分析时，都需要使用到业务处理层的分析处理结果。

（4）应用展现层

应用展现层是指网络侵权追踪平台的业务逻辑单元，即本研发项目需要建设的9大系统。分别是举证服务系统、举证核实及受理分发系统、侵权追踪系统、版权信息及权利检索系统、网络扫描系统、网络取证系统、数据比对分析系统、证据保全存储系统和信息服务系统。

（5）用户层

用户层指用户访问该平台的入口单元。在用户层进行用户身份认证、个性化配置和获取业务处理反馈结果等。

4. 比对分析技术

侵权追踪技术平台中的数据对比分析主要是对各项数据的比对分析。主要包括网络扫描的结果和数据存储中的正版样本的对比，和网络取证的结果与数据存储中的内容的对比。数据比对分析的数据来源包括举证线索信息、网络扫描信息、网络取证的数据保全信息、通过数据接口获取的同步注册信息和授权信息，通过对注册信息与数字内容信息的比对，实现侵权行为的发现与处理。

（1）注册信息比对

根据获取的注册信息全面扫描版权注册信息数据库，逐一比对数字内容的注册信息，所有的比对结果以列表方式展现。

（2）授权信息比对

获取内容授权信息与数据库中存储的授权同步信息进行逐一比对。如果授权信息相同的比对结果大于或者等于1条，则必然有侵权行为存在，这时需要进一步的核实确认，即比对数字内容本身。

（3）版权信息比对

对数字内容的版权信息进行比对，通过逐条扫描数据库存储的版权信息，确认是否具有侵权行为。

（4）交易信息比对

因为版权是允许交易的，而网络扫描获取的数据有可能在系统的数据库中存储的版权权利人信息已经失效，因此为了确认版权归属，需要通过可信交易平台获取制定数字内容的交易信息，通过比对交易信息，取得最新版本的数字内容权利人信息。

平台可以通过接口同步版权交易信息，并逐一比对指定数字内容的版权交易信息，确定最终的版权权利人。

（5）数字指纹比对

①网页内容比对。网页与纯文本之间的不同主要反映在两个方面：网页有HTML标签和网页之间的超链接。要实现网页文本的提取，必须对网页文件解析，就需要去除网页中的标记标签。从网络中扫描回来的原始资源中提取文本内容，网络资源有网页内容和文件内容，文件内容包括txt文件、word文件、pdf文件、图片文件等。从这些资源中解析出文本内容，为后面的分析提供内容。

②文本内容比对。文本相似度对比，一般采用向量空间模型法。在向量空间模型中，两个文档D1和D2的相似程度采用两个文档向量的夹角余弦来度量，夹角越小说明相似度越高。

③图片内容比对。图片内容比对通过提取图片局部指纹作为描述信息。图像的颜色、纹理、形状和空间关系等均可作为指纹。

④音频内容比对。音频内容比对是通过提取音频指纹，并比对音频指纹信息进行音频内容的比对分析。

⑤视频内容比对。首先将已有的视频文件拆解为大量的基本单元，然后对这些基本单元提取指纹，通过比对指纹实现视频内容的比对。

## （八）音视频加密播放器

### 1. 工具介绍

音视频加密后，只能用专门的播放器播放，其他的加密视频播放器是不能播放的，因为加密所使用的算法不一样，而且在播放的过程中还牵涉到要和用户的其他信息以及后台的某些控制联系起来，所以不会被简单破解。

## 2. 应 用

一般来说，数字版权保护应该根据不同的应用场景区分"弱保护"和"强保护"。对于重要性较高或仅限于小范围使用的文件，可以考虑采用加密的方式进行"强保护"。

强保护的优势在于事前保护，技术有效性好；劣势在于需要使用密码，降低了易用性。所以采用这种保护方式后的文件不太适合在互联网上向公众传播。

这里的音视频加密，是专门针对音视频文件进行的加密。在加密过程中不破坏音视频文件的内容，不改变文件格式、清晰度等参数。如果是视频文件，加密的时候还可以同时加上透明的水印（可选）。

加密后的文件，只能使用专门的播放器播放。用户需要提供正确的密码。该播放器在播放过程中并不产生解密后的文件，这大大提高了保护的强度。

# 三、数字版权保护应用系统[①]

## （一）版权资产管理系统

1. 系统介绍

（1）系统开发背景

随着出版行业数字化转型的不断推进，版权资产管理与运营已经成为国有文化企业重要的战略转型目标。

①版权是文化企业的核心资产。

在我国推动社会主义文化大发展大繁荣的时代背景下，版权资源在文化产业的发展中发挥了类似"货币"的作用，体现了文化产业整体资源配置和流动的状况。对于文化企业而言，当企业所拥有或控制的版权资源能够带来经济利益时，即成为版权资产。版权资产作为文化企业无形资产的重要组成部分，具有显著的非独立性、可交易性、易转化性和可增值性等特点，在生产和经营过程中与其他有形资产相结合，能够对文化企业的经济效益产生较强的叠加和放大效应，是文化企业的核心资产。

②对版权资产的管理、开发和运营是国有文化企业核心竞争力的体现。

版权资产作为文化企业的核心资产，是企业获取持续经营收益的关键。经过数十年的发展，我国共有国有文化企业9000多家，账面资金规模近1.4万亿元，但其中主要是固定资产，大量的版权资源未被认定为资产。这些版权资源经过梳理和价值的重新认定，能够成为国有文化企业重要的版权资产，其价值和规模甚至能够超过固定资产。对这些版权资产进行管理、开发和运营，是国有文化企业核心竞争力的体现，能够更好地实现其价值，既能够保障国有资产的合法权益，避免版权资产流失，又能够推动企业提高盈利能力和加快发展速度，实现做大做强的目标。

③目前国有文化企业版权资产管理与运营面临的问题。

由于版权的复杂性，其管理难度远远超过一般性的实物资产，因此也成为制约国

---

[①] 本部分摘自中国新闻出版研究院数字版权保护技术开发及软课题研究，作者彭海韵，版云（北京）科技有限责任公司。

有文化企业发展的一个重要原因。目前国有文化企业在版权资产管理和运营方面面临的问题主要体现在以下几点。

一是存量巨大、产权不清。国有文化企业多年来积累了丰厚的版权资源，存量巨大。但很多国有文化企业对于其控制的版权资产没有清晰的记录，经年累月后版权资产的权利状况变得异常模糊与混乱，缺少权属证明文件或权利本身就具有瑕疵乃至失效，甚至连资产的介质都已经遗失或损坏。

二是管理混乱、资产流失。由于没有规范的版权资产管理制度、方法和工具，许多国有文化企业对版权资产的管理十分混乱，也对其版权资产的安全状况造成了一定的风险，容易引发因对外授权的不合理、不严谨造成企业版权资产流失的问题，或由于越权使用而使企业承担很高的法律风险。

三是缺乏规划、运营挑战。长期以来，国有文化企业对版权资产的管理粗放、缺乏长远规划，在处理授权时仅考虑到眼前的业务需求，当版权开发运营的范围拓展时却发现缺乏相应权利，因而无从开展更大范围版权运营，尤其是面对数字化、网络化环境下精细化授权要求无法处理，不能适应新形势带来的运营要求。

④国有文化企业版权资产管理与运营的目标与思路。

国有文化企业版权资产管理和运营的重要性和迫切性无需赘述，然而这并非一个规定、一套方法或一个工具所能解决的，而是应该综合利用标准、规范、方法、工具等手段形成版权资产管理的体系，这样才能从根本上、普适性地来彻底解决版权资产管理的问题，而且我们认为版权资产管理体系应该沿着"从无序到有序、从自发到规范、从管理到运营、从单点到体系"的路径逐步建立。

中国新闻出版研究院根据《关于进一步完善中央财政科研项目资金管理等政策的若干意见》（中办发〔2016〕50号）文件精神，结合版权工程研发应用实践及行业最新发展，开展数字版权保护领域若干核心技术与应用的研究与开发工作，达到"基于版权工程研发成果，搭建行业科研平台，支持数字版权保护技术应用产业联盟，形成动态跟踪、迭代研发，边开发边应用的创新型科研平台"的新目标。

（2）系统建设内容

整个版权资产管理系统由版权信息管理、版权资产管理、版权合同管理、版权运营管理、版权信息统计等模块构成。

版权信息管理模块采集作品信息和作者信息，然后对采集的作品信息进行统一的维护，为原始取得权利的作品加载结构化的版权权利信息（外部获取的权利通过版权合同管理模块中获权合同登记环节加载结构化权利信息），并提交资产管理模块。资产管理模块对版权资源进行入库审核，通过审核入库成为版权资产，并对版权资产进行状态、关联关系、盘点、价值等管理，通过资产调拨设定资产的用途。版权运营管理模块对调拨的资产进行产品化封装，形成版权产品，并与版权合同管理模块的授权合同管理结合实现对外授权的管理，同时实现运营数据的导入和结算。

（3）系统建设目标

通过版权资产管理系统的建设，实现项目组织单位内部各类资源的版权资产实施全生命周期的动态化管理，记录版权的生产、采购、运营信息，开展版权资产的清查与核算，建成版权资产全流程动态管理平台。同时，在依托版权资产全流程动态管理的基础上，开展版权资产的授权经营、核查与保护、运营分析等工作，有效避免内容运营过程的版权风险。具体目标体现在以下几个方面。

①建立版权管理体系。

采用"作品+权利"的方式精确描述资产信息，为用户单位厘清版权权利提供有效的工具，根据权利的变化情况实时反映资产的状态，为版权资产的处置和运营提供真实可信的数据来源，帮助用户单位有效提升版权资产使用率。

融合先进的版权资产管理理念和方法，通过信息系统固化管理流程，帮助用户单位制定完善的版权资产管理制度，明确相关岗位职责，提升全版权管理与运营意识。

②厘清存量版权资产，建设版权资产信息库。

通过对版权资源、权利信息、原创信息、合同信息的汇总与整理，建设版权资产库，实现资源资产化、资产产品化的过程，并能够通过信息化手段对版权资产库进行管理、查询与统计。

③灵活定制版权运营产品，适应多元化运营。

通过规范、灵活的版权产品封装、投放与运营结算管理机制，为用户单位在多形态下的版权运营提供多元化的产品封装和授权管理，从版权角度实现资源的一次生产，多渠道推广运营，运营方式不仅包含自建平台，还包含对第三方运营平台的授权使用。在进行授权时能够规范授权过程，让每次授权行为都能够有详细的授权记录，避免重复授权、违规授权行为的发生。

④规避侵权风险。

通过版权上下游渠道合同的规范化管理和版权资产管理与运营的关键节点控制，清晰记录版权资产权利的归属，为用户单位维护自身的合法权益提供依据。通过规范化生产管理流程，进行资源版权的核查，避免无版权资源、过期版权期资源的使用，造成无意识侵权行为。

⑤精细化管理版权资产。

结合版权资产的成本、收益、资产完整性、资产分级等多种方式对资产进行精细化管理，节约开发成本，增加运营收益。建立基于微版权管理的结算机制，实现对作品的碎片化加工、重组业态下对权利的控制及运营结算，有效应对碎片化资产运营中版权的管理和结算问题。

## 2. 系统核心功能

### （1）系统总体框架

整个版权资产管理系统由版权信息管理、版权资产管理、版权合同管理、版权运营管理、版权信息统计等模块构成，系统逻辑结构如下图所示：

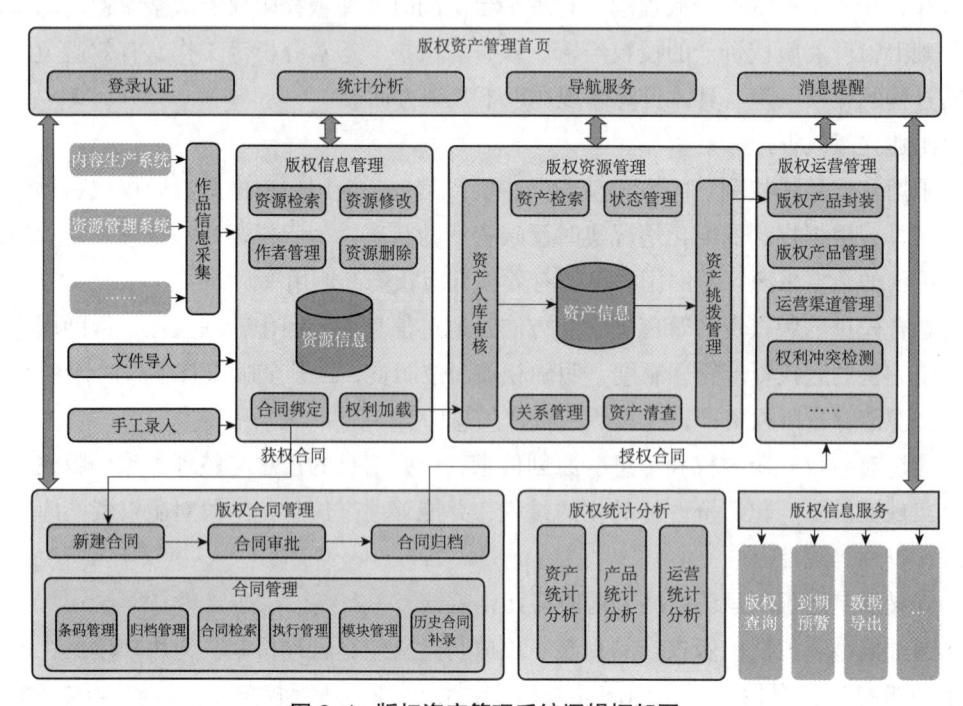

图 3-1 版权资产管理系统逻辑框架图

### （2）系统业务流程

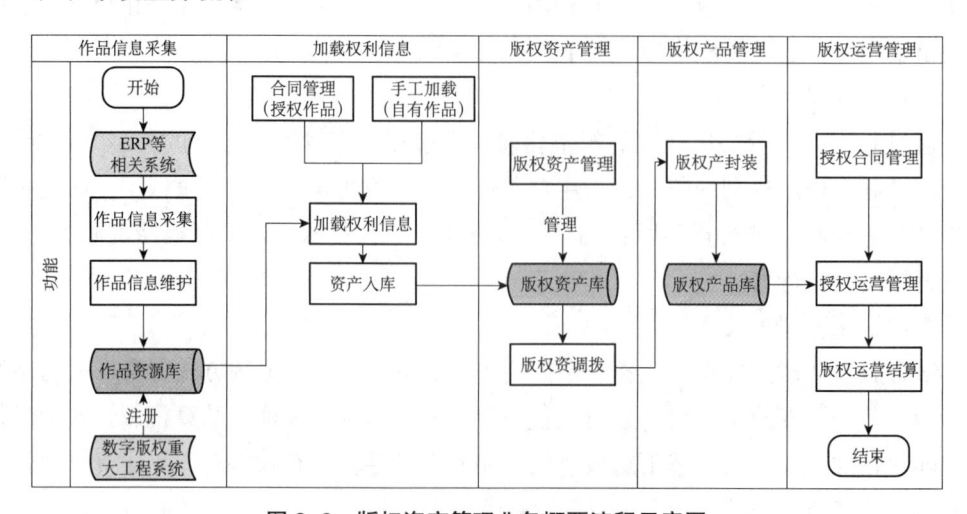

图 3-2 版权资产管理业务概要流程示意图

版权资产管理流程包括以下几步。

①作品资源采集与入库。实现作品资源的采集，并为其加载结构化版权权利信息和权利证明文件，提交入库形成版权资产。针对需要外部权利人授权的作品，由权利获取人员在线发起获权合同申请，完成审批流程，并完成权利人签字后进行合同备案，系统自动根据合同约定为作品加载结构化的版权权利信息，并根据合同中的起止时间完成版权资产的入库；对于历史存量作品资源、委托创作、合作创作、职务作品等原始取得权利方式获得的作品资源，由权利获取人员采用手工方式设定作品的结构化权利信息，并加载权利证明文件，申请入库。

②版权资产管理审核入库与管理。对通过历史存量作品资源、委托创作、合作创作、职务作品等原始取得权利方式获得的作品资源进行版权资产入库审核后形成版权资产。由版权资产管理员对入库的版权资产进行统一的管理：可查看资产的到期情况；根据实际业务情况对资产进行挂起、迁出操作；设定资产之间的关联关系等。

③版权资产调拨。提供两种资产调拨方式：一种是运营部门根据资产状态提出调拨申请，由版权资产管理人员审批后调拨；第二种由资产管理员主动根据版权资产的用途进行版权资产的调拨，设定版权资产的使用方式、使用限制和运营部门。

④版权产品封装与管理。版权运营部门根据商业运营需求将调拨给本部门的版权资产封装为版权产品，并为版权产品加载结构化的运营规则信息，包括：运营使用方式、运营使用限制、产品定价等。

⑤版权产品运营授权管理。版权运营部门根据实际业务发起对外授权合同，在合同中约定授权对象、授权产品、授权期限、授权使用限制、授权结算方式等条款。授权合同通过审批后正式生效。系统根据授权合同的约定自动设定版权产品的授权状态，到期后自动取消版权产品的授权状态。版权运营人员可通过系统查看版权产品的授权运营情况。

⑥版权运营结算管理。由财务结算人员将自运营或第三方运营渠道提供的运营收入信息导入到系统中，并基于系统中版权产品与版权资产的对应关系实现版权资产单品种的收入结算。结合版权资产管理模块中版权资产成本、销售费用的数据，进行计算，实现版权资产单品种的成本、收入和利润结算。

（3）功能介绍

①版权信息采集：对版权资产的内容载体——版权作品——的元数据信息及资源文件系统进行采集和导入的过程。从出版业态划分，系统需要采集如下出版物形态的版权信息：图书、期刊论文、报纸稿件、音像制品、电子书、游戏和软件。从内容形态划分，系统需要采集如下内容形态的版权信息：文字类（包括图书、稿件、剧本等）、图片类（包括照片、图形图画等）、音视频类、软件类（包括游戏、APP和应用软件）。

②作品信息管理：对经版权信息采集子系统、微版权管理子系统提交的作品信息进

行查询和检查，补齐或修改其中数据错误或缺失项，确定数据完整无误后完成作品信息管理环节的操作。对作品进行灵活的组合，形成新的作品或作品集，如：将多本图书组合为一个书集，将多张图片组合为一个影集。在维护作品信息的同时，对作者信息进行统一管理。权利人管理与作者管理采用一致的方式，在维护作者信息时，可标识此作者同时为对应作品的权利人。将著作权登记信息作为作品的一类信息进行维护。

③权利加载管理：通过获权合同结构化的基础权利信息，直接将信息加载到作品资源信息中来，其他更加细节的权利信息，由用户直接通过系统提供的结构化权利加载工具直接为作品加载权利信息。权利信息加载可导入已设置的权利模板信息，并基于此信息进行该作品结构化权利信息的调整。

④资产管理：对部门资源管理人员通过手工方式加载权利的资源进行入库审核，审核通过后入库成为版权资产。采用关键字检索、条件检索方式检索当前所有的版权资产信息。检索结果采用列表方式进行显示。查看版权资产的全局信息，包括：基本信息、价值信息（收入、成本、销售费用、利润）、权利信息、调拨信息、产品信息、运营信息、关联资产、微版权资产。查看版权资产的权利信息。对版权资产进行整体迁出，迁出后系统中删除该资产所有信息。

⑤资产关系管理：对版权资产以及微版权资产之间的关联关系进行管理和记录。包括母子资产、关联资产等。

⑥资产价值管理：价值管理是对所有资产的收入、成本及销售费用进行统一的维护管理。

⑦资产清查管理：系统扫描所有授权已到期的版权资产，并提醒处理。

⑧资产调拨管理：资产管理员根据资产的权利情况和市场价值等因素，来决定该资产如何营销。从对版权资产的调拨方式来看，可分为如下两类调拨方式：批量调拨和单一资产调拨。

⑨版权产品管理：基于统一的权利模板对经版权资产管理子系统调拨后的版权资产进行拆分和封装，并为其加载产品信息、运营方式、使用的业务规则和价格形成版权产品，用于自用、授权及转让。

⑩微版权管理：实现对作品资源进行碎片化拆分和加工后形成条目、片段、场景、镜头等碎片化版权子资产的微版权管理功能。进行作品碎片化加工时，可通过系统查看具有作品可重组权利等微版权加工权利的作品资源，对作品进行碎片化加工后，形成的碎片自动继承源版权资产的权利，进行统一的登记注册后，在版权资产管理子系统中进行管理。碎片化资产与源作品版权资产在系统中通过关联关系进行统一的管理和维护。

⑪版权合同管理：与作品权利人签订，通过许可方式获得作品使用权利的合同进行管理。包括查询获权合同、管理当前获权合同、新建获权合同等。

3. 应用场景

版权资产管理系统由六大模块组成：通过作品资源管理模块实现多渠道来源作品信息的规范登记和权利加载；通过制式合同管理模块控制作品引入和对外运营业务中合同的合规管理；通过版权资产管理模块对版权资产进行统一的维护和利用；通过版权产品管理模块将版权资产封装为运营产品；通过版权运营管理模块实现版权产品的投放和收入的记录；通过综合统计分析模块提供各类分析统计模型，提供各维度的统计分析功能，辅助领导进行决策。

系统可对接媒资系统、采编系统等企业原有业务系统，实现版权资产的快速导入，并可将版权产品发布到其他在线授权平台中，拓展原有运营渠道，实现版权产品的在线交易。同时内置标准化的第三方版权元数据描述机制，可以与第三方版权交易运营平台无缝对接，帮助企业扩展版权运营渠道，获取更大的版权运营收益。

## （二）版权交易系统[①]

1. 系统介绍

（1）系统开发背景

2016 年，中国境内投资者全年共对全球 164 个国家和地区的 7961 家境外企业进行了非金融类直接投资，累计实现投资 11299.2 亿元人民币（折合 1701.1 亿美元，同比增长 44.1%）。上海市 2016 年全年对外直接投资额 251.3 亿美元，在全国各省区市排名中名列第一。

在走出去的大趋势下，众多中国企业都在积极发展海外市场。在企业对外投资合作中，知识产权是非常重要的无形资产，更是开拓海外市场的核心竞争力。企业的品牌、专利、商业秘密、版权等，都是企业赖以生存、长远发展、走向国际市场的基础。与此同时，中国企业也必将面临海外陌生知识产权法律环境带来的风险。如果不给予足够的重视，这些知识产权法律风险也同样会给企业的海外发展埋下重大隐患，甚至可能给企业带来致命的打击。知识产权法律风险并非无法避免，如果谨慎预防、妥善处理，便能给海外市场的发展带来机遇。

2017 年 6 月，上海市商务委员会委托北京安杰律师事务所编制了《对外投资合作指引·知识产权篇》，包括专利、商标、版权、商业秘密、尽职调查，重在从实务角度为企业走出去所面临的基本、重大知识产权问题提供指引，帮助企业理清对外投资

---

① 本部分摘自中国新闻出版研究院数字版权保护技术开发及软课题研究，作者王蒙，海岸融信（北京）信息技术股份有限公司。

合作中的知识产权保护基本框架。

由此可看，建设及促进版权交易市场的规范化、规模化、整体化迫在眉睫，版权电商交易平台的建设就十分必要了。

（2）系统建设内容

结合平台的服务信息及整体形象，重点展示内容和信息，使浏览者能够快速获知平台的服务内容及平台的结构布局。

（3）系统建设目标

数字版权保护是目前对网络中传播的数字作品进行版权保护的主要手段。数字版权保护采取信息安全技术手段在内的系统解决方案，在保证合法的、具有权限的用户对数字信息（如数字图像、音频、视频等）正常使用的同时，保护数字信息创作者和拥有者的版权，根据版权信息获得合法收益，并在版权受到侵害时能够鉴别数字信息的版权归属及版权信息的真伪。包括对数字资产各种形式的使用进行描述、识别、交易、保护、监控和跟踪等各个过程。数字版权保护技术贯穿数字内容从产生到分发、从销售到使用的整个内容流通过程，涉及整个数字内容价值链。

2. 系统核心功能

（1）系统总体框架

版权交易系统整体分为：用户前端、版权商管理后台、系统管理后台，均采用springboot微服务前后端分离开发。对接认证中心单点登录系统。

（2）系统业务流程

①版权详情页。版权交易提供版权详情展示（包括详细描述、版权购买、购物车、收藏等）、交易、结算、生成订单、在线支付等功能，实现版权线上交易且保证交易记录与客户信息等重要数据的完整性、不可篡改和时间、起源的实时可验证。

②版权管理。版权管理模块对版权信息进行管理，包括版权管理、订单管理、评论、收藏管理等模块。其中版权管理包括版权发布、修改、下架等功能。

③互动模块。互动模块包含了即时互动与非即时互动两种。即时互动是采用一种在线即时沟通工具用于浏览用户与供求方的互动；非即时互动包含了留言系统、订单、表单提交与管理系统，也用于供求双方间的沟通交流。具体包含即时通讯系统、在线客服系统、其他交流方式比如站内信等。

（3）功能介绍

版权交易系统为在线版权交易服务平台，为国内外版权商和优质的品牌商提供一站式互联网版权授权方案。

版权交易系统为用户提供版权详情展示（包括详细描述、版权购买、购物车、收藏等）、交易、结算、生成订单、在线支付等功能，实现版权线上交易且保证交易记录与客户信息等重要数据的完整性、不可算改和时间、起源的实时可验证。

总平台交易管理中可以查看所有平台中产生的订单,订单状态为已支付时可在操作里选择上传该订单(版权)的交易合同,上传完成后买家用户可在自己的订单详情页选择下载订单合同。

3. 应用场景

版权交易系统意在对版权作品进行信息安全等手段在内的系统解决方案,保证合法的、具有权限的用户对版权信息(数字图像、音频、图书等)正常使用的同时保护版权创作者和拥有者的合法权益。版权系统包含版权发布、版权出售、授权管理、版权浏览、版权搜索、交易查询等服务,可以为版权商提供新的销售渠道,为用户提供优质的版权购买服务。

## (三)网络视频侵权追踪系统[①]

1. 系统介绍

(1)系统开发背景

随着融合网络环境及数字化、新媒体技术的发展,各种数字内容更加丰富,应用范围更加广泛,以数字化内容为核心正在形成一个新型的产业链。伴随着数字内容服务产业的飞速发展和服务形式的不断创新,传统版权产业也正不断向数字版权产业转变。

版权价值是网络视频行业的核心价值体现。网络视频产业的发展,给网络视频的版权保护带来了很多新的政策与技术课题。人们在充分享受数字化和互联网带来便利的同时,也正遭受着视频版权被有意或无意非法使用而带来的市场秩序混乱问题。由于网络视频内容具有易于复制、分发和快速传输等特点,随意传播应该受版权保护的网络视频作品的现象普遍存在。基于此,对网络视频作品内容进行版权保护已经成为近年来各国法律界、产业界共同探讨的一个热点和难点问题。各国的经验表明,数字网络环境下的版权保护需要法律、技术双管齐下,法律是版权保护的根本,技术是版权保护的手段。

互联网视频侵权追踪提出了如下产业需求。

①高效的互联网数据采集。由于互联网信息量巨大,各种信息交错繁杂,为了保证监测的高效准确,需要研发面向互联网海量媒体信息的数据采集系统。该系统可以根据用户的需求,实现全网和特定监测网站进行数据采集,所有采集到的数据按照统一的标准进行保存。

---

① 本部分摘自中国新闻出版研究院数字版权保护技术开发及软课题研究,作者刘杰,中国科学院自动化研究所。

②快速的盗版侵权检测。基于所采集到的海量媒体信息，需要研究快速有效的技术手段，实现海量媒体数据的快速侵权监测，并对侵权数据进行分析和可视化展示。

③盗版侵权行为的事后追踪。针对每个已经发生的侵权盗版行为，需要继续监测每个侵权盗版行为的后续发展变化。

数字版权保护技术是我国信息化建设的重要内容，《国家中长期科学和技术发展规划纲要》强调：保护知识产权，维护权利人利益，不仅是我国完善市场经济体制、促进自主创新的需要，也是树立国际信用、开展国际合作的需要。《国家"十一五"文化发展规划纲要》中，把"数字版权保护技术"作为重大文化技术专项列入科技创新的重点。开展数字版权保护关键技术研发，将为网络视频产业健康有序发展提供有效技术支撑。

（2）系统建设内容

一套网络视频侵权追踪系统，包括五个部分。

①数据采集。该子系统负责根据监测任务，从互联网上采集数据。为了保证侵权行为可以尽快被监测系统发现，数据采集层需要采用分布式集群的方式。

②数据存储。该子系统负责保存待监测的正版作品、待监测的网站，从互联网上采集的媒体数据以及经过数据分析后的监测结果。

③侵权监测。该子系统负责对采集到的数据进行预处理、相似性比对等计算任务。经过分析后的结果将保存到数据存储层中的数据库中。

④用户交互。该子系统负责监测网站的配置管理、待监测作品的注册管理、监测任务的定制等可视化管理。

⑤数据报表。该子系统负责监测数据的可视化展示以及监测报告的管理和导出。

（3）系统建设目标

当前我国网络视频产业发展迅猛，但通过深入分析产业现状，发现网络视频市场监管技术手段不足，侵权盗版严重，无法保障版权所有者权益。如何利用技术手段规范我国视频产业市场健康发展，已成为从管理层到产业界努力思考的关键问题。

针对我国网络视频产业开展及创新中所面临的版权监测、管理与服务核心问题，研究突破一系列网络视频侵权追踪服务关键技术，为网络视频盗版侵权追踪提供有效线索，实现网络视频版权主动监测、监测取证、数据分析等服务，规范我国网络视频产业市场秩序，促进网络视频内容生产与消费。

为开展针对互联网络视频侵权行为分析，研究侵权监测的关键技术、开发一套网络视频侵权追踪系统，通过信息化手段实现对网络视频侵权信息的自动采集、监测数据管理、侵权监测及可视化交互等功能。

①突破网络视频侵权监测服务关键技术。本课题将重点突破一系列网络视频侵权追踪服务关键技术，主要包括视频媒体版权监测数据智能采集技术、跨媒体全网版权侵权追踪技术、版权数据可视化技术，为开展视频侵权监测服务奠定技术基础。

②研发网络视频版权监测系统。本课题将基于网络视频侵权监测服务关键技术，研发视频版权侵权监测系统，实现侵权行为发现、预警、追踪，进而基于网络视频侵权监测服务系统，面向社会开展视频媒体版权侵权监测、追踪等公共服务，创新服务模式，规范网络视频市场秩序，促进网络视频内容生产与消费。

2. 系统核心功能

（1）系统总体框架

网络视频版权监测系统根据功能可以划分为五个子系统，分别是数据采集、数据存储、侵权监测、用户交互和监测报告。

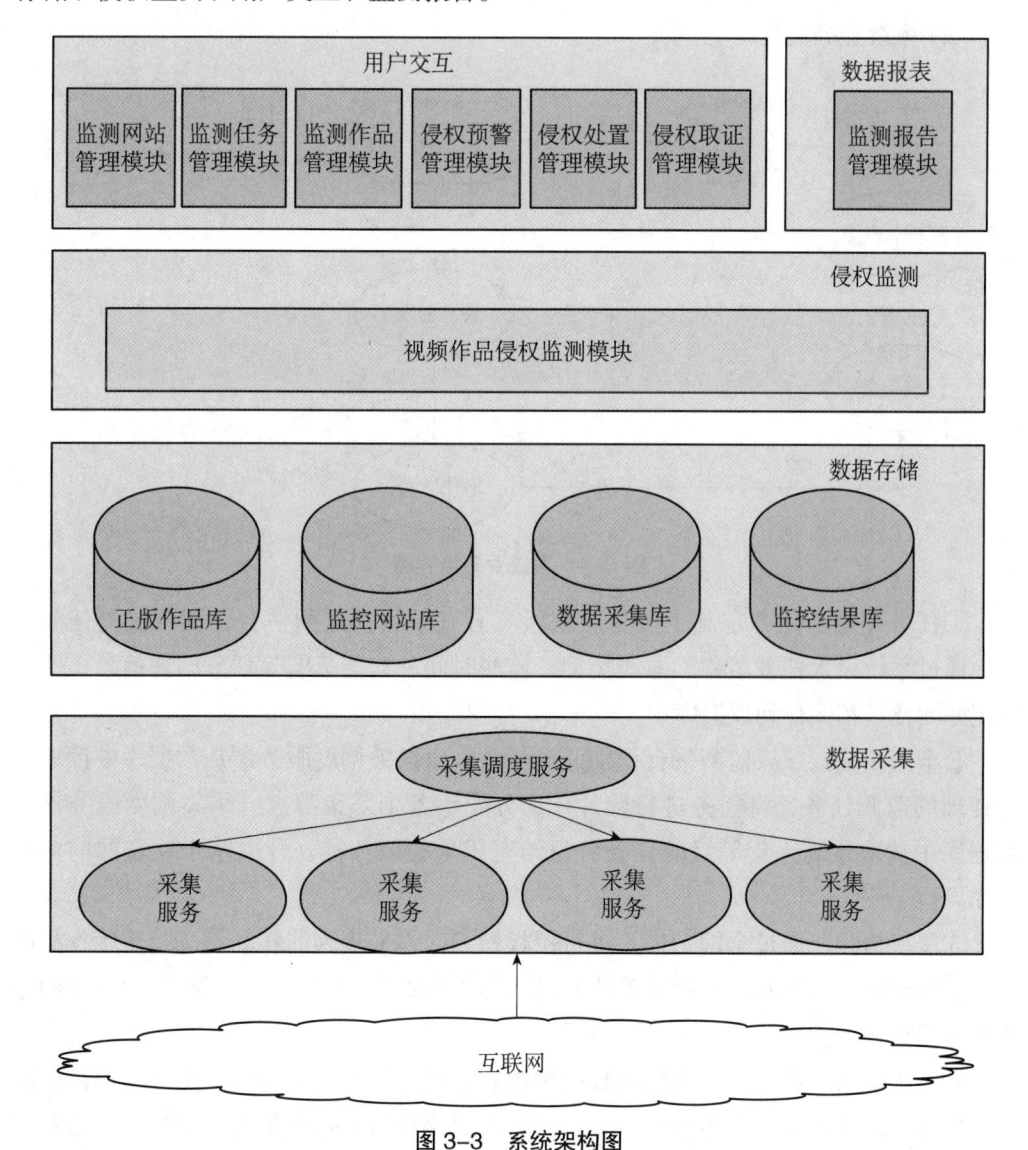

图 3-3 系统架构图

①数据采集。该子系统负责根据监测任务，从互联网上采集数据。为了保证侵权行为可以尽快被监测系统发现，数据采集层需要采用分布式集群的方式。

②数据存储。该子系统负责保存待监测的正版作品、待监测的网站，从互联网上采集的媒体数据以及经过数据分析后的监测结果。

③侵权监测。该子系统负责对采集到的数据进行预处理、相似性比对等计算任务。经过分析后的结果将保存到数据存储层中的数据库中。

④用户交互。该子系统负责监测网站的配置管理、待监测作品的注册管理、监测任务的定制等可视化管理。

⑤数据报表。该子系统负责监测数据的可视化展示以及监测报告的管理和导出。

（2）系统业务流程

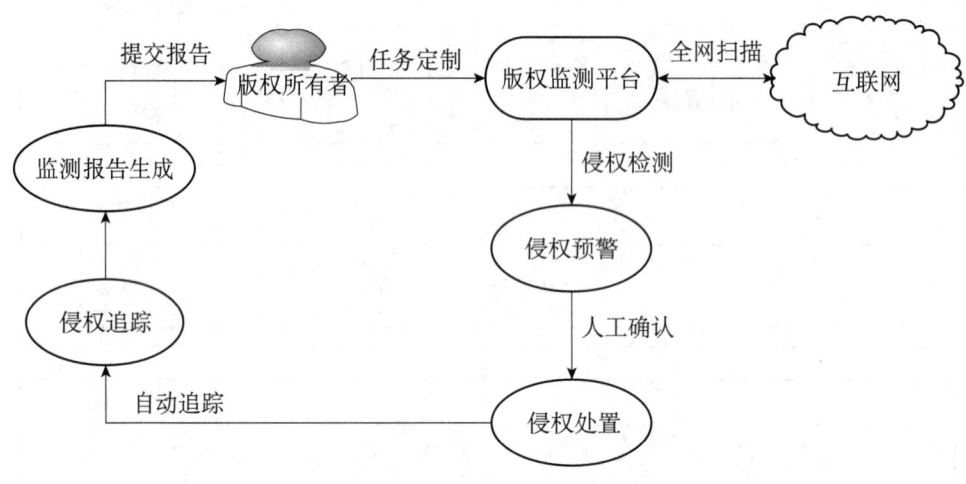

图3-4 系统业务流程图

①任务定制：任务定制主要是版权所有者登录版权监测平台，发布监测任务需求，通过系统录入任务名称、监测类型、监测时间、监测范围等任务配置信息；所有制定好的任务都保存到数据库中。

②全网扫描：版权监测平台识别监测任务，由任务调度服务器从数据库中读取等待处理的监测任务，将任务进行碎片化，分发给各个采集节点。采集调度服务器从数据库中读取最高采集等级的任务分发给空闲采集服务器，开启基于互联网的全网扫描。

③侵权检测：通过全网扫描，进行侵权检测，将采集到的作品信息与正版作品库中的版权信息进行比对，将最终的比对结果写入数据库。如果发生侵权行为，则向用户发送侵权预警。

④人工确认：将系统发现的侵权预警内容，经过技术比对分析，由人工确认，确立侵权处置，如果确定发生侵权行为，则证据保全和启动侵权追踪，如果侵权追踪过

程中发生变化，则向用户发出预警。

⑤自动追踪：持续对侵权内容的追踪监测，监测持续变化。

⑥报告导出：通过监测系统生成侵权监测报告，并向版权所有者提交报告。

（3）功能介绍

①监测任务管理。针对待监测任务进行增删改查，可以为每个任务添加待监测网站、待监测作品、监测周期、监测优先级等信息。

②监测网站管理。负责待监测网站的增删改查，内容包括网站基础信息与采集规则，对每一个网站的采集规则做定制化处理，以保证数据采集的精准度。

③监测作品管理。负责对待监测的视频作品进行管理，所有待监测的作品均与某个任务相关联进行注册入库，包括作品元数据信息与作品特征信息。

④侵权预警管理。负责按照预警级别对所有确认侵权和疑似侵权进行预警。用户可以根据预警级别优先查看侵权信息并进行人工确认，经人工确认后的侵权行为可进入后续的侵权处置和侵权追踪。

⑤侵权处置管理。负责对已确认的侵权行为进行处理，向侵权网站发送侵权警告邮件，提示做作品下架处理。发送邮件后，该侵权行为将进入侵权追踪模块。

⑥侵权追踪管理。对确认侵权的作品进行持续跟踪，定时报告每个侵权作品是否下架。

⑦数据比对分析。该模块负责监测报告的管理等操作。

⑧侵权监测。采用视频分析技术对采集获取的视频作品进行特征提取，并与正版作品的特征信息进行比对，如果相似度达到一定门限即认为该作品存在侵权嫌疑。根据数据比对分析的结果，进一步对被监测对象的网站进行传播行为的跟踪，包括但不限于作品发布时间、用户信息、播放次数等，分析结果保存到数据库中。

⑨采集任务调度。从采集任务队列中读取任务，获取任务相关的待监测网站信息和待监测正版作品信息，将任务分解成子任务，根据不同的媒体类型分发给相应的采集服务器集群。

⑩数据采集。接收分发的采集任务，对任务所监测的网站进行全网扫描，采集的信息包括：作品的元数据信息、作品特征信息，以及作品的动态信息如发布时间、点击数等，将所有采集到的信息保存到存储系统。数据采集运用了监测网站管理中录入的采集规则信息，能够对采集过程中出现的问题及时提示，并在规则更新后顺畅切换。

⑪智能反屏蔽策略。采用基于匿名代理的类人智能爬取技术，通过模拟多IP、多用户、多客户端、多浏览器、不定时随机采集，实现高效并发采集海量网络信息，解决数据采集频繁访问导致被屏蔽的问题。

⑫数据存储。存储正版作品、监控网站、监控结果等信息，存储数据采集生成的

海量数据信息，通过数据分类存储、分层调度实现对数据的高效有序管理。

⑬数据报表。实现监测数据的多维度可视化展示，为运营管理人员提供对侵权追踪的总体情况、汇总统计等数据，以图示方式展示基于时间维度、网站等角度进行的图示分析，分析结果支持数据报表导出。

### 3. 应用场景

当前我国网络视频产业发展迅猛，但通过深入分析产业现状，发现网络视频市场监管技术手段不足，侵权盗版严重，无法保障版权所有者权益。如何利用技术手段规范我国视频产业市场健康发展，已成为从管理层到产业界努力思考的关键问题。研究突破一系列网络视频侵权追踪服务关键技术，为网络视频盗版侵权追踪提供有效线索，实现网络视频版权主动监测、监测取证、数据分析等服务，规范我国网络视频产业市场秩序，促进网络视频内容生产与消费。

## （四）数字签章系统[①]

### 1. 系统介绍

（1）系统开发背景

随着互联网的普及和发展，新闻出版行业网上办公系统、电子公文流转、电子图书和电子音视频作品提交、电子合同签署等服务已经成为普遍的需求，为更好地服务出版社、作者和新闻出版管理机构，中国新闻出版研究院需要为数字版权保护服务平台等在线服务系统建设一套数字签章安全系统，实现各出版社在电子公文流转、作品提交时加盖电子个人章（个人签名）、电子公章，使其具备合规合法性，满足新闻出版行业数字化的业务需求。

（2）系统建设内容

数据签章系统主要为中国新闻出版研究院面向各出版社和作者提供的电子公文、电子文件、电子图书、电子音视频作品、电子合同等各类业务提供数字签章支撑服务。平台主要功能包括三部分：一是管理平台，二是客户端签署组件，三是服务端签章服务。另外，该签章系统需要对接中国新闻出版研究院的CA系统，从而保证数字签章服务的安全性、合法性，符合国家商用密码技术规范。

（3）系统建设目标

为提高新闻出版行业公文审批以及电子文件签约的效率，节省成本，需采购并建

---

① 本部分摘自中国新闻出版研究院数字版权保护技术开发及软课题研究，作者张万涛，北京创原天地科技有限公司。

设数字签章安全平台。

数字签章安全平台的建设旨在结合CA数字认证技术，建立一套安全、实用并符合国家商用密码技术规范的电子签章系统，为中国新闻出版研究院数字版权保护在线服务系统中的电子公文、电子文件、电子图书、电子音视频作品等各类业务提供数字签章支撑服务。

建设方不仅提供该安全系统软件，还需要提供相关软件服务的升级支持，确保系统能够正常为新闻出版行业相关的业务需求提供公文或电子文件签署服务和正常实施。

### 2. 系统核心功能

（1）系统总体框架

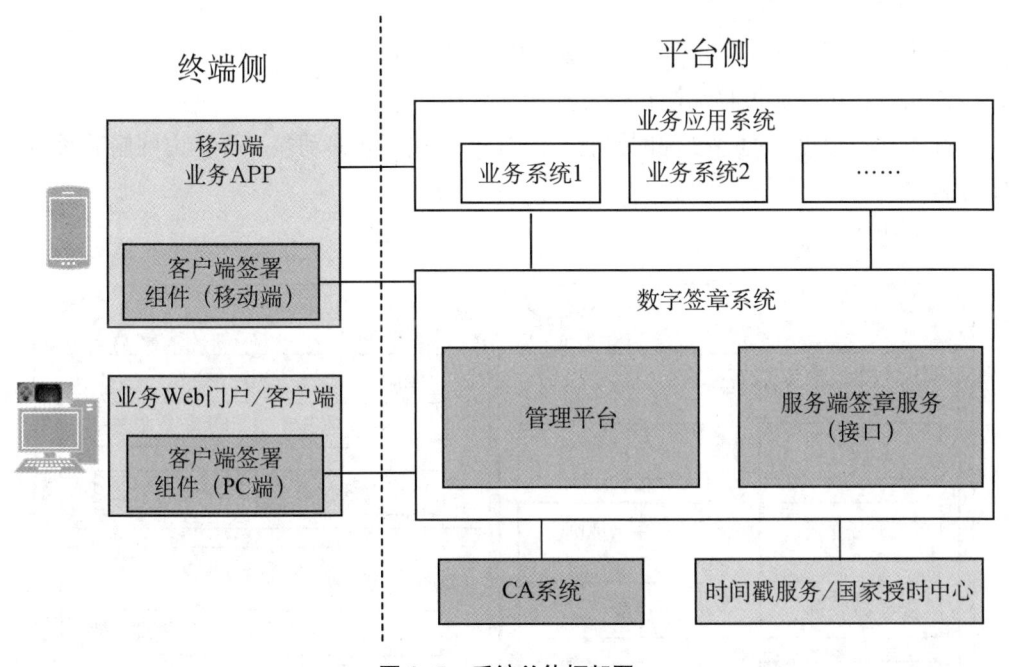

图3-5 系统总体框架图

数字签章系统主要为业务应用系统移动端、PC/Web端提供电子公文、电子单据或电子文档/合同文件的签章服务。该平台主要包括三部分，一部分是管理平台，一部分是服务端签章服务，一部分是客户端签署组件（包括移动端和PC/Web端）。另外，该系统需要对接CA系统、时间戳服务/国家授时中心分别实现数字证书服务以及时间戳服务，从而保证电子签章服务的安全性、合法性。

（2）系统业务流程

①电子印章制作。电子印章包括个人章和企业公章。企业公章制作时，首先需要企业客户线下或线上提供已实名认证过的企业客户资料信息，包括企业基本信息、法

人信息、联系人信息、企业印章信息等；其次系统重点对企业印章进行图片化处理，为企业分配相应的印章标识；最后会通过第三方 CA 机构签发企业数字证书，适用于后续授权平台进行企业公章的加盖，实现电子公文或文件签章功能。

方式一：系统操作员线下制作；

方式二：线上实时制作。

②PDF 电子签章。PDF 电子签章时可以通过移动端签署，也可以通过 PC 端签署。

移动端签署时，可以签署个人章（实时采集手写人名章或默认人名章）、企业公章（提前通过系统管理后台已制作完成的），但无论是个人章还是企业章，签署之前都需要在线申请相应的个人和企业证书，用于数字签名，最终由平台侧完成 PDF 电子公文完整签章。

PC 端签署时，有三种方式：

方式一：基于 PC/Web 客户端签署组件完成签署；

方式二：可以通过移动端扫码方式迁移至移动端签署；

方式三：也可以通过硬件网银盾 USBKey 方式，同移动端一样，由网银盾负责数字签名。

（3）功能介绍

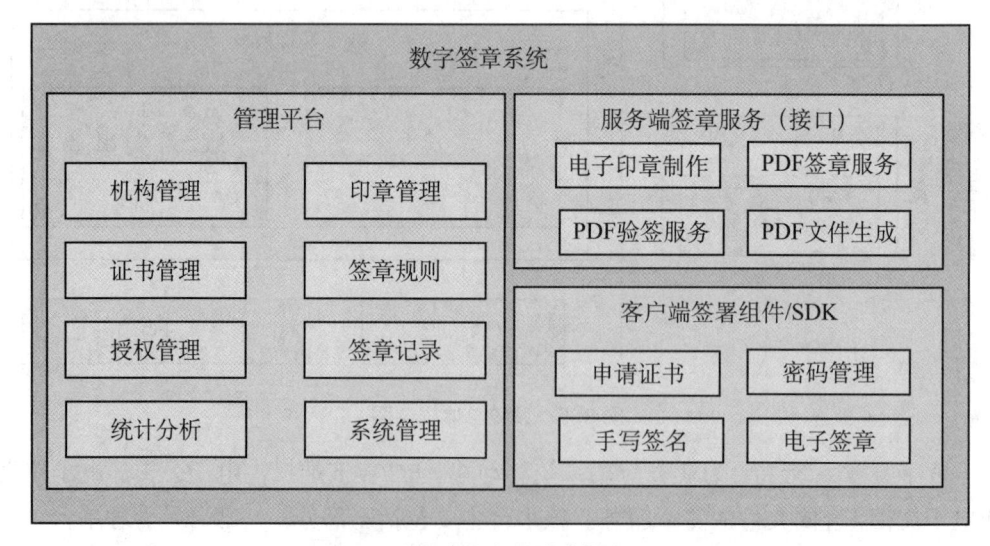

图 3-6 数字签章系统功能介绍图

数字签章系统功能主要包括以下几种。

①管理平台功能：包括机构管理、印章管理、证书管理、签章规则管理、授权管理、签章记录、统计分析、系统管理等。

机构管理是指对企业公章所属机构的创建、修改、注销以及查询操作。

印章管理是指对个人章和企业公章的管理功能，包括对印章制作、修改、删除、作废等生命周期管理；另外，支持对印章图片的缩放及多种格式的印章图片。

证书管理是指个人证书和企业证书的管理，包括证书信任链管理、证书生命周期管理等，遵循 PKCS 及 X509 v3 等国际标准。

签章规则管理是指对要签署的电子公文或文件进行 PDF 签章时制定相关的规则与标准，支持关键字定位与坐标定位，可以根据自身业务特点设置个性化签章规则 [ 如支持印章基于位置 X/Y 坐标、某关键字（基于关键字居中、左对齐和右对齐）、单页 / 多页等多种签章规则的动态配置 ]，便于提升签章效率。

签章记录包括个人用户签章记录、企业客户签章记录以及验签记录等功能，签章记录信息主要包括签章人、签署时间、签署附件、签署结果等。

授权管理是根据应用情况，对使用系统的操作员用户进行不同角色的授权、印章功能授权、签章规则授权等。

统计分析包括签章量、验签量的统计，支持基于个人 / 企业、签章类型和时间等多个维度的统计分析。

系统管理包括系统操作员管理、基于角色的权限管理、日志查询及审计等功能。

②客户端签署组件功能：能与各终端（移动端手机、PC/Web 端等）客户端进行集成，实现数字证书申请、密码管理、手写签名以及电子签章等功能。

③服务端签章接口服务功能：包括电子印章制作、PDF 签章服务、PDF 签章验证、PDF 文件生成等接口服务功能。

3. 应用场景

数据签章系统主要为中国新闻出版研究院面向各出版社和作者提供的电子公文、电子文件、电子图书、电子音视频作品、电子合同等各类业务提供数字签章支撑服务。

# （五）版权资源长期保存系统[①]

1. 系统介绍

（1）系统开发背景

随着数字化网络化的普及，数字资源已经成为科技领域的主流信息资源，同时多数开放出版物以数字版为其唯一正式出版形态。

数字资源长期保存往往依赖稳定、可靠、长期的机构保障，但由于政策变更、机构变迁、法律限定、经费增减、人员调整或简单的管理失误等，容易造成保存机构未

---

① 本部分摘自中国新闻出版研究院数字版权保护技术开发及软课题研究，作者王宁，中国版本图书馆。

能或不能履行保存责任，需要建立相应的政策、体制、过程，从法律上、经济上、组织上对保存效果进行公开认证与检验，保证在保存机构不能履行保存责任时有效防止保存失败和实现保存接替。该系统旨在针对此问题建设可行方法，通过实现多资源类型上传，多节点实时热备等功能建设组织间协同合作的版权资源长期保存系统。

（2）系统建设内容

版本资源长期保存系统是参考OAIS模型建立基于J2EE系统的标准化、可扩展的数据集中或分布式数字档案馆系统。

具有档案信息获取、管理、存储、利用、交换和服务等一系列功能；向档案利用者提供一站式、无缝集成的、个性化的档案查询服务以及其他相关服务。

（3）系统建设目标

①实现不同规格数据资源的分类上传、管理，并支持资源的新入档，旧编辑，旧删除。

②建立资源的录入标准，统一建档的流程化、规格化，实现数据的有效、完备、安全保存。

③提供数据抽取功能，能从外部系统中抽取数据，进行结构清洗后直接入库。

④实现对入库数据的多维度字段的多范围灵活检索查看。

⑤建立健全的用户管理机制、角色管理机制，结合用户与角色之间的关联关系，实现数据的分权访问，以达到对数据的访问保护，实现对数据的安全管理。

⑥利用中图分类法、归档分类法等对资源进行合理、高效的分类管理。

⑦提供对外API，以授权方式对外部机构提供上传接口，以及限制检索接口。

⑧提供精密复杂的编号规则，自动为资源生成唯一编号。

⑨利用多节点存储技术实现异地备份功能，预防数据不可控丢失，保护数据安全。

⑩确保格式化后的数据，具有广茂流通性，可存贮于多种类似光盘、磁盘、数据硬盘等多种介质。

2. 系统核心功能

（1）系统总体框架

版本资源长期保存系统是参照开放档案信息系统（OAIS）参考模型设计、基于J2EE平台开发的全B/S结构的数字档案馆系统。系统通过强大的工作流引擎、即时消息服务，实现档案收集、利用的在线审批业务流程，对档案的收集、整理、移交、归档、统计和利用等进行全过程信息化管理。系统采用B/S结构和分级授权管理，可以满足不同地域档案的集中式或分布式规范化管理，并且通过系统提供的元数据策略及电子文件完整性校验策略，可确保电子文件的长期保存与利用。通过系统提供的多种检索途径，用户可快捷地进行档案信息查询。

根据对项目建设内容、目标以及对用户业务需求的理解和分析，构建了本项目的总体架构。

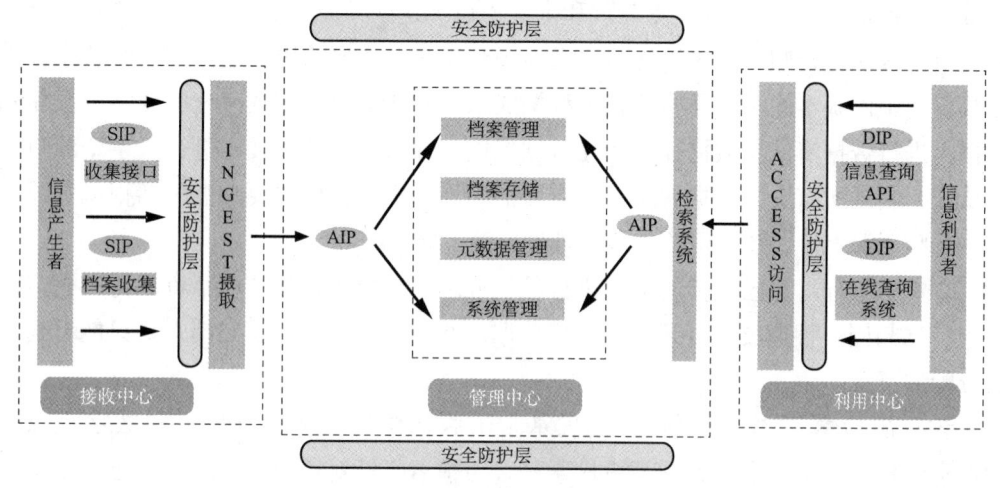

图 3-7 总体架构图

（2）系统业务流程

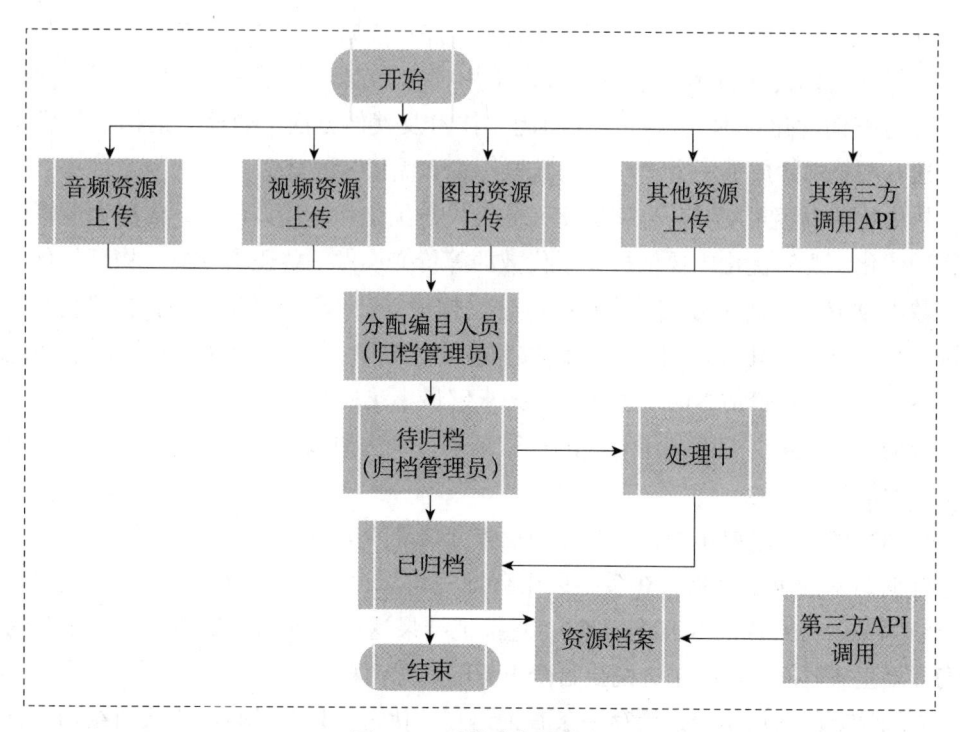

图 3-8 系统业务流程图

（3）功能介绍

①资源上传。为了规范和统一管理现存的多个不同模式的样本数字资源系统，版本资源长期保存系统具备存储管理大量的非结构化数字内容资源的能力，可涵盖文本、图像、音频和视频等多种媒体格式内容的管理，支持不同的内容提供者提交的数字资源，包括："版本馆自建资源"和出版单位缴送的"原创资源"。该模块不但能对在线上传资源进行归档、建档处理，且由于其规范了数据结构，还支持利用其他ETL工具将《中国版本图书馆样本抢救工程》成果——各类出版物数字化后数字资源和元数据，进行数据清洗、数据迁移和元数据提取，并采用封装等技术进行数字资源归档和认证，实现所有资源数据的统一、有序的归档管理。模块主要功能包括视频资源上传、音频资源上传、图书资源上传、其他资源上传。

②资源管理。对已上传的资源进行归档处理。模块主要功能包括资源待归档、归档中、已归档。管理员可看到全部上传数据，并进行数据分配，归档人员只能看到自己分配的资源。

③资源检索。"检索系统"，实现基于出版物样本数字资源检索和数字资源展示。资源检索分为普通检索和高级检索：普通检索仅针对资源类型、标题进行模糊检索；高级检索不仅可以针对资源类型、标题进行检索，还支持对归档的内容进行全文检索。

其中，查询功能提供了广泛的字段关联，并对数据库查询逻辑进行了技术优化。

数据库查询优化技术主要包括查询重用技术、查询重写规则、查询算法优化技术、并行查询优化技术、分布式查询优化技术及其他方面（如框架结构）的优化技术，这6项技术构成了一个"广义的数据库查询优化"的概念。

从优化的内容角度看，查询优化又分为代数优化和非代数优化，或称为逻辑优化或物理优化。逻辑优化主要依据关系代数的等价变换做一些逻辑变换；物理优化主要根据数据读取、表连接方式、表连接顺序、排序等技术对查询进行优化。"查询重写规则"属于逻辑优化，运用了关系代数和启发式规则；"查询算法优化"属于物理优化，运用了基于代价估算的多表连接算法求解最小花费的技术。

查询重用是指尽可能利用先前的执行结果，以达到节约查询计算全过程的时间并减少资源消耗的目的。

查询重用技术主要集中在两个方面：查询结果的重用、查询计划的重用。

查询结果的重用是指，在缓存区中分配一块缓存块，存放该SQL语句文本和最后的结果集，当同样的SQL输入时，直接把结果返回。查询结果的重用技术节约了查询计划生成时间，减少了查询执行全过程的资源消耗。

查询计划的重用是指，缓存一条查询语句的执行计划及其相应语法树结构。查询计划的重用技术减少了查询计划生成的时间和资源消耗。

查询优化技术类型分语法级（查询语言层的优化，基于语法进行优化）、代数级（查询使用形式逻辑进行优化，运用关系代数的原理进行优化）、语义级（根据完整性约束，对查询语句进行语义理解，推知一些可优化的操作）、物理级（物理优化技术，基于代价估算模型，比较得出各种执行方式中代价最小的）。

查询重写是查询语句的一种等价转换，即对于任何相关模式的任意状态都会产生相同的结果。

查询重写的两个目标：一是将查询转换为等价的、效率更高的形式，例如将效率低的谓词转换为效率高的谓词、消除重复条件等；二是尽量将查询重写为等价、简单且不受表顺序限制的形式，为物理查询优化阶段提供更多的选择，如视图的重写、子查询的合并转换等。

查询重写的依据是关系代数，关系代数的等价变换规则对查询重写提供了理论上的支持，查询重写后，查询优化器可能生成多个连接路径，可以从候选者中择优。查询重写是基于语法级、代数级、语义级的优化，可以统一归属到逻辑优化的范畴；基于代价估算模型是物理层面的优化，是从连接路径中选择代价最小的路径的过程。

查询优化算法，即查询优化，求解给定查询语句的高效执行计划的过程。这样的过程，包括了多种子问题求解。不同的子问题，对应了不同的解决办法，即算法。

④平台管理。对平台的账号、权限、分类以及节点的维护管理，实现数字资源的分级管理，用户的分级管理，确保数字资源管理的安全，资源服务符合知识产权法律法规的相关要求。节点维护功能不但能对现有的数据进行关联部署，并能实现现有数据异地备份，更好的保证数据安全，配合硬件系统建立异质备份系统，实现"一正两副"不同存储介质的资源数据备份策略，有效保证出版物数字资源的长期、安全保存。

⑤ API 接口。API 接口主要提供给第三方使用，为行政管理部门、图书馆、出版单位提供基于资源系统的服务，提供二次开发和利用的接口，接口分为资源摄取和资源查询两部分。资源摄取主要是资源上传和资源归档。

3. 应用场景

版本资源长期保存系统是标准化、可扩展的数据集中或分布式数字档案馆系统，具有档案信息获取、管理、存储、利用、交换和服务等一系列功能；向档案利用者提供一站式、无缝集成的、个性化的档案查询服务以及其他相关服务；所有的档案用户界面都是基于 Web，包括用户提交界面、搜索界面、系统管理界面等各种界面。系统允许用户通过浏览器访问系统。版本资源长期保存系统具备存储管理大量的非结构化数字内容资源的能力，可涵盖文本、图像、音频和视频等多种媒体格式内容的管理，支持不同的内容提供者提交的数字资源。

## （六）版权知识加工及标准系统[①]

### 1. 系统介绍

（1）系统开发背景

随着大数据和人工智能的发展，知识化加工后的知识库更加便于人们的理解和使用。将版权知识进行知识体系建设，是内容资源获得以版权知识组织为核心的内在控制因素，进一步实现以版权知识准确获取、关联导航以及知识发现和知识创新应用为核心的基于版权管理的综合性知识服务，形成对外应用的一体化服务模式，进一步进行版权工程的实现和推广工作。同时在版权知识加工中，应配有可多人协同的项目管理工具，可以实现项目制度、问题管理以及版权追溯管理等，顺利保证版权知识加工的过程。

随着标准在工程中的使用，大家需要更加全面的标准库以及建立行业间联盟协作关系，越来越需要一个能够"简单、准确、专业"的智能标准检索系统。能够准确地查找到自己所需要的标准，进行应用、学习等。

（2）系统建设内容

版权知识加工系统主要包括知识体系构建系统、知识体系标引系统、BPM、标准知识服务系统等四大基础功能。

（3）系统建设目标

版权知识体系加工系统包括版权知识体系构建、版权知识标引词词间关系管理，以及支持多人网络协作管理的知识加工流程管理BPM。其中版权知识体系的构建是通过对版权领域知识组织方案的架构以及逐步细化，形成脱离于具体内容资源但深刻揭示版权领域知识构成的知识体系；通过赋予内容资源知识属性，使内容资源获得以版权知识组织为核心的内在控制因素，并进一步实现以版权知识准确获取、关联导航以及知识发现和知识创新应用为核心的基于版权管理的综合性知识服务，通过对各知识库的加工，支持知识元编辑、词间关系构建、分类设置、标签等加工过程可追溯，充分考虑操作便捷性，合理进行功能规划设计实现资源对照加工，支持资源标引、知识加工、对外应用的一体化服务模式。

### 2. 系统核心功能

（1）系统总体框架

整个项目包含三个方面，即版权知识加工系统、BPM系统和标准知识服务系统。

---

[①] 本部分摘自中国新闻出版研究院数字版权保护技术开发及软课题研究，作者高阿坤，中新金桥数字科技（北京）有限公司。

①版权知识加工系统，需要能够从现有的数字资源中提取知识元，并组建知识体系存储到知识体系服务器中，并能够利用已经建设好的知识体系，对需要的数字资源进行标引。

②BPM 系统，即业务流程管理系统，是一种以规范化的构造端到端的卓越业务流程为中心，以持续的提高组织业务绩效为目的的系统化方法的 IT 实施。在此系统中，应充分理解甲方的业务逻辑，并进行系统实施，从而通过科学的方法，优化、管理好业务的流程，保证业务的顺利进行。

③标准知识服务系统，可以管理已经进行数字加工的标准元数据及数字文件，并对其进行索引，提供标准的 API 接口，方便其他系统的调用。

（2）系统业务流程

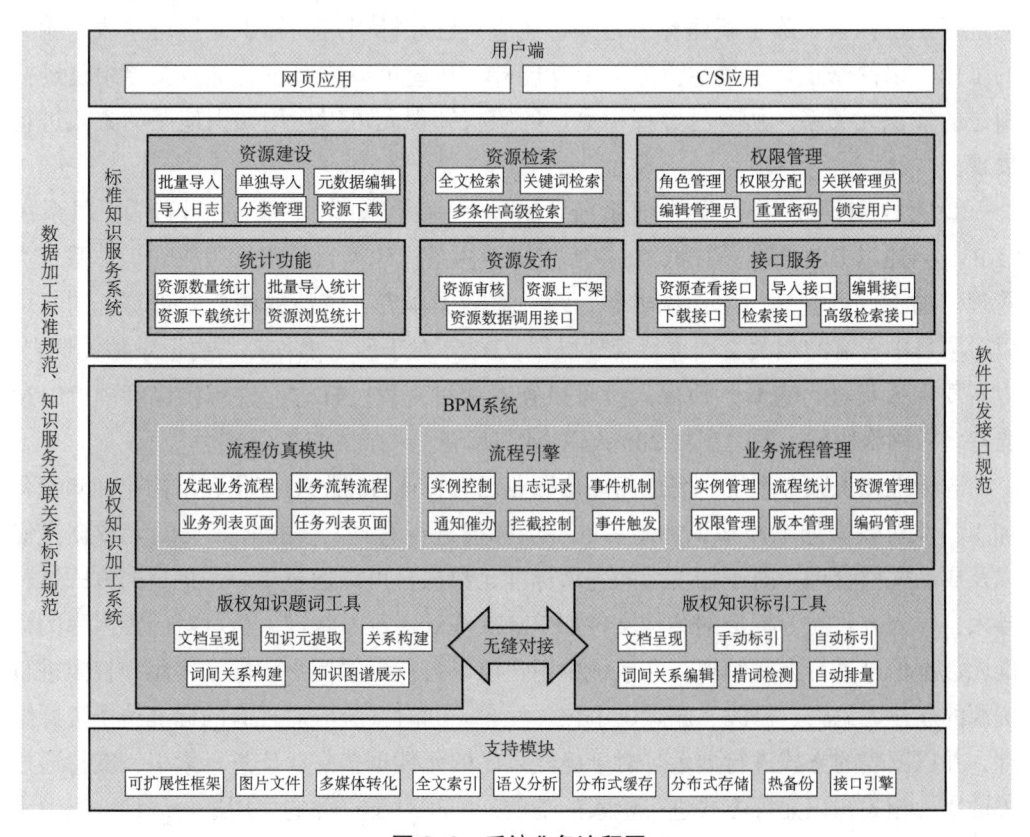

图 3-9　系统业务流程图

（3）功能介绍

①版权知识加工工具。版权知识体系构建功能，主要用于版权领域知识体系的建设，协助提高加工效率，支持多任务并行处理，可实时查看任务执行过程，支持算法参数可视化配置，规则与模式的匹配定义，相似性检测设置等，支持基于现有资源内

容的半自动化版权知识提取处理，如版权中的技术元数据信息"标题""著作者""使用者权利"等等。依照相关标准调用相关核心技术实现词表、知识元、知识体系构建和管理，存储版权领域知识体系。版权知识化构建工具应为可视化加工工具，加工完成的知识元可以通过知识图谱进行关联关系展示，知识图谱展示耗时不超过 2 秒，应支持 50 人以上同时编辑加工，具备 7×24 小时连续服务的能力，在连续正常负荷运行过程中，工具不会出现响应性能和响应能力下降、资源占用显著增加等现象。系统支持灵活配置，包括抽词算法可以自定义、自学习。

版权知识体系标引功能，即将版权知识体系建设环节中提取的版权领域知识元标引到内容资源中。通过该工具可对资源内容进行不同方式的标引，方便用户高效检索相关的资源。该功能应可以加载被加工的资源并显示被加工资源的目录，以方便进行定位标引。除了新建标引之外，还应对已经标引过的知识元进行修改、删除的工作，以便修正标引信息。除以上功能外，还应可以查看、管理该文档中已经标引过的知识元关系。所有已经标引完成的版权知识元可以使用知识地图的方式进行展现。

②版权知识加工流程管理系统（BPM）。版权知识体系加工流程管理系统（BPM），通过 BPM 进行管理，支持版权知识体系构建项目管理、版权知识体系分类管理、加工进度管理、工作流事务管理、追溯操作者、资源的版权管理等，同时可以对项目中所需的相关文档进行管理操作。BPM 对于所有操作都需要记录相关日志，以备质保人员进行查看，质保人员可以查看项目流程、日志，进行质保管理。BPM 支持多人网络协作，同时支持 200 人以上同时访问。

③标准知识服务系统。完成新闻出版业已有行业标准的数字化、结构化和知识化加工，并对数据加工及知识加工后的各项标准进行管理，支持加工后的元数据存储以及成品文件管理。对于加工后的各项标准元数据，可以通过单一、批量的方式进行导入，导入方式需为标准的结构文件如 XML、Excel 等。管理人员可对已经入库的标准元数据信息进行在线编辑。在系统中用户可以自行设置用户权限，按用户权限进行资源的新建、编辑、修改、删除、审核、发布。同时系统应对现有的标准给予资源统计，并以图表的方式进行展示。对于已经入库的元数据信息，应进行索引，支持通过关键字、相关知识元等方式进行检索的功能，同时对于资源的使用进行统计并以图表的方式进行展示。

3. 应用场景

版权知识加工及标准系统是为实现项目可持续自主管理和运营的多粒度、多形态组织及多模式的产品建设、销售和服务的平台。帮助不同角色的用户管理运营使用，提供统一的项目流程界面，统一的业务工作流程支撑系统。

版权知识服务及加工系统旨在充分发挥知识服务和融合发展理念，以用户对象和应用场景形成核心用户需求，以知识服务模式带动知识体系、内容资源的统一建设和应用，以用户大数据分析推动知识服务的精准化演进，在灵活管理不同类型、不同粒度、不同形态内容资源的基础上，实现以下功能：

在已有内容资源基础上，充分整合其他渠道、其他类型的内容资源；

通过构建统一的知识管理及关联系统应用模块，实现与独立知识管理与关联系统的对接，实现知识体系多维呈现的功能，实现不同类型、不同粒度、不同深度关联关系标记的呈现功能；

运用知识体系对海量内容资源进行知识化加工与标引；

通过知识体系、知识化资源以及用户需求数据的高度结合，灵活拓展知识服务产品体系的建设和运营，提供类型化、场景化的知识服务，并对知识服务效能持续评估改进；

根据对知识体系、内容资源的建设、运营和服务的不断评估和修正，持续完善基础知识体系、内容体系和技术体系，形成滚动发展的建设和运营闭环，不断提高行业级运营平台建设和运营服务的质量和水平；

实现与中国新闻出版研究院现有部分产品的对接，在部分产品结合知识服务理念独立改造的基础上，实现与该标准知识加工及标准系统的平滑对接，对接平台应提供产品加工工具接口、授权统一分发管理接口、统一客户端接口；

构建标准知识服务系统资源库，实现不同粒度、不同格式内容资源的统一管理，考虑内容资源的长期存储及未来应用方式，保证内容资源的唯一性、准确性，检索查找的便捷性。

①从业人员：包括项目管理人员、技术人员和施工人员。

项目管理：通过BPM系统管理整个项目。

项目把控：通过BPM系统整体把控项目流程。

项目记录：把项目流程中的问题进行记录并处理。

人员控制：通过对项目的控制，合理安排人员开发。

②使用人员：

知识获取：学习和获取专业知识。

学习交流：通过在线交流学习增加专业知识。

③研究人员：

深入研究：对某个专题进行深入性研究，获得创新。

对比参照：对比不同标准对同一领域的研究，或对某一行业或标准文件的整体的参考或借鉴。

## （七）版权知识问答系统[①]

1. 系统介绍

版权知识问答系统是信息检索的一种高级形式，能够用精确、简洁的自然语言回答用户用自然语言提出的问题，包括知识问答、智能问答、语言识别等功能。版权知识问答系统的建设研究，旨在探索一种全新的更为智能、便捷的获取问题答案、知识的途径。问答系统既可以基于问答对也可以基于知识库得以实现，更需要结合知识服务的应用场景，面向某一特定的领域，在某一特定服务场景下形成闭环，快速、精准地得到答案。

（1）系统开发背景

伴随着数字版权保护技术研发工程（简称"版权工程"）的竣工和应用推广，中国新闻出版研究院依托于国家知识资源服务中心门户网站的服务，立足搭建行业科研平台，支持数字版权保护技术的应用，同时在知识服务新型模式下，面向上游出版单位以及下游图书馆、科研院所等，提供便捷、精准的知识服务。版权知识问答系统的研究，依托国家知识资源服务中心门户网站，旨在面向用户提供基于自然语言问答的图书资源版权信息查询服务。

（2）系统建设内容

面向用户提供基于自然语言问答的图书资源版权信息查询服务。理解用户自然语言的提问，精准、及时地反馈图书版权信息，在各个出版社知识库与国家知识资源服务中心门户内容打通的基础上，帮助读者精准定位到各个专业出版社的优质内容上，建立读者与出版社之间的桥梁，为读者服务的同时也为出版社反馈读者需求，上下联动，推动出版产业的健康、持续发展。

（3）系统建设目标

重点探索专业领域的问答服务，基于已有版权信息的资源情况，进行领域知识问答服务的深度探究，该课题通过基于自然语言的图书版权信息的问答过程加以验证，具备可扩展性。

面向专业领域知识服务的探究，通过语义加规则的途径，完成验证过程，形成可应用的问答系统，同时也集成面向开放域的基础问答服务，如天气服务和基础寒暄，提供用户的便民服务，将学习知识融入到用户日常生活中，提供良好的交互体验。

---

[①] 本部分摘自中国新闻出版研究院数字版权保护技术开发及软课题研究，作者闫进兵，北京方正阿帕比技术有限公司。

## 2. 系统核心功能

### （1）系统总体框架

版权知识问答系统的总体架构，依据整体业务流程主要从四个层面设计，包括用户提问的交互前端、问题识别与答案验证的智能引擎处理、问答服务内容支撑的知识数据聚合平台，以及面向服务的统一后台管理。

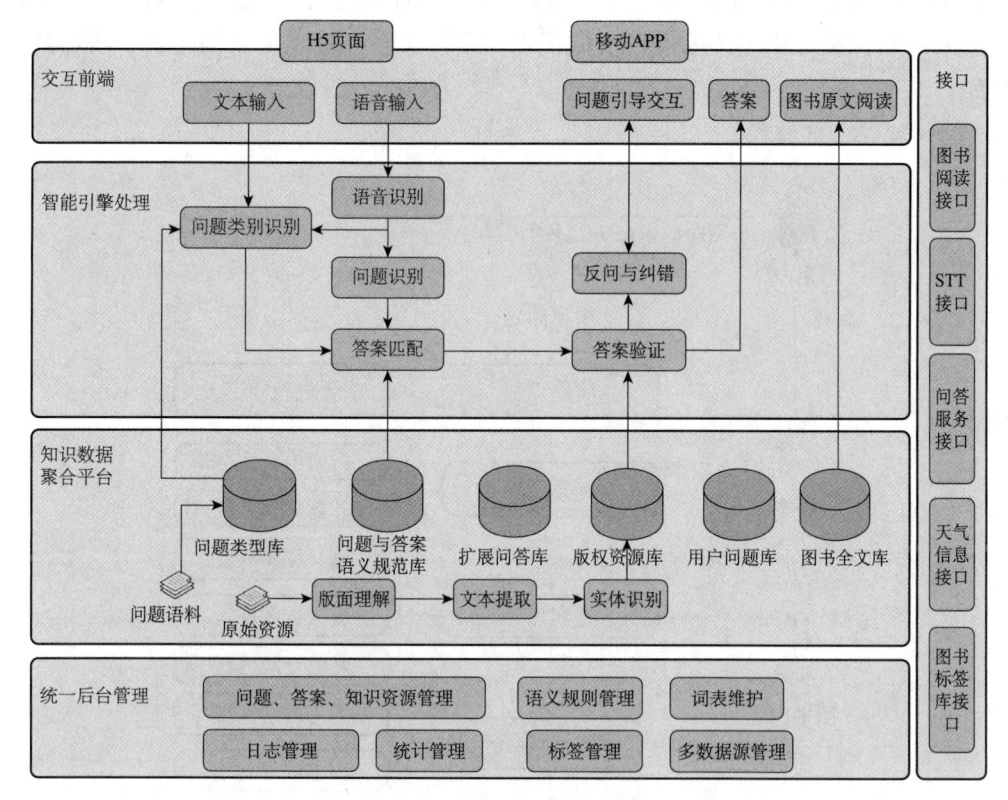

图 3-10 系统总体框架图

交互前端主要承担人机交互的环节，完成问题的接收，包括文本问题和语音问题，在经过一系列抽取、计算、推理并经过验证后的答案，也通过该层反馈给用户，如果一些问题在现阶段问答系统不能解答的，则也会与客户进行引导式互动。

如果答案定位到一本图书，前端提供了该图书的全文在线阅读功能。全文在线阅读支持目录浏览、页码跳转、进度记忆等功能。

①智能引擎处理。接收到用户提出的问题后，由该模块将语音识别成文本信息，然后对文本信息进行语义的分析。识别问题本身，了解问题的真实意图，随后匹配答案，将验证过的答案返回给用户。对于模糊的问题或者是相对较难理解的问题，系统进行引导式服务，提供友好的交互体验。对于第一次出现的问题进行收集，自动更新到用户问题库中。

②知识数据聚合。问答系统返回给用户的答案以知识数据聚合平台中的知识数据作为支撑，包括版权信息库、问题类型库、问题与答案的语义规则库、用户问题库以及包含基本寒暄用语、天气情况等可人工维护的扩展问答库。

本系统定位于版权信息问答，因此本系统的知识库主要来自出版社提供的已经出版的专业图书。出版社提供图书的原始排版文件，格式一般是 pdf 或者 ePub 等，版权信息问答系统采用版面理解技术，对图书进行结构分析、元数据提取、正文抽取，然后采用知识服务相关技术进行实体识别与实体关系计算，从而构建基于图书的知识库。

（2）系统业务流程

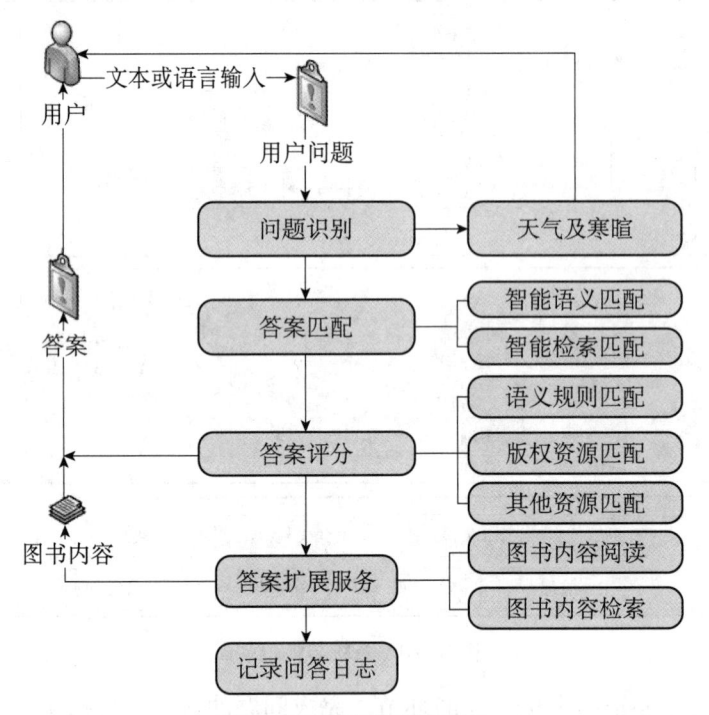

**图 3-11　系统业务流程图**

用户通过语音或文本形式提出问题，对于语音提问，系统首先通过语音识别将问题转换为文本形式，随后进行文本信息的处理，进一步深度识别问题核心，如果问题在本地数据库中匹配成功，则系统直接去匹配答案；如果问题在本地数据库中不存在，通过相似度计算是否存在相似的问题；如果存在则与用户交互，通过反问的方式进一步明确问题，如果不存在则反馈给用户特定的结果，提问结束。对于新提出的问题实时收集，更新本地的问题库。问题识别完成后，进行答案的匹配，通过智能语义匹配和智能检索匹配相结合，利用一定的语义处理模型加规则模板，精准地匹配答案，获取答案后进行答案的评分验证，验证通过后将答案返回给用户，答案的返回可以是图书的版权信息，用户得到答案的同时系统进行日志记录。

智能问答系统对于问题的答案提供了答案关联资源服务，如果问题的答案是一本图书，点击该答案会跳转到该图书的详情页。如果答案是图书正文的知识点，点击答案会打开该图书，并且跳转到该知识点所在页，支持对该图书进行在线阅读服务。

（3）功能介绍

围绕着出版社已出版的专业图书及其图书正文构建知识库，并基于该知识库进行版权知识问答。核心功能主要从四个子服务来体现。

①问答系统的前端：支持多种渠道的智能接入，具备对接到 Web 渠道、微信、移动端 APP 的能力，对于国家知识资源服务中心门户网站的应用支持文本的输入方式即可，但是对于移动终端则提供语音问题输入是最为便捷、符合用户习惯的方式，因此服务前端的交互需要支持文本和语音这两种服务形式。

②统一管理的后台：面向前端的问答服务，后端管理系统支持对于问题、答案、知识资源等进行统一管理；支持词表的维护，包括同义词、敏感词、停用词；支持语义规则模板的定义；支持图书、图片等资源的知识化标签管理；支持多渠道的统一维护；为了体现管理效果，还提供日志的管理与统计服务，提供多种查询方式，批量地导出和生成报表的服务，数据提供可视化呈现，为后续完善服务形式以及服务方向决策做数据支撑。

a.资源统一管理。会话管理子模块主要由智能反问模块构成。智能反问功能是在检索不到用户答案的前提下，通过度量问询之间的相似度，判断用户是否表意不清，反问用户是否想要咨询另一问题。

b.词表管理。系统支持同义词、敏感词、停用词等词表的管理服务，包含基本的词典导入功能，提供增、删、改、查基础功能。

c.语义规则模板管理。系统支持语义规则模板的管理服务，基于模板加自然语言的双重结合下，更好地支持问题的理解、答案的匹配。

d.知识化标签管理。系统支持对于已完成智能化标引的资源的标签管理，可提供每种知识资源的标签化呈现与手工编辑，智能化自动服务加以人工干预校验，提升标签的精准度。

e.多渠道管理。系统支持多渠道的数据管理，对于互联网的数据会进行单独标记与呈现。同时支持记录用户所处渠道的情况。

f.日志管理。系统提供详细的日志管理，详细记录用户、系统所有的操作过程。原始日志数据保存 7 天。

g.统计与数据可视化。系统提供日志数据查询服务，提供数据的多维度统计，支持批量数据导出服务，统计的数据支持图表可视化呈现，结果保存 90 天。

③智能引擎处理模块：该模块是问答系统的核心。在系统服务的整个业务流程

中，该模块承担着语音识别的实现，转换成机器可识别的文本后，进行语义的分析，识别到问题的核心后，进行语义检索，对于检索到的答案进行一定规则的排序，随后将知识答案返回到用户界面，整个环节均由智能引擎完成。

该引擎的的实现支撑需要具备一个小型的自然语言库，其中涵盖一定的问题规则制定，包含一些词表库和常用语义库，可以对寒暄问候、天气状态等周边服务进行支持，对错别字、同义字和拼音进行理解和错误纠正的引导服务，当面临不确定问题的时候提供交互服务，具备模糊引导用户的服务，还可提供给用户反问句，推荐并与用户确认是否要提问相关问题以及提供最可能相关的答案内容，有利于获取到用户最真实的需求和最想要的答案。问答系统在知识服务的大环境下，在提供图书版权信息的同时，还应关联到答案相关的知识。

④知识数据聚合模块：该模块是问题答案的内容支撑核心，其负责底层的知识库的构建。知识库构建的过程包括对图书进行标签提取、正文内容提取、实体识别、实体关系计算。图书标签和正文数据的提取基于版面理解技术对排版文件进行结构化分析和排版意图理解，从而识别出核心的知识和概念，构建版权知识库。在内容层面，主要涵盖了知识资源库、图书资源的版权信息库、人物库、地点库、专业领域词表库、语义规则库等等。

除了以上四个核心子服务的功能点考虑外，我们更应充分考虑该课题研究成果的可应用性，尤其是面对国家知识资源服务中心门户网站的所有知识内容和用户，让其内容作为知识问答系统的内容支撑，让其用户作为知识问答系统的有效用户。

3. 应用场景

用户通过文本或语音的形式，使用自然语言进行图书版权知识的问答服务，在门户网站进行文本输入的支持，在 H5 页面和移动端 APP 中，知识语音问答的服务回答的结果不仅限定于图书资源的版权信息，也可定位到该资源的服务频道。

# （八）推荐选题服务系统[①]

1. 系统介绍

（1）系统开发背景

选题工作是出版单位最重要的工作之一，是出版的基础工作之一。好的选题能够

---

① 本部分摘自中国新闻出版研究院数字版权保护技术开发及软课题研究，作者陈长刚，北京北大方正电子有限公司。

为出版单位带来社会效益和经济效益，不佳的选题不但会耽误出版机会、浪费编辑力量、挤占出版资源，更会增加出版社库存，成为出版社的不良资产。选题的前置工作是信息采集，在传统模式下，信息采集一般是在没有足够大数据支持的条件下进行的，选题的立项、论证、优化通常是由编辑人员手工进行，更多地依靠编辑人员个人或出版社相关团队的个人对市场的了解，选题论证中辅助决策的信息偏少，数据支持不够，评价参数模糊，风险可控性较差，严重制约着优质选题的发现，也造成了大量出版资源投入到不佳选题之中。在多年的出版过程中，不佳选题也实际造成了营销需求下降、图书库存积压严重等问题。解决选题问题，优化选题策划工作，减少出版资源的浪费，将人力物力有效投入到优质选题的出版工作中，使出版资源得到最有效的利用，达到出版效益的最佳，是解决我国出版行业正面临的一系列迫切问题的最有效方法。

（2）系统建设内容

推荐选题服务系统定向关注聚焦特定出版领域或相关出版事件的发展动态和趋势，收集出版相关的电商、微博、微信和网络媒体的业内动态，舆情热点和出版市场导向，实时采集读者、媒体以及业内专家的反馈信息。并通过运用大数据分析技术，帮助出版社及时了解自身出版产品的市场反应和评价，调整出版计划和决策，为后期营销生产计划的制定和以后出版战略的部署提供参考资料。通过该系统对选题进行辅助分析，从市场、读者角度分析选题的可行性，提高选题成功率。通过图书传播分析，可以监测已出版的图书读者反馈情况，还可以支持查看同类图书的市场表现和读者反馈。

（3）系统建设目标

实现应用大数据技术辅助选题策划。

①行业舆情：分析行业热点，跟踪热点报道趋势，辅助编辑人员快速准确地了解行业信息，紧跟市场热点动态，生成选题思路。

②营销支撑：帮助社领导和编辑人员更好地了解本社已发行图书的市场表现和同类竞品的市场表现，分析和挖掘市场数据，倾听读者反馈，并且根据市场反馈提升图书质量，去产能、去库存，卖好书。

2. 系统核心功能

（1）系统总体框架

系统整体上分为四层：最上面一层为应用服务层，为策划编辑、营销编辑提供各种选题辅助分析模型，为选题策划和精准营销提供服务；第二层为模型层，通过对原始数据进行计算分析，形成用于应用的各类数据模型；第三层为数据分析层，基于大数据和人工智能技术，提供各类算法模型对原始数据进行数据分析、数据挖掘；第四层为数据采集层，支持媒体、电商、社交等各类数据采集、数据清洗，为上层应用提供原始数据支撑。

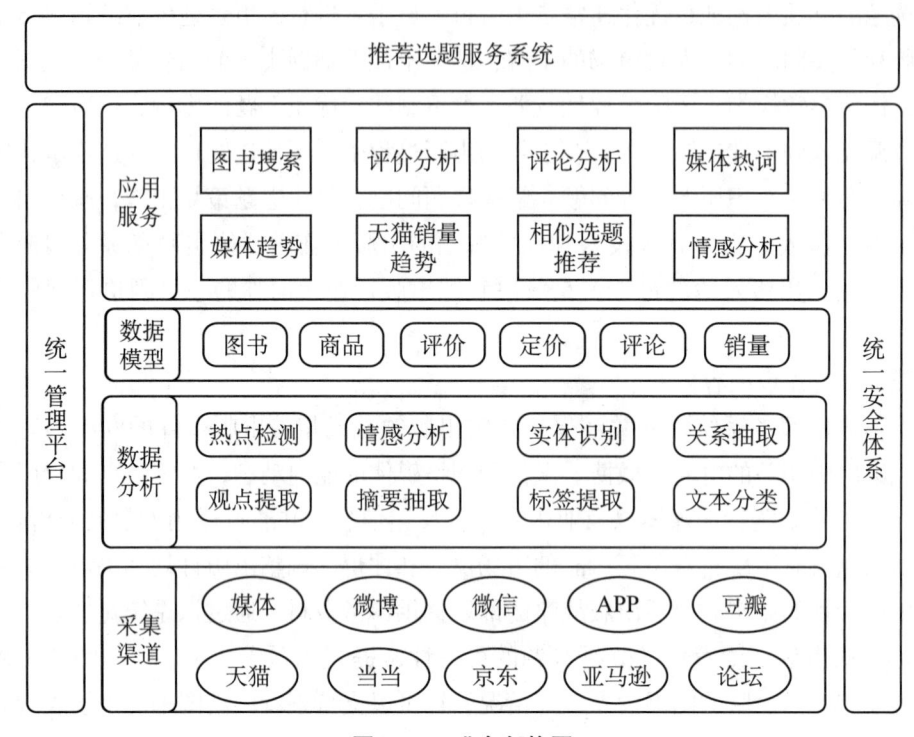

图 3-12　业务架构图

（2）系统业务流程

数据清洗服务读取互联网采集的落地文件并进行清洗处理，同时，基于线下数据的接口对数据进行入库和清洗。针对图书评论，会调用舆情大数据的短语抽取服务生成评论标签，并将评论标签加以保存。

①数据存储计算层。在数据的存储上主要采用 HBase 数据库，存储商品和图书的基础数据，这部分数据主要为了在此基础上计算生成新的数据。

针对图书的检索服务，将图书的数据在全文索引服务中保存，以基于此为前端服务。

针对图书和选题的分析结果，保存在 MySQL 数据库中，数据分析的相关 API 服务接口直接访问 MySQL 数据库获取数据分析结果，同时使用 Redis 对数据进行缓存加快访问速度。

图书的封面图片存储在单独的文件服务器上，由 Nginx 提供文件获取服务。

针对刚订阅的图书，在即时采集之后清洗的时候，将评价数据放在 Redis 中用相

# 三、数字版权保护应用系统

**图 3-13　系统业务流程图**

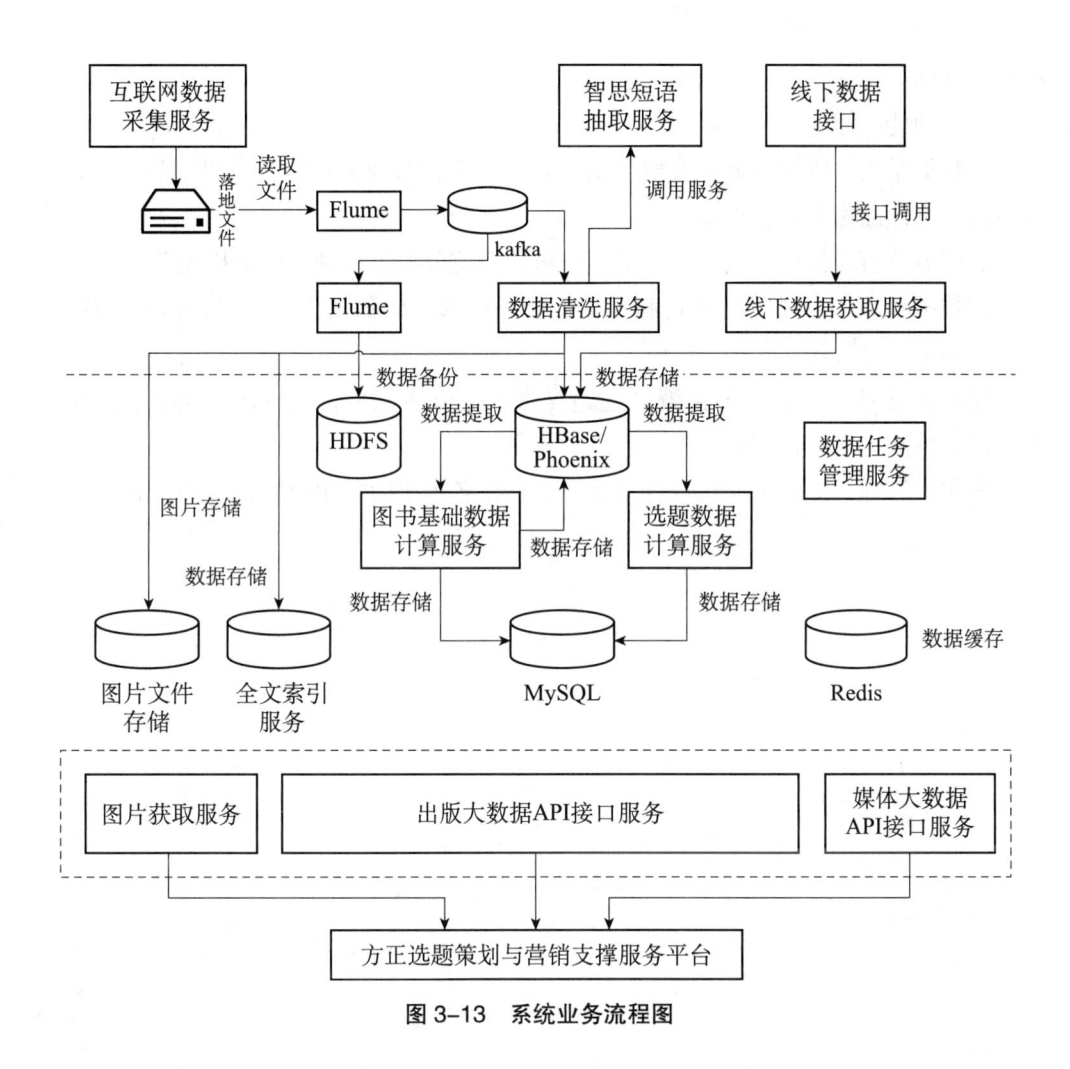

应的结构存储并进行累加统计，从而实现快速获取图书的分析结果。

考虑学习成本和实现时间的因素，采用 Apache Phoenix 和 Spark 相结合且以 Phoenix 为主的方式。Phoenix 是基于 HBase 上的一个 SQL 执行接口层，有些数据统计汇总的计算可以直接通过 SQL 实现，易上手和实现，性能在索引优化的基础上应该可以满足要求。

②服务接口层。服务接口层采用 Spring Cloud 微服务模式，基于此微服务框架进行应用的开发，考虑部署复杂性和实现时间的要求，先期实现暂不拆分服务，后期可根据具体需要将服务拆分成图书、选题、认证三个服务。

服务的部署采用 Docker 技术，具体采用 Tomcat 应用服务器的容器方式对外提供服务。

③前端展现应用层。前端展现通过采用前后端分离的形式，组件化的模式来实现，前端页面直接调用服务接口层提供的各种业务处理接口，提供相应的数据展现分

析结果页面。

（3）功能介绍

①数据采集。支持主流社交媒体信息采集，支持行业媒体网站资讯信息采集，支持主流电商商品相关信息采集。

②数据分析。提供热点分析、文本分析、情感分析等多种智能分析模型。

③数据模型。通过数据分析和数据挖掘，形成基础数据模型，包括图书、商品、评价、评论、定价等。

④应用服务。为策划编辑策划选题提供数据分析服务，包括图书搜索、评价分析、读者观点提取、热词提取等。

⑤用户管理。提供统一用户管理平台，支持各个出版社用户的信息维护和授权。

# 四、数字版权保护技术应用案例

## （一）在数字版权批量登记中的应用[①]

1. 数字版权保护技术研发工程背景及成果

党中央、国务院高度重视版权产业的发展，做出一系列重大部署。政府主管部门不断加强顶层设计，完善相关政策、法律，加大执法力度，并通过实施"项目带动战略"，加强相关技术研发与应用，全面应对信息技术给版权产业带来的冲击。

早在十年前，原新闻出版总署就提出四项新闻出版重大科技工程的建设目标，由国家数字复合出版系统工程提供数字化生产系统，由数字版权保护技术研发工程（简称"版权工程"）提供版权保护与运营的技术保障，由中华字库工程提供用字保障，由国家知识资源数据库工程提供出版业向知识服务转型升级的全面支撑。四大工程先后列入国家"十一五"与"十二五"时期文化发展规划纲要，在国家财政的支持下陆续启动。

数字版权保护技术研发工程 2007 年 6 月启动可行性论证，2010 年 1 月获准立项，2011 年 7 月正式启动，共 18 个分包、26 项课题，建设内容涵盖标准研制、技术研究、系统开发、平台搭建、总体集成、应用示范等多个方面，参与工程研发、集成、管理任务的单位 24 家。工程总目标是：探索数字环境下的版权保护机制，为出版单位数字化转型提供政府主导的第三方公共服务平台，为数字出版产业发展提供一整套数字版权保护技术解决方案。

---

① 本部分摘自中云文化大数据科技有限公司资助课题：数字版权保护技术研究报告
   课题组负责人：张　立　　中国新闻出版研究院
   课题组参加者：张凤杰　　中国新闻出版研究院工程研发中心
              栾京晶　　中国新闻出版研究院工程研发中心
              周　丹　　中国新闻出版研究院工程研发中心
              周　琨　　中国新闻出版研究院工程研发中心
              王　瑶　　中国新闻出版研究院工程研发中心
              陆希宇　　中国新闻出版研究院工程研发中心

在总局新闻出版重大科技工程项目领导小组的直接领导下，重大科技工程项目领导小组办公室积极推进，总体组、工程管控、总集、标准、监理以及各技术研发单位、应用示范单位共同努力，圆满完成了版权工程预定任务，取得了多方面的成果。

一是完成了工程的总体目标，实现了多项技术突破。按照总体设计方案，版权工程研究制定了四类25项工程标准与接口规范，形成了一套数字版权保护技术标准体系，在此基础上突破传统版权保护技术手段，研发并形成了内容分段控制技术、多硬件绑定技术、富媒体保护技术、数字水印嵌入技术、媒体指纹提取技术、可信交易计数技术等版权保护核心支撑技术；针对移动出版、互联网出版、出版单位自主发行等业务模式，开发了五类版权保护应用系统，完成了五类数字版权保护技术集成应用示范；搭建了数字内容登记与管理、版权保护可信交易数据管理、网络侵权追踪三个公共服务子平台；经过整理与集成，最终形成了综合性的数字版权保护技术管理与服务平台。

二是获得多项知识产权，形成一系列相关成果。在技术研发过程中，版权工程共申请发明专利41项（其中6项已授权），登记软件著作权62件，在国内外媒体上发表论文42篇。同时，为了解全球范围内相关领域最新的科技创新成果、发展方向和发展趋势，版权工程管控包委托第三方知识产权机构开展了专利检索分析、知识产权规避设计、专利池建设建议方案编制等工作，形成了一系列知识产权相关成果。

三是积累了重大科技工程项目管理的经验。版权工程是原新闻出版总署组织开展的第一个国家重大工程。在此之前，我们对重大科技工程项目管理缺乏经验，在工程的实施过程中，我们一边探索工程的管理体制与管理机制，一边组织工程的研发。通过工程的实施，我们形成了一套比较可行的工程管理体系，形成了包括财务管理、进度管理、质量管理等一批工程管理制度，积累了重大科技工程项目管理的经验。

## 2. 版权工程数字版权批量登记情况

在数字版权保护技术研发工程竣工完成后，版权工程正式进入应用推广阶段并取得众多成绩。其中，率先取得成果的是数字版权登记与管理平台。

数字化资源版权登记和管理，通过及时、细粒度的数字内容登记，生成版权登记唯一标识，并实现标识在数字内容载体的有效嵌入和解析是该管理平台的核心需求。通过实现不同粒度数字资源内容的版权登记和标识嵌入解析，达到数字内容的版权标记、鉴别的目的，从而达到数字内容版权认证监管的目的。数字版权保护技术研发工程中版权的登记既是版权工程成果应用的第一步，也是版权保护的基础。

在2017年上半年，版权登记与管理平台上的登记注册数据形成的资源库总量约达720万条，包括图书出版类资源库数据总量约524万条；网络原创文学数据总计约23万条；论文、期刊数据（截至2017年4月）总计约173万条。

根据中图法分类，目前在版权登记与管理平台上的图书数据中，文学类图书登记数量最大，占比达 28.78%；经济类和文化、科学、教育、体育类两大类的图书数据占比其次，均为 11.29%；工业技术类图书登记数紧随其后，占比达 10.64%。前四类图书数据占到全部版权登记数据的 60% 以上，占目前版权登记与管理平台数据的大部分，反映出当前数字版权市场中，版权保护需求较大的图书种类大致为文学类、经济类、体育科教类和工业技术类。

3. 版权批量登记业务流程

数字版权保护技术研发工程成果之一数字版权登记与管理技术平台的业务流程如图 4-1 所示：

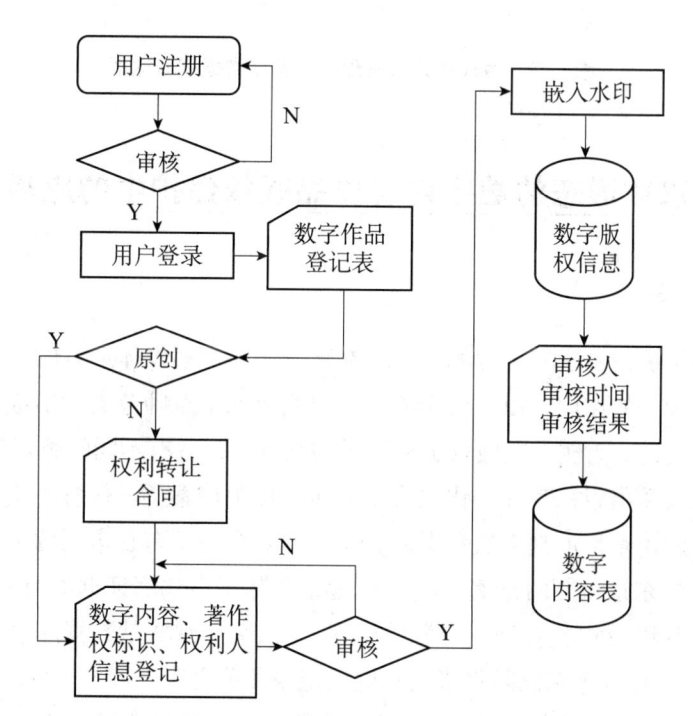

**图 4-1 数字版权登记与管理平台业务流程图**

数字版权保护技术研发工程平台作为版权保护市场第三方服务平台，在用户登记、作品原创审核、作品元数据审核等多个方面都需要进入，为其他版权保护策略的使用和开展提供了基础保障。

数字版权登记与管理平台目前不仅实现了单个作品的版权登记功能，还已实现批量版权信息导入、批量版权登记的功能，具体任务页面如图 4-2、图 4-3 所示：

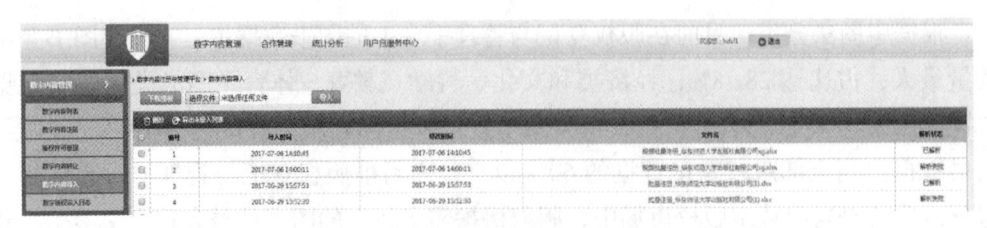

图 4-2　版权登记与管理平台批量登记截图

图 4-3　版权登记与管理平台登记数据列表截图

## （二）在多媒体形态的数字内容作品版权保护中的应用[①]

### 1. 实例背景

数字版权保护技术研发工程的成果，在传统出版社多媒体形态的数字内容作品的保护中起到了积极的作用。以上海交通大学出版社和华东师范大学出版社的数字版权保护技术服务的模式为例，在版权工程成果的基础上，各有不同的版权保护策略。

上海交通大学出版社其数字化内容主要包括历史档案类、教育类文本、音频、视频资料。该社的《东京审判文献数据库》是全球首个关于东京审判的全文检索文献资源数据库，包括东京审判时期庭审记录、远东国际军事法庭证据等重要的历史文献、珍贵的历史照片以及相关音视频资源等资料。《东京审判文献数据库》一期内容资源约 6000 万字，其中《远东国际军事法庭庭审记录》（英文版）近 5 万页，约 5000 万字，东京审判庭审现场、人物等照片约 700 幅，以及庭审相关视频文件等。该库是目前唯一的全文检索东京审判历史文献数据库，极其珍贵。受该社委托，针对该社版权保护的迫切需求，由中国新闻出版研究院工程研发中心利用数字版权保护技术相关成果对

---

① 本部分摘自中云文化大数据科技有限公司资助课题：数字版权保护技术研究报告
　　课题组负责人：张　立　　中国新闻出版研究院
　　课题组参加者：张凤杰　　中国新闻出版研究院工程研发中心
　　　　　　　　　栾京晶　　中国新闻出版研究院工程研发中心
　　　　　　　　　周　丹　　中国新闻出版研究院工程研发中心
　　　　　　　　　周　琨　　中国新闻出版研究院工程研发中心
　　　　　　　　　王　瑶　　中国新闻出版研究院工程研发中心
　　　　　　　　　陆希宇　　中国新闻出版研究院工程研发中心

该数据库进行定制开发，包括批量数字水印嵌入、特征值提取等工具，对其多种媒体形态的数字化内容作品等提供全流程的版权保护技术服务。

而华东师范大学出版社的数字内容作品主要包括音频、视频、图像等全媒体形态格式。受该社委托，中国新闻出版研究院工程研发中心为其定制开发一套系统，包括数字水印嵌入工具、媒体指纹提取技术、特征值提取等，为其提供多种媒体形态下的数字内容作品全方位的版权保护策略。

2. 版权保护策略方案

以华东师范大学项目版权保护策略方案为例，多媒体形态的数字作品版权保护策略如下：在数字内容作品登记的基础前提下，生成唯一标识符，并对数字内容作品进行批量水印嵌入，同时进行网络侵权追踪和取证的保护措施。通过整体版权保护策略，有效实现了事先预防，事后有效追踪的版权保护目标。具体来说，数字内容作品登记及数字水印嵌入分为四个步骤来进行。

第一步：将数字内容批量登记的 excel 模板发给客户，由客户自己进行数字内容资源信息的填写，需要填写的内容分别为：数字内容的基本信息，包括作品名称、ISBN/ISSN/DOI 号等、作品语言、作品类型（文本、图片、音频、视频、期刊、报纸等）；数字内容的作者信息，包括作者姓名、作者所属机构等；数字内容的著作权信息，包括权利类型、权利获取方式、权利名称、权利所属机构等。

第二步：用管理员账号登录数字版权登记与管理平台，在添加机构模块中使用客户提供的资质证明或营业执照，为用户创建机构（机构名称、组织机构代码、机构地址、联系人信息等）；在添加管理员模块中添加机构管理员（所属机构、用户名、联系人信息等）；在数字版权登记与管理平台的用户登录页面中，点击用户登记按钮，替客户创建普通操作用户（用户名、密码、联系方式等）。

第三步：收到客户填写好的数字内容批量登记 excel 模板后，使用为客户创建的普通操作用户登录数字版权登记与管理平台，在批量导入模块中，将客户发过来的 excel 文件上传，系统会自动校验数据的正确性并进行数据导入，如发现数据校验出现问题，则与客户进行沟通进行数据信息的修改，在 excel 文件导入完毕后，系统会给每个数字作品生成一个唯一的版权标识符。

第四步：到客户本地，使用普通操作员账号登录批量嵌入水印工具，在工具中选择要进行水印嵌入的数字内容资源，并与已生成唯一版权标识符的数字内容列表相对应，如不想嵌入唯一版权标识符，则可手动输入想要嵌入的内容，点击嵌入按钮进行嵌入水印操作，工具将在不修改原数字内容作品的情况下，生成新的带有唯一版权标识符嵌入水印的新作品，具体操作页面如图 4-4 所示。

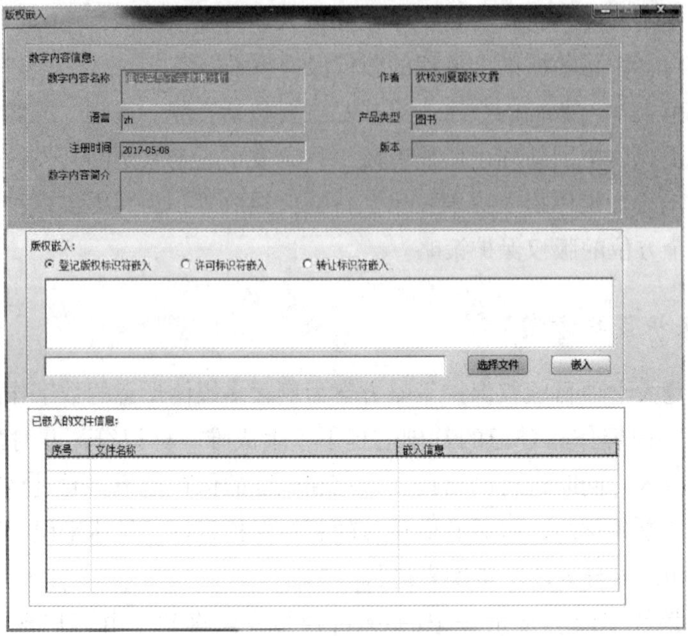

图 4-4　水印嵌入操作页面图

以上四步完成后，对于客户的数字内容就已经完成了登记及数字水印的嵌入部分。对于网络侵权追踪及取证部分，如果客户需要，则可以在网络侵权追踪平台上对想要进行网络侵权追踪服务的作品建立扫描任务，扫描任务会自动地在相应网站上扫描与建立任务的数字作品相关的信息，在任务结束后，客户可以在网络侵权追踪系统中查看到扫描的结果报告；如果客户认为结果报告上显示的内容存在侵权行为，我们会帮助客户进行取证操作（网络截图并添加时间戳），之后将取证内容发送给客户，由客户根据报告及取证内容去采取维权行动。

## （三）在影片著作权授权公示系统研发中的应用[①]

### 1. 影片著作权授权公示系统研发背景

（1）点播影院概念

点播影院也被业内人称为微影、影吧、私人影院等称呼。近几年来，由于观众的

---

① 本部分摘自中国新闻出版研究院（2017 年）院级课题：我国点播影院现状与技术管理措施研究，编号 2017-Y-Y-GC-088
课题组负责人：张　立　中国新闻出版研究院
课题组参加者：栾京晶　中国新闻出版研究院工程研发中心
　　　　　　　周　琨　中国新闻出版研究院工程研发中心
　　　　　　　陆希宇　中国新闻出版研究院工程研发中心

个性化、定制化需求日益增长和传统影院的局限性,点播影院作为传统影院的补充如雨后春笋般迅速崛起,日渐频繁地出现在观众的视野中,并迅速在电影市场中异军突起。

行业在经历了数年的野蛮生长之后,称谓从"影吧""微影院"再到"私人影院",始终没有一个标准称谓来定义这个行业。2017年4月,原国家新闻出版广电总局发布的《国家新闻出版广电总局关于规范点播影院、点播院线经营管理工作的通知》中,首先就从行业概念入手,做出的定义是:点播影院是指通过互联网或者电影技术系统,以实时点播、轮播、下载播放等方式,向群体性观众提供营利性电影放映服务的固定场所。2018年3月,原国家新闻出版广电总局正式发布《点播影院、点播院线管理规定》,并于2018年3月30日起正式实施,该规定对点播影院及点播院线做出了明确定义,定义为:点播影院,是指在电影院和流动放映活动场所之外,为观众观看自选影片提供放映服务经营活动的文化娱乐场所。点播院线,是指由一定数量的点播影院组成,拥有一定数量影片的发行权,并对所辖点播影院的电影放映活动提供影片、实施运营管理的发行企业。

《点播影院、点播院线管理规定》的发布明确规定点播影院是原国家新闻出版广电总局对这个行业的标准称谓。未来,只有符合要求的私人影院门店,才可被称为点播影院。可见,私人影院、主题影院、影吧、影咖、影站等经营场所也属于点播影院这个行业范畴。

(2)点播影院的市场现状

随着电影文化消费理念的不断升温,国内电影市场得到快速发展。据原国家新闻出版广电总局发布的数据显示,2017年全国电影总票房为559.11亿元,同比增长13.45%,较2016年3%的票房增速大幅提高。[1]而点播影院作为观影新风尚在近两年来也在遍地开花,疯狂扩张。据不完全统计,全国范围的点播影院数量可能已超过一万家,而未来有望达到十万级的规模。[2]

点播影院因其观影舒适性及私密性成为娱乐选择方式的新宠。在点播影院分类中:一部分为全国连锁品牌,例如百事通、聚空间、青柠、爱沐等,多数选在北京、上海等一线城市热门商圈连锁经营;另一部分是藏匿于居民社区、满足居民观影需求的单体点播式影院。

①经营模式多样性。点播影院的业务理念在于服务。在经营电影的主业之外,更多探索的是复合经营模式。根据《点播影院、点播院线管理规定》,成立点播影院应向所在地县级人民政府电影主管部门提出申请,并遵守治安、消防、公共场所卫生等法律、法规规定。但工商执照依然没有专属点播影院的相关类目。目前点播影院主要

---

[1] 2017年全国电影票房增至559亿元 [EB/OL]. http://www.1905.com/news/20171231/1244013.shtml.
[2] 点播影院管理规定即将落地 行业迎来洗牌潮 [EB/OL]. http://tech.hexun.com/2018-03-19/192654236.html.

有以下经营模式。

　　A. 点播影院与水吧、咖啡厅融合。饮料作为快销产品，经营的利润一般要比观影带来的利润大很多，看电影的消费者基本都会选择一些饮料与小食品观影。另外，水吧和咖啡厅是聚会的理想场所，聚会之余进行观影也是一种选择。

　　B. 点播影院与餐饮融合。在传统影院观影时，因为要按照影片放映时间，所以进餐时间只好选择观影前后进行，在观影中也只好选择爆米花等小食。点播影院可以在观影过程中进行点餐，不受观影环境和时间的限制。另外，由于点播影院观影时间比较自由，有较强的灵活性，观影者完全可以在用餐后继续进行观影，这一点是传统影院所不具备的。

　　C. 点播影院与网吧融合。点播影院的主要消费群体是年轻人，网吧在当今社会已经成为基础设施，点播影院和网吧结合，可以让年轻消费者有多元化选择，也可以通过计算机游戏举办线下活动作为引流的重要途径，举办一些线下游戏竞技活动，提升点播影院的知名度与人气。

　　D. 点播影院与 KTV 融合。KTV 形式转化成点播影院是近几年点播影院得到快速发展的重要原因之一，商家将原本 KTV 的设备直接用在点播影院的经营环境下，多数点播影院设备可以和 KTV 相互通用。

　　②受众人群多样性。电影受众群体也是多种多样，可以满足各个不同年龄段人的娱乐需求。点播影院可以根据不同的观影人群偏好，提供多层次风格的影片。并根据不同的消费时段，吸引不同年龄的观影人群进行观影。点播影院除了最基本的观影业务外，还可以举办亲子活动、教育活动、小型聚会、生日 party、求婚活动，等等。

　　点播影院还会根据不同人群特点推出不同套餐。例如，针对儿童人群，推出动画片类影片套餐；针对青少年人群，推出武侠、都市爱情类影片套餐；针对中老年人人群，推出抗战、古装、故事类影片套餐。

　　针对闲时推出优惠套餐，吸引中老年人群选择白天空闲时段进行低价位的观影。

　　③片源渠道规范化。点播影院是否拥有海量片源数量成为吸引观影者走进影院的重要因素。《点播影院、点播院线管理规定》出台后，点播影院放映影片的版权数量取决于加入的点播院线拥有版权影片数量。根据《点播影院、点播院线管理规定》，点播院线负责向所辖点播影院提供影片，点播影院不得放映所加入的点播院线发行范围之外的影片。可见点播影院的门槛已经提升了，对于中小型的点播影院而言，甚至是仅仅将点播影片作为附加服务的咖啡厅、KTV 等，如果不能加入点播院线，便无法获得合法版权从事点播影院业务，行业长期以来所形容的"打版权擦边球"将得到规范化管理。

　　④管理方。《点播影院、点播院线管理规定》出台后明确规定国务院电影主管部

门负责全国点播影院、点播院线电影放映、发行活动的监督管理工作。县级以上地方人民政府电影主管部门负责本行政区域内点播影院、点播院线电影放映、发行活动的监督管理工作。在点播影院管理上，明确了点播院线需要负责旗下点播影院的运营事务。

⑤影片著作权授权信息公示系统项目背景。为适应我国关于点播影院、点播院线规范化管理的行业发展态势，亟待建立集中统一管理的电影数字节目数字版权信息化管理系统来保障影片内容版权方的合法权益，为我国点播影院、点播院线的管理提供基础支撑。

当前大多点播院线的经营者很注重点播院线设备和装修的投资，却往往忽视了一个很重要的问题——电影版权的问题。对点播院线来说，硬件设施、设计装修必然重要，但是电影版权更是一个合法经营的前提。在点播院线发展的初期，各地的点播院线数量迅猛增长但大多都经营不规范，其中一个很大的原因就是没有正规的电影版权。很多点播院线的影片都是经营者自行到网站上下载，有些影片放映时，还会赫然出现下载网站的水印。侵权盗版的核心是谁传播谁负责，传播者应该对自己的传播行为负有法律责任，点播院线业主作为获得者没有权利义务以及能力辨认传播者是否具有传播资质和版权以及真实性，点播院线业主不仅是使用，还向观众（消费者）进行传播，则点播院线业主转变为传播者，根据谁传播谁负责的原则，点播院线业主需要根据具体的传播方式办理相应的证照并购买相应的著作权许可，不然即为侵权。

## 2. 成果及应用

随着电影产业促进法的颁布，国家对于我国电影行业的市场秩序有着越来越明确的政策规范引领导向。但目前我国电影版权交易市场管理手段还不能适配国家的宏观政策，管理手段还不完善、不规范，由此带来的问题很大程度上侵害了影片内容版权方的合法权益。

为适应我国关于点播影院、点播院线规范化管理的行业发展态势，亟待建立集中统一管理的影片著作权授权信息公示系统来保障影片内容版权方的合法权益，为我国点播院线的版权管理提供基础支撑。

（1）影片著作权授权信息公示系统业务流程

影片著作权授权信息公示系统主要业务功能包括：著作权授权信息登记及审核、影片基本信息登记及审核、著作权授权信息查询、著作权授权信息统计、授权书管理、著作权授权信息审核、影片基本信息登记、影片信息审核、著作权授权有效性查询和点播院线查询。

| 数字版权保护技术在垂直领域的应用

主要的业务流程如图 4-5 所示：

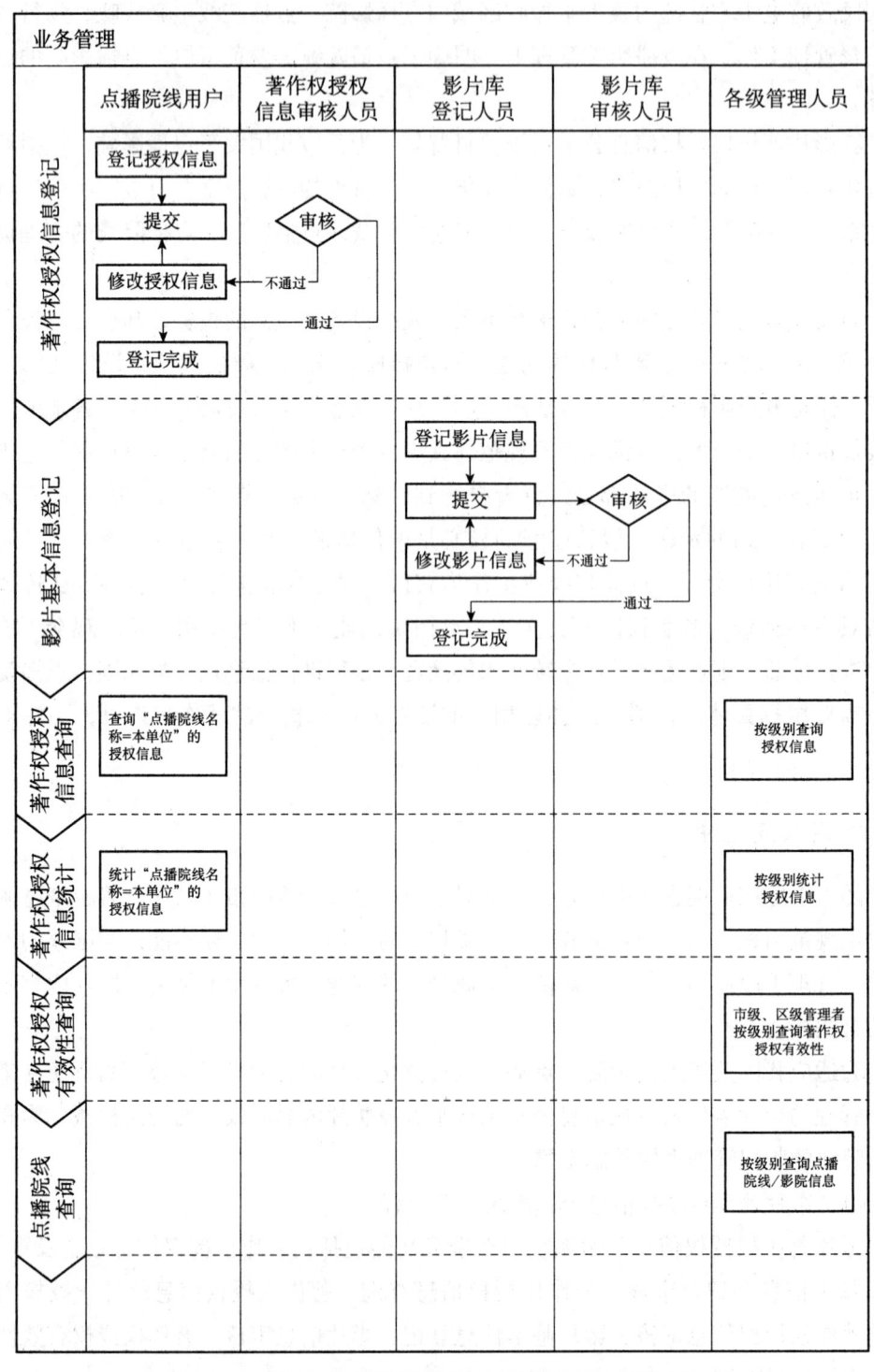

图 4-5 影片著作权授权信息公示系统主要业务流程图

（2）影片著作权授权信息公示系统的业务角色设定

根据影片著作权授权信息公示系统中对影片版权管理的需求，设定的业务角色包括：点播院线用户、管理者用户和操作人员。其中，管理者用户分为总局管理者、省局管理者、市局管理者和区/县管理者；操作人员分为影片库登记人员、影片库审核人员和著作权授权信息审核人员。业务角色与业务权限的对应关系如表4-1所示：

表4-1 业务角色与业务权限

| 业务角色 | 业务权限 |
| --- | --- |
| 点播院线用户 | 著作权授权信息登记及变更 |
|  | 授权书管理 |
|  | 著作权授权信息查询：查询本院线影片著作权授权信息 |
|  | 著作权授权信息统计：统计本院线影片著作权授权信息 |
| 总局管理者 | 点播院线查询：查询所有点播院线信息 |
|  | 著作权授权信息查询：查询所有点播院线影片著作权授权信息 |
|  | 著作权授权信息统计：统计所有点播院线影片著作权授权信息 |
| 省局管理者 | 点播院线查询：查询业务范围=本省的点播院线信息 |
|  | 著作权授权信息查询：查询业务范围=本省的点播院线影片著作权授权信息 |
|  | 著作权授权信息统计：统计业务范围=本省的点播院线影片著作权授权信息 |
| 市局管理者 | 点播院线查询：查询点播影院地址=本市的点播影院信息 |
|  | 著作权授权信息查询：查询点播影院地址=本市的影片著作权授权信息 |
|  | 著作权授权信息统计：统计点播影院地址=本市的影片著作权授权信息 |
|  | 著作权授权有效性查询：查询点播影院地址=本市的影片著作权授权有效性 |
|  | 完善个人资料 |
|  | 修改密码 |
| 区/县管理者 | 点播院线查询：查询点播影院地址=本区/县的点播影院信息 |
|  | 著作权授权信息查询：查询点播影院地址=本区/县的影片著作权授权信息 |
|  | 著作权授权信息统计：统计点播影院地址=本区/县的影片著作权授权信息 |
|  | 著作权授权有效性查询：查询点播影院地址=本区/县的影片著作权授权有效性 |
| 影片库登记人员 | 影片基本信息登记 |
| 影片库审核人员 | 影片信息审核 |
| 著作权授权信息审核人员 | 著作权授权信息审核 |

（3）影片著作权授权信息公示系统的业务管理

影片著作权授权信息公示系统完成对著作权授权信息的管理。包括以下模块：著作权授权信息登记及变更、授权书管理、著作权授权信息审核、著作权授权信息查询、著作权授权信息统计、著作权授权有效性查询、授权书管理、影片基本信息登记、影片信息审核。

影片著作权授权信息公示系统现已全面上线，将为我国点播影院、点播院线、流动放映等电影行业应用提供有效的管理和支撑。系统授权信息登记及著作权授权信息查询页面如图所示：

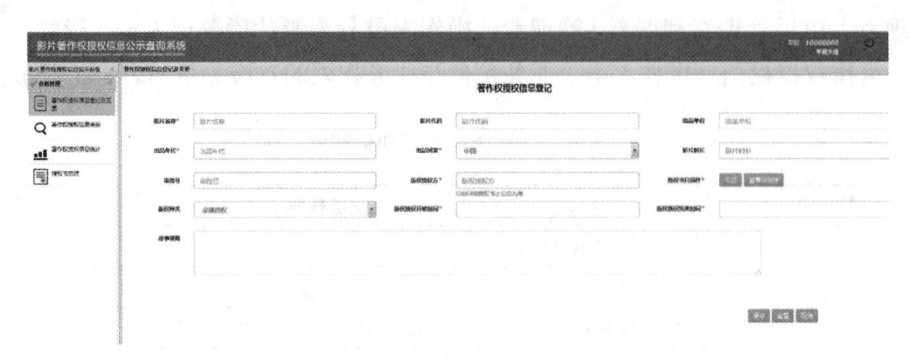

图 4-6　影片著作权授权信息公示系统著作权授权信息登记页面

图 4-7　影片著作权授权信息公示系统著作权授权信息查询页面

# （四）在数字版权监测中的应用[①]

## 1. 案例背景

中云文化数字版权监测中心是中云文化大数据科技有限公司 CCDI 版权云项目的

---

① 本部分摘自中云文化大数据科技有限公司资助课题：数字版权保护技术研究报告
　课题组负责人：张　立　中国新闻出版研究院
　课题组参加者：张凤杰　中国新闻出版研究院工程研发中心
　　　　　　　　栾京晶　中国新闻出版研究院工程研发中心
　　　　　　　　周　丹　中国新闻出版研究院工程研发中心
　　　　　　　　周　琨　中国新闻出版研究院工程研发中心
　　　　　　　　王　瑶　中国新闻出版研究院工程研发中心
　　　　　　　　陆希宇　中国新闻出版研究院工程研发中心

重要组成部分。中云文化大数据科技有限公司作为国家"十三五规划重点项目"和贵州省文化建设重点工程"版权云"项目的建设、管理和运营主体，搭建了以出版管理为核心，以维权监测为手段的版权云平台，初步形成了认证登记、监测维权、电子取证、投送分发、交易结算、云计算云服务等六大版权服务体系。

目前，中云文化数字版权监测中心已经实现 7×24 小时全网监测相关内容作品的版权信息，并实时将版权监测信息反馈到监测中心。监测中心目前监测的主要作品形态包括视频类、舆情类和音乐类，并在技术监测的基础上，结合了人工审核比对的方式，以全面实现版权全网监测的功能。数字版权监测中心的显示页面如图 4-8 所示：

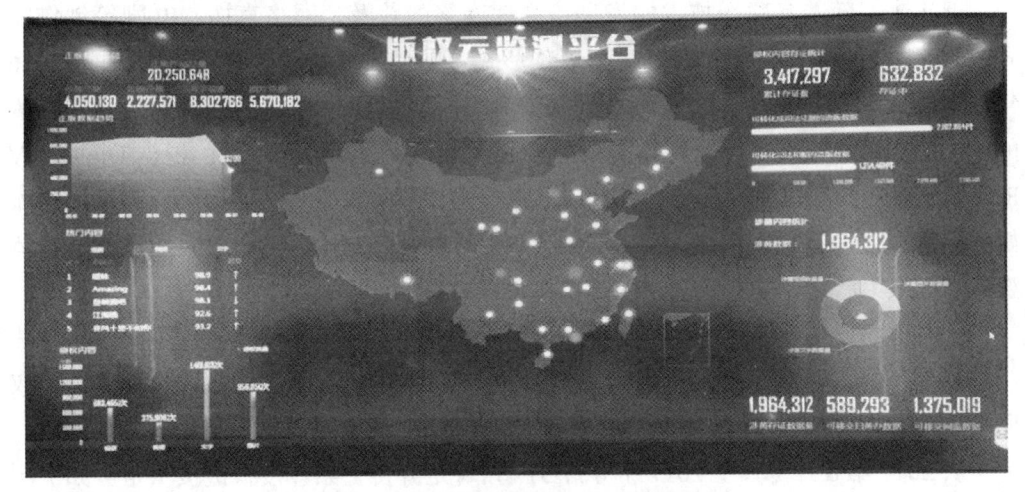

图 4-8　数字版权监测中心实时监测图

2. 监测数据分析

（1）历年数据情况及分析

自数字版权监测中心上线以来，注册用户总数达到了 12289 个，包含了 260 个传统媒体用户和 12029 个自媒体用户。用户分类及占比情况如图 4-9 所示：

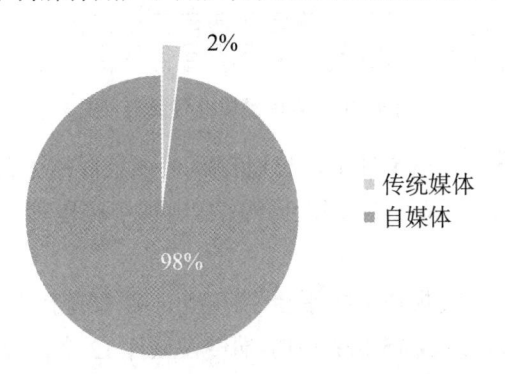

图 4-9　版权监测中心用户分类情况饼图

用户注册后，将信息绑定到版权监测平台的数量为 5734 个，占到总注册用户数的 46.7%，其中活跃用户数为 1280。

监测的作品总数为 657109 件，其中有 333104 件授权作品，总监测量达到了 11114532 起，有 70613 起监测案例维权成功。数据表明，平均每个监测平台注册用户，通过数字版权监测平台监测了 53 件作品，而每十件监测作品中即有一件作品最终维权成功。由此可见，由版权所有方提出的版权保护需求和监测要求，对于最终实现维权成功、打击盗版，有十分积极的作用。

（2）视频类数据情况及分析

近年来，随着互联网技术的发展，高速网络的普及，网络直播、IP 剧等创作模式的兴起，视频成为网络信息的主要展现形式。据互联网企业思科公司的数据，2016 年视频流量占到了全球互联网总流量的 86%。这流量是巨大的，而巨大流量背后隐藏的巨大商机随之浮现。然而，对于视频产业，盗版成为其最大软肋。根据 Digital TV Research 最新的一份研究报告，Netflix、亚马逊、腾讯视频、优酷等全球范围内的流媒体因为盗版所造成的损失，将在 2022 年达到 516 亿美元，其中亚太地区的流媒体盗版情况最为严重。

针对市场上视频作品迫切的版权保护需求，数字版权监测平台全面监测了多个热门的视频作品，并发布了对应的全网监测报告。以大热 IP 剧《楚乔传》为例，版权监测平台受委托对其进行了 PC 端、移动端和 OTT 端的全网播放情况监测。

从 2017 年 8 月 1 日至 2017 年 8 月 31 日，《楚乔传》累计侵权链接量走势如下图所示：

图 4-10 累计侵权链接量走势图

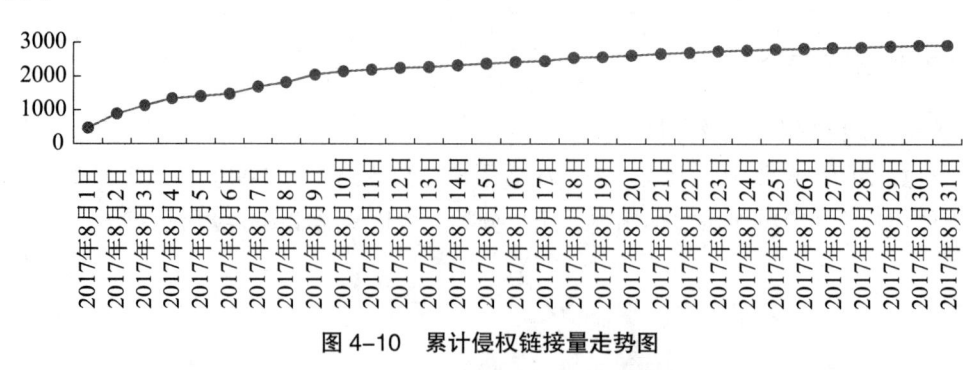

图中显示，《楚乔传》在 8 月中，总侵权链接数量保持了持续的增长，增长趋势在月初最高，随后降低，又在 7 号到 9 号左右出现小幅度增长加快，随后慢慢趋于平缓。

监测期间，PC 端共监测到侵权平台 1248 个，侵权链接总数 2922 条；移动端侵权 APP 15 个，侵权链接总数 15 条；OTT 端侵权软件 12 个，侵权链接总数 15 条，具体情况如图 4-11 所示：

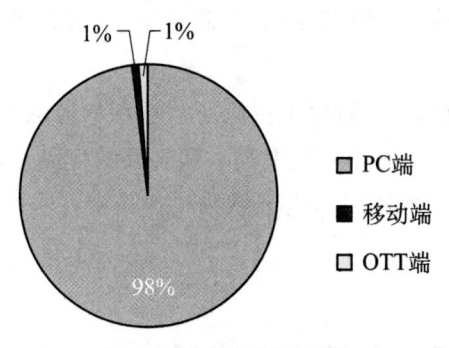

图 4-11 侵权端比重图

从地域划分来看，境外网站侵权情况严重，占比高达 45%；监测到的 689 个境内网站，以香港特别行政区侵权网站最为严重，其次是江苏省、浙江省、北京市、广东省等，具体情况如图 4-12 所示：

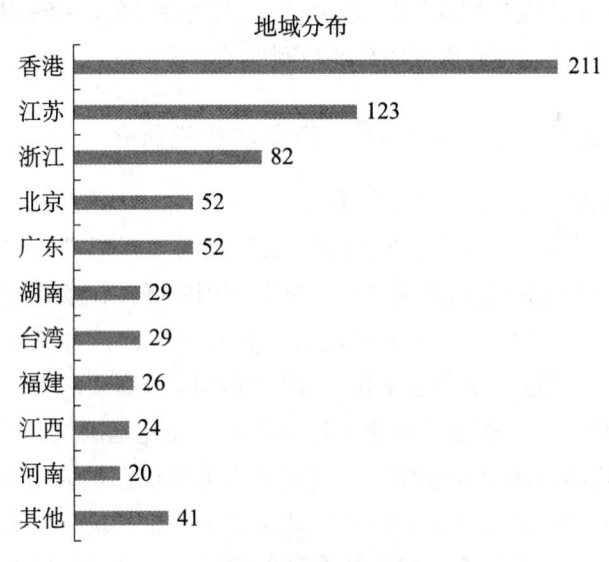

地域分布

| 地域 | 数量 |
| --- | --- |
| 香港 | 211 |
| 江苏 | 123 |
| 浙江 | 82 |
| 北京 | 52 |
| 广东 | 52 |
| 湖南 | 29 |
| 台湾 | 29 |
| 福建 | 26 |
| 江西 | 24 |
| 河南 | 20 |
| 其他 | 41 |

图 4-12 侵权地域分布图

通过工信部 ICP 备案查询，367 家网站有 ICP 备案，占比 28.4%；881 家网站无 ICP 备案，占比 71.6%。

结合版权监测平台同期监测的视频作品被侵权情况来看，2017 年 8 月份，《楚乔传》的侵权传播范围最广，侵权链接最多，居同时段全国其他卫视热播电视剧之首。对《楚乔传》监测到的 1248 个侵权网站 IP 地域进行分析，境内区域主要集中在一线大城市及经济发达地区，占总比 55%，如：香港特别行政区、江苏省、浙江省、北京市、广东省等；有 45% 的网站服务器分布在境外，包括美国、日本、新加坡以及欧洲的部分国家。以传播类型分类，提供在线观看网站1196个，提供资源下载网站103个。从侵权趋势看，侵权总量增长10日后趋于平缓；每日新增量15日后波动减缓，并呈现逐渐下降趋势。

《楚乔传》的监测数据一定程度上反映了目前版权监测平台上视频类作品的监测情况，除特别视频作品外，对于收视率高，票房高的作品，往往侵权传播范围较广，侵权链接较多。而侵权区域则以国内区域为主，集中在一线大城市和经济发达地区较多。

## （五）在出版编辑版权作品中的应用[①]

为保障出版单位编辑人员传播创新的积极性，对有版权保护价值的出版编辑版权作品，要借助行政、司法、技术等各种手段予以有效保护。本课题结合我院牵头参与的数字版权保护技术研发工程成果的数字内容注册管理功能，探索从数字内容资源信息注册管理角度开展出版编辑版权作品的权利保护模式。

1. 版权工程及其数字内容作品注册管理功能简介

（1）数字版权保护技术研发工程简介

数字版权保护技术研发工程简称版权工程，是列入国家"十一五"与"十二五"时期文化发展规划纲要的重大科技专项，也是原国家新闻出版广电总局新闻出版重大科技工程项目之一，2007年9月通过可行性论证，2011年7月启动研发，2016年12月竣工验收。经过二十多家单位五年时间的协同攻关，版权工程研制了四类25项工程标准，形成了一整套系统化的标准体系；在此基础上，研发了6项核心支撑技术，针对互联网出版等业务模式，开发了5类版权保护应用系统，完成了5类应用示范；搭建了数字内容注册管理等公共服务子平台，最终形成了数字版权保护技术管理与服务平台，为行业发展和社会创新提供了一整套数字版权保护技术解决方案。

其技术研发成果如图4-13所示：

---

① 本部分摘自中国新闻出版研究院（2017年）院级课题：出版编辑版权作品研究，编号2017-Y-Y-GC-080
　　课题组负责人：张凤杰　　中国新闻出版研究院工程研发中心
　　　　　　　　　李建红　　出版参考杂志社
　　课题组参加者：李嘉宁　　中国新闻出版研究院工程研发中心
　　　　　　　　　何国强　　中国新闻出版研究院工程研发中心
　　　　　　　　　尚　雨　　中国新闻出版研究院工程研发中心
　　　　　　　　　王　烨　　中国新闻出版研究院工程研发中心
　　　　　　　　　宋嘉庚　　北京印刷学院

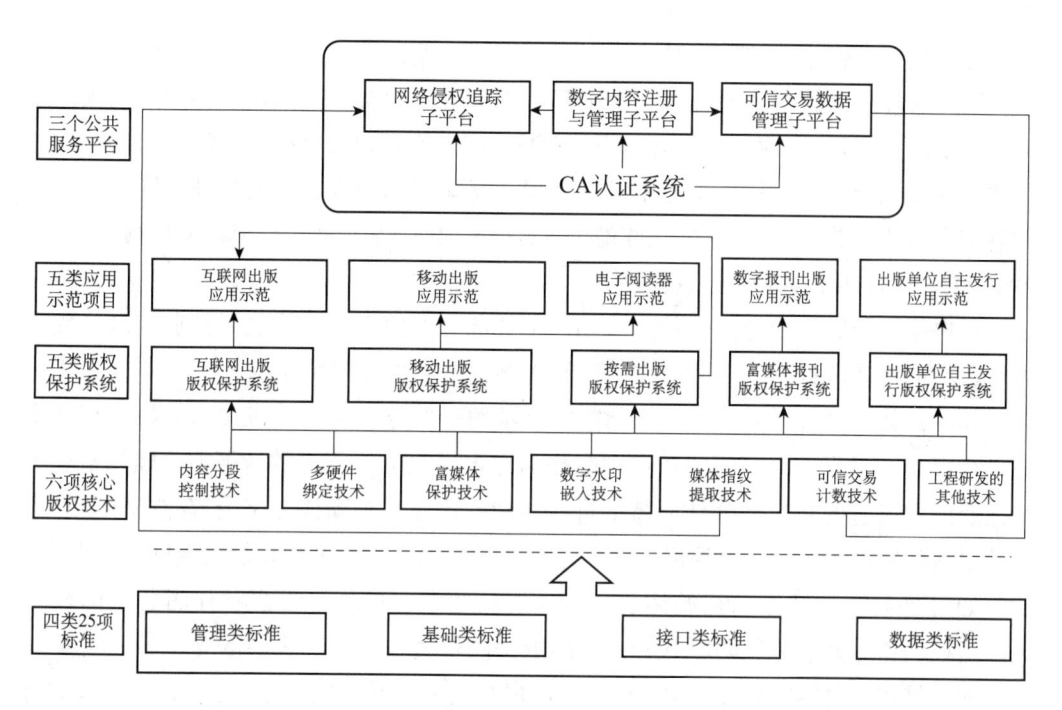

图 4-13　数字版权保护技术管理与服务平台

（2）工程数字内容资源注册管理功能简介

作为版权工程核心成果物——数字版权保护技术管理与服务平台的重要组成部分，数字内容资源注册与管理子平台具有数字内容资源信息注册、媒体指纹提取和版权标识符嵌入等功能，可以提供版权标识、权属证明和认证服务。与版权登记不同的是，数字内容资源注册与管理平台面向出版单位等机构用户，只需提供数字内容资源的元数据、创作者信息和作品信息，而无需提供数字内容作品样本（如需进行媒体指纹比对则仍需提供作品样本），在满足出版单位数字内容作品弱保护需求的同时，可以打消其关于数字内容作品失控、流散的疑虑。

2. 数字内容注册管理基本流程描述

版权工程数字内容作品注册管理包括用户相关信息注册、数字内容作品相关信息注册、数字版权标识符生成三个基本步骤，具体如下。

（1）用户相关信息注册

版权工程注册用户分为个人用户和机构用户两种类型，目前工程平台系统仅对机构用户开放。按照操作流程，机构用户在使用版权工程注册管理系统前，应先提交各项资质证明文件，如工商营业执照、互联网出版资质等。系统后台管理员进行形式审查。审查通过后，机构用户工作人员方可登陆版权工程平台系统，使用数字内容作品注册管理功能。

（2）数字内容相关信息注册

用户所注册的数字内容作品，按内容组织形态分为文档、图片、音频、视频；按文件格式分为TXT、WORD、EPUB、PDF、CEBX、JPG、MP3、MP4等。版权工程注册管理系统支持对包括电子书、数字报、互联网期刊等在内的多种内容组织形态的数字内容作品进行注册，支持的文件格式以CEBX格式为主，兼顾WORD、PDF、PPT、TXT、HTML、XLSX等多种格式。

用户提交的数字内容注册信息包括以下几部分：数字内容作品元数据信息、数字内容作品创作者信息、数字内容作品权利信息、数字内容作品样本。

其中，数字内容作品样本（作品数字版本的一部分或全部，格式为TXT）在注册时进行提交，工程平台系统对数字内容作品样本提取唯一不变的特征值（媒体指纹），与注册库中已有的数字内容作品特征进行相似度比对，判断该数字内容作品样本对应的数字内容资源是否已进行注册，若已进行注册，版权工程平台系统会返回比对报告。

如果是数字内容作品初始注册，所注册的信息包括作品信息、作者、当前权利人、版权获得方式、版权再授权标志、所取得的权利项、备注等。

如果是数字内容作品许可信息注册，用户对相关许可信息进行登记，记录该数字内容作品的版权许可信息，包括第三方使用人、许可类型、许可有效期、使用限制等信息。

注册信息操作包括修改、删除、撤销、转让、许可、许可取消等，具体为：

①修改。数字内容作品注册后，用户可以对所注册的信息进行修改，如数字内容作品元数据信息、授权情况等。

②删除。数字内容作品注册后，用户可对所注册信息进行删除。如删除数字内容作品，则之前所登记的许可信息都将删除。

③撤销。数字内容作品注册后，用户或平台管理员根据有关法律、合同等要求，可以撤销相应数字内容作品信息。如数字内容作品撤销，则之前所注册的许可信息也同时撤销。"撤销"和"删除"区别在于，前者表示之前所注册的数字内容失效，在版权工程注册管理系统中还存有记录痕迹，后者则直接删除了所有该数字内容作品的相关信息。

④转让。数字内容作品注册后，用户根据业务需要，如把所注册的数字内容作品的版权转让给了第三方，则需要登记该数字内容版权作品的转让信息。数字内容作品转让后，之前所登记的许可信息也同时取消。

⑤许可。数字内容作品注册后，用户根据业务需要以及数字内容作品的版权情况，可以把相应版权许可给第三方，但应在版权工程注册系统中登记相应许可信息，包括许可类型、许可有效期、许可限制等关键信息。许可类型可分为专有许可和非专有许可，许可限制指是否允许使用人再次许可他人。

⑥取消。注册用户根据业务需要，在作品许可给第三方后，根据双方合同约定或双方协商取消数字内容作品许可，注册用户可以主动取消授予第三方的版权许可。取

消之后由此产生的许可信息也将取消。

数字内容作品注册流程具体如下图所示，所注册作品已作版权登记的，在输入作品派生属性选项后，按要求填写版权登记证书相关信息。

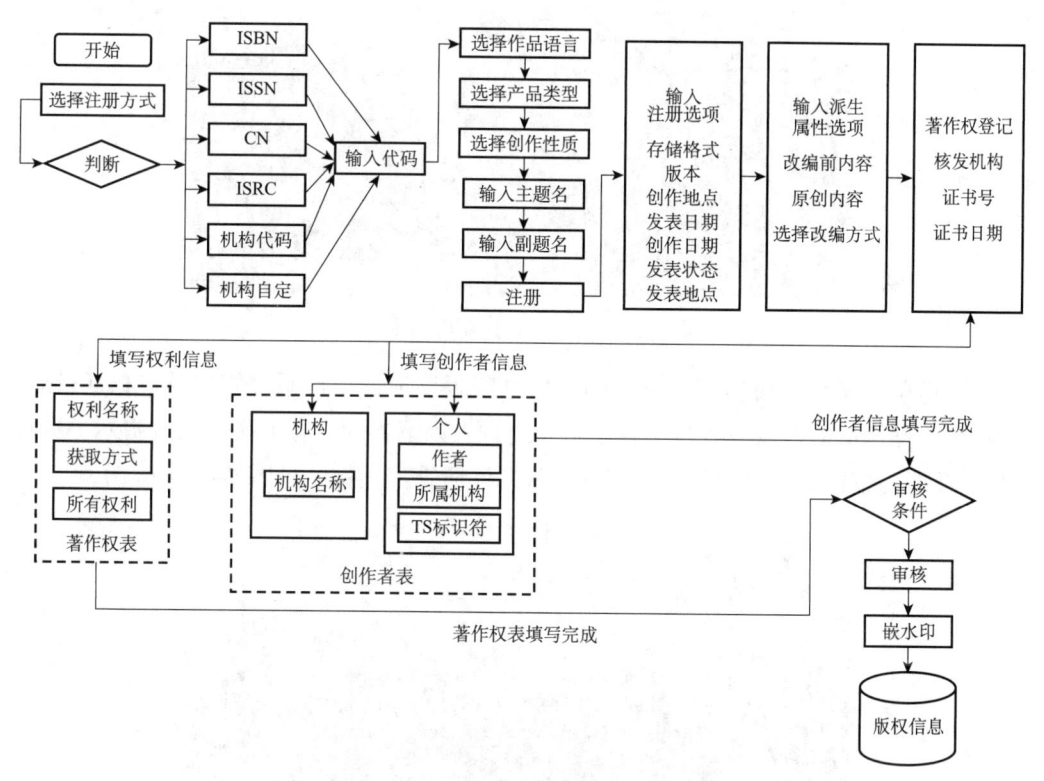

**图 4-14　数字内容作品注册流程图**

（3）数字版权标识符生成

数字内容作品注册完成后，版权工程注册管理系统将生成与注册信息相对应的数字版权标识符。数字版权标识符反映数字内容作品的授权情况，在版权工程平台范围内具有唯一性和可识别性。

同一数字内容注册作品如果又授权给其他用户进行出版销售，需在数字内容注册管理平台上登记该数字内容作品的再授权情况，版权工程平台系统将产生与再授权相对应新的数字版权标识符。

3. 出版编辑版权作品注册管理——以图书审读报告注册管理为例

图书审读报告是典型的出版编辑版权作品。为直观反映出版编辑版权作品在版权工程平台系统中的注册流程，本课题结合中国新闻出版研究院优秀审读报告评比活动，在研究过程中选择了若干图书审读报告样例进行实际注册，并将主要环节的操作流程界面进行列示。

## 数字版权保护技术在垂直领域的应用

首先，由相关用户单位指定的操作员在系统界面上选择"机构用户"选项，进行用户信息注册，对于机构用户如图 4-15 中所有信息均为必填项。

图 4-15 用户注册界面图

用户单位操作员所提交的机构用户信息获版权工程平台系统管理员审核通过后，用户单位操作员即可登录版权工程平台系统进入以下界面，按照平台系统提示，选择"作品注册"按钮，即可进行图书审读报告的注册管理操作（见图 4-16）。

图 4-16 操作员登录成功界面图

然后，进入数字内容作品元数据注册界面，进行审读报告的元数据信息注册，如下面系统图 4-17 所示。

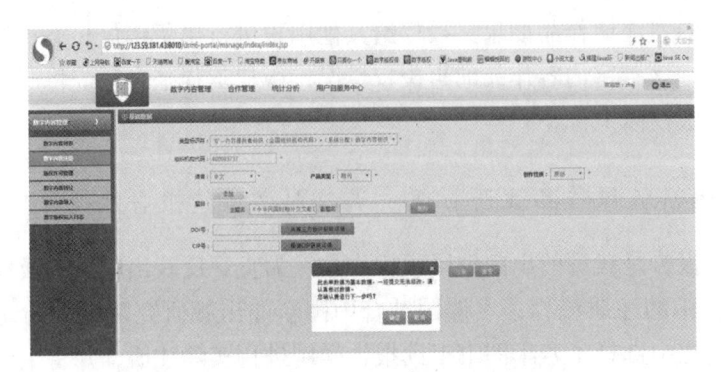

图 4-17 审读报告元数据信息注册界面图

元数据注册完成后,进入创作者信息注册界面,注册审读报告创作者信息,如下面系统图 4-18 所示:

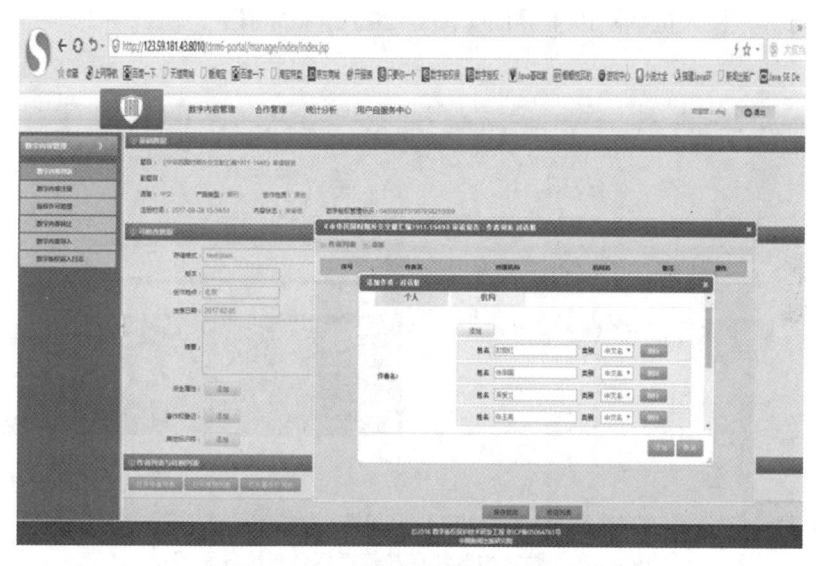

图 4-18　创作者信息注册界面图

创作者信息注册完成后,进入版权信息注册界面,注册审读报告版权信息,如下面系统图 4-19 所示:

图 4-19　版权信息注册界面图

版权信息注册过程中,用户操作员可根据单位版权保护需求,选择是否上传相应图书审读报告的样本。上传样本则可以提取所注册审读报告的媒体指纹信息,在此基础上与版权工程平台系统注册库中已有数字内容作品的媒体指纹信息进行相似度比对,判断相应图书审读报告所对应的数字内容作品是否已在工程平台系统中注册。

### 数字版权保护技术在垂直领域的应用

注册完成后，为保证所注册信息的准确性，还需要对所注册的图书审读报告信息进行审核。审核可由用户单位指定的审核人员进行，也可由版权工程后台的系统管理员代为进行。审核人员登陆以下界面（图 4-20）进行审核：

图 4-20　数字内容注册与管理后台登录界面图

审核通过后，点击系统界面左侧的"数字内容审核"按钮，可以查看相应审读报告信息注册的结果状态，如下面系统图 4-21 所示：

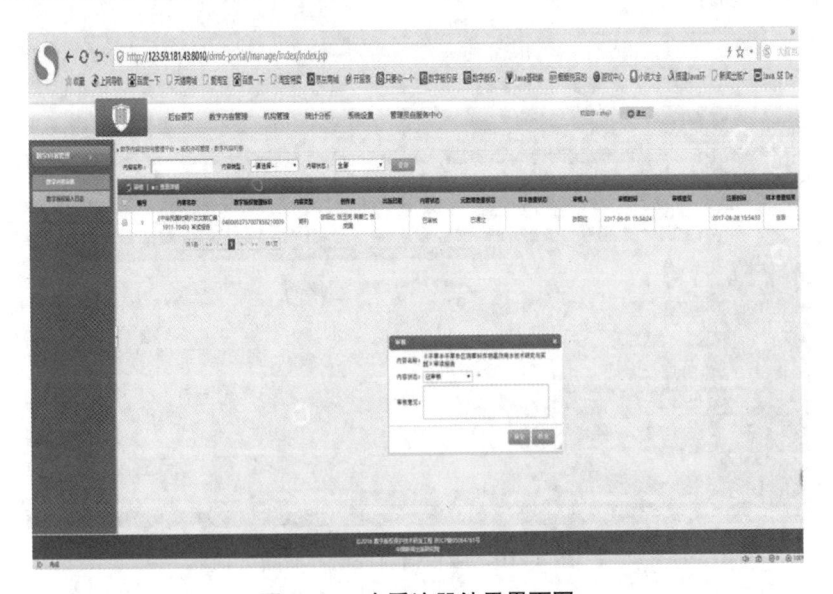

图 4-21　查看注册结果界面图

在注册多项图书审读报告后，可以查看所注册报告的"数字内容列表"，查看所注册报告的列表信息，如下面图 4-22 所示。点击列表中的对应条目，可以查看某项图书审读报告的详细注册信息，相关内容见上图第一条数据信息。

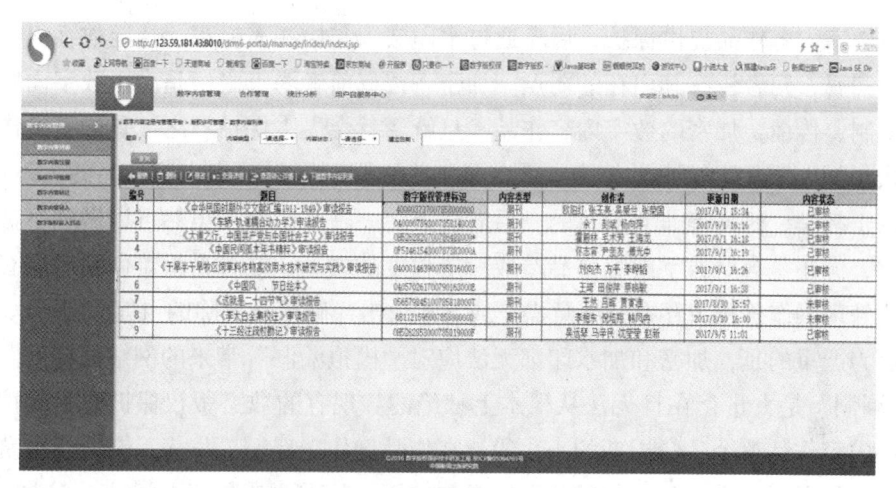

图 4-22　已注册审读报告列表界面图

## （六）媒体指纹技术在商标图形中的应用[①]

数字网络技术的快速发展与应用促进了数字内容作品的快速创作和流通，同时也对数字内容作品的版权保护与监管提出了挑战。在此背景下，各种数字版权保护技术逐渐出现并不断发展。在数字版权保护技术体系中，媒体指纹技术是在加密技术和数字水印技术之后出现的。其产生时间相对较晚，但由于弥补了传统技术手段的明显不足，发展和应用速度却相对较快，应用领域也比较广泛。

1. 媒体指纹技术背景

（1）传统数字版权保护技术具有局限性

随着新媒体、新业态的不断涌现，特别是博客、贴吧、微博、微信以及大量音视频分享网站（如YouTube、土豆网等）的出现与发展，文字、图片、音乐、电影等各种数字内容作品通过互联网进行非授权的散布与共享的现象愈演愈烈。互联网上数字内容作品版权管理的复杂性决定了采用传统的数字版权管理策略不可能在各种情况下都还能奏效。

传统数字版权保护的技术路线有两条，即密码学和数字水印。前者以加密—授权

---

[①] 本部分摘自中国新闻出版研究院（2016年）院级课题：媒体指纹技术在商标图形数字版权保护中的应用研究，编号 2016-Y-Y-GC-092
　　课题组负责人：张凤杰　中国新闻出版研究院工程研发中心
　　课题组参加者：李嘉宁　中国新闻出版研究院工程研发中心
　　　　　　　　　何国强　中国新闻出版研究院工程研发中心
　　　　　　　　　尚　雨　中国新闻出版研究院工程研发中心
　　　　　　　　　陈建平　北京大学数字媒体研究所
　　　　　　　　　王耀威　北京大学数字媒体研究所

方式对数字内容作品提供保护，后者通过水印嵌入与检测来标识、认定数字内容作品的权利归属，两者皆有其内在的弱点。加密—授权前者弱点之一是由于数字内容作品易于复制、传播，加密的数字内容作品一旦解密就会失去保护；之二是加密的作品在过版权保护期限后无法自动解密；之三是加密也限制了对数字内容作品的合理使用，比如用于教学、研究等非商业目的。后者弱点之一是水印嵌入虽然可以做到不被感知和察觉，但还是会对数字内容作品造成一定程度的失真；之二是很难做到对所有正常的媒体处理操作鲁棒，存在被善意操作或恶意攻击、破坏和擦除的可能。

更为严重的是，加密和加水印都无法应对"模拟漏洞"带来的网络侵权问题，而"模拟漏洞"是大量存在且无法从根本上杜绝的。现有的数字版权保护技术保护的只是数字内容作品整个生命周期的一小段，在作品创作、登记、发表、交换、消费等环节存在大量泄露机会。只要作品被人欣赏和使用，就需要从数字空间进入人类感知的模拟空间，也就存在被复制、泄露的可能。

"模拟漏洞"的一个典型情况是：用户利用数码设备从电脑屏幕或者其他消费终端设备上采集文本、音视频等数字内容作品，然后在未经授权的情况下将所获得的既不加密也不含水印的数字内容作品上传至网络，从而造成互联网上侵权作品泛滥，对版权所有者的利益造成巨大侵害。对通过"模拟漏洞"流入网络的大量数字内容作品进行版权保护的前提是确认其是否有版权以及相应的版权归属。在版权标识符（水印）缺失、同时又缺乏统一的数字内容作品注册与管理平台的情况下，仅依据数字内容作品名称或相关内容难以确认其权利归属。

（2）媒体指纹技术具有相应优势

事实上，一个数字内容作品本身即具有区别于其他数字内容作品的独特性，这种内在的区分如同指纹、声纹、虹膜、人脸、DNA等生物特征，可以从数字内容作品中提取并作为其唯一标识。类比于生物指纹，数字内容资源的独特特征可称为媒体指纹。如果数字内容作品在版权注册时提取了媒体指纹，并将其与权属信息关联保存于媒体指纹库中，则对于网络上流通的任意数字内容资源，可依据其媒体指纹在媒体指纹数据库中的检索结果，判断其是否有版权以及其版权归属。在权属明确的情况下，可依据版权所有者的权利声明对该作品资源执行相应的警告、删除或关联广告等操作。媒体指纹与其他数字版权保护技术结合，可对数字内容的版权保护进行认证和监管，从而有效应对"模拟漏洞"带来的网络侵权问题。

媒体指纹技术是对现有的数字水印技术与版权标识技术的有益补充，有利于综合多种技术手段建立开放环境下的统一版权管理体系：对各种出版物，尽可能通过版权标识符进行有序管理，通过类似于"身份证/护照"系统的内容管理系统进行监管；对于新注册的数字内容作品，利用数字水印技术将包括版权标识符在内的权利信息嵌入数字作品之中；对于公共空间传播的内容，通过从内容中提取标识作品的独特性特征（媒体指纹），达到类似于利用人的指纹管理身份的目的。媒体指纹、版权标识与数字水印这三大技术路线与内容注册、许可发放、电子商务等系统的有机融合，可支持建立完善的、开放的数字内容作品市场运行机制和有效的数字内容作品认证监管体系。

2. 媒体指纹技术种类

按照数字内容的媒体类型，媒体指纹包括文本指纹（Textprint）、音频指纹（Audioprint）、图形指纹（Imageprint）和视频指纹（Videoprint）四大类。[①] 其中，图形指纹简称图纹，与本课题直接相关。

图纹技术已经发展十多年了，在此过程中出现了很多种图纹算法（每种算法即是一种技术）。根据相关算法（技术）所针对的是图形全局特征还是局部特征的不同，可以分为两个大类。

（1）基于全局特征的媒体指纹技术

图形的全局特征描述了整个图形的视觉特性，比如，图形整体的颜色分布、场景分布等。相比于图形的局部特征，全局特征更加关注整个图形的性质，因而会忽略大部分图形的细节部分，但是好处也是很显著的：全局特征的提取和匹配速度都非常快，而且特征长度不依赖于图形的大小或内容。图形全局特征包括亮度、颜色等多个方面。相应地，有关图形全局特征的媒体指纹技术也可以分为如下几个中类。每一类还有相应的多种算法，本报告不再细述。

①基于亮度特征的媒体指纹技术。亮度特征，用亮度序来表示，是一种典型的图形全局特征。

在算法上，首先，将图形分割成若干个子块（比如 $3\times3$），对每个子块编号（比如 0—8），并分别计算每个子块的图形亮度均值；然后，将每个子块的亮度均值进行排序，从而得到按照亮度排序的图形子块编号，并将这种编号的顺序作为一种特征。

相对于颜色特征或运动特征，图形亮度特征更加健壮，缺点是区分度不够明显。

②基于颜色特征的媒体指纹技术。图形的颜色特征包括颜色直方图、颜色偏置（Color Shift）、颜色相关的不变性（Invariance of Color Correlation）等。

颜色直方图是最基本的一种颜色特征，通过统计三个颜色通道（BGR 或 HSV 等）的分布直方图，可以得到整个图形的颜色分布。颜色偏置表征的是相邻帧之间颜色直方图的差异。颜色相关的不变性则是通过分析画面中每一个点的 B、G、R 值之间的关系，进而统计得到一个六维的直方图。

颜色特征的优点是计算速度快，并且对于翻转、旋转等变形非常有效。缺点是鲁棒性不高，易受到亮度、对比度变化的攻击，并且对于纯黑白的图形的区分性不佳。

---

① 张立等.数字版权保护技术与应用.北京：电子工业出版社，2013（1）：137.

③基于能量特征的媒体指纹技术。

基于图形能量的特征包括 DCT、3D-DCT 特征等。

在算法上，首先需要将图形进行分块，并在每一块都进行 DCT 离散余弦变化并且得到相应的 DCT 系数（也对应着图形能量）。通过对比不同图形块之间能量的高低，从而得到相应的特征。3D-DCT 特征将时空域纳入 DCT 计算过程，从而得到时空域的能量分布情况。

④基于其他特征的媒体指纹技术。

此外，GIST 特征（描述图形场景的特征）、PHOG 特征（分层的梯度方向特征）等，也是比较常见的图形全局特征，各有其优长和应用场景，由于较为复杂，不是本报告研究的重点，此处不赘。

（2）基于局部特征的媒体指纹技术

较之于全局特征更加关注图形的整体属性，图形的局部特征更加关注于图形的局部细节，并通过对细节的描述来表征整个图形的内容。常见的图形局部特征算法（技术）包括 SIFT 特征技术、SURF 特征技术、GLOH 特征技术等。

①基于 SIFT 特征的媒体指纹技术。

SIFT 特征是一种目前广泛应用于图形识别、检索领域的局部特征。其主要思想是：在不同尺度的情况下，通过 DOG（Difference of Gaussian）的方法寻找图形中的极值点，这是因为 DOG 在小尺度上和 LOG（Laplacian of Gaussian）有较为相近的卷积效果，而 LOG 则是检测图形兴趣点最有效的核。找到兴趣点之后，在兴趣点周围通过提取分块的梯度方向直方图，从而得到该兴趣点的描述子，也就是特征。

②基于 SURF 特征的媒体指纹技术。

在 SIFT 特征的基础上，开展了众多的研究和改进。比如，PCA-SIFT 特征、SURF 特征、GLOH 特征等。其中，SURF 特征是 SIFT 特征的一种加速实现，通过使用积分图形而非高斯图形从而加快特征点主方向的判断及描述子生成的速度。

③基于 GLOH 特征的媒体指纹技术。

GLOH 特征将原来计算 SIFT 描述子的相邻空间从矩形变为了放射状的对数极坐标同心圆，从而增加了特征描述子的健壮性和区分性。

④基于 DCSIFT 特征的媒体指纹技术。

DCSIFT 特征是另外一种局部点特征。与 SIFT 不同，DCSIFT 特征不计算图形的兴趣点，而是对图形的每一个子块都进行特征提取（按照滑动窗口的思想，等间隔地进行采样）。并且，为了增加区分性，DCSIFT 特征在计算描述子的时候，将三个颜色通道的梯度方向都纳入了考虑范围，从而形成了更有效的描述子。

从本质上来说，DCSIFT 特征实际上是一种有颜色的 HOG 特征。据试验数据可知，DCSIFT 特征相比 SIFT 特征在 CBCD 系统中有更好的效果，但是缺点也很显著：

因为需要在图形的每个子块上面都提取特征,每个图形的 DCSIFT 特征点的数目就会非常多,从而使后期的匹配和检索复杂度大大增加。

### 3. 媒体指纹技术发展趋势

经过十多年的发展,很多图纹技术已经比较成熟,但是,随着实际应用需求的不断发展,图形指纹技术需要在以下方面进一步提升。

(1)大规模数据的实时响应处理

在实际应用中,需要处理的图形数量非常庞大,而且很多图形实时进入计算机系统,因此需要图形指纹系统快速的响应能力。面对这种应用需求,传统的单机处理方式已经无法满足实际应用需求。大规模数据系统通常采用分布式部署结构,因此图形指纹特征也需要适应这种分布式的结构特点。这种情况下,需要图形指纹的索引形式具有更强的分布式特性,因此对图形指纹技术有更强的要求。

(2)基于深度学习的图形指纹技术

随着人工智能的快速发展,很多传统图形处理领域获得了重大的性能飞跃,包括人脸识别、对象识别等。而对于图形指纹领域,虽然传统的算法也取得了很不错的效果,但为了能获得更好的性能,大家也开始应用深度学习技术。通过深度学习技术,利用大数据的机器学习能力,获取更好的识别检测性能。基于深度学习的图形指纹技术目前已经逐渐成为一个热点的研究方向。

(3)基于行业性需求的深度垂直集成

不管是传统的图形指纹技术还是当前热门的深度学习技术,图形指纹技术对于图形都有一定的依赖性,因此,想研究出一个通用的、对各行业图形数据都能获取很好性能的图形指纹技术比较困难。而且在实际应用过程中,对于不同的行业,其实际图形指纹技术的需求也有很大差异,相应图形的特征也千差万别。比如,在商标图形应用方面,商标图形的版权保护与其他图形版权保护就存在较大差异。因此,需要针对特定行业的图形需求,研究出垂直集成的图形指纹技术。

### 4. 媒体指纹技术应用情况

本课题组是在国家重大文化技术专项"数字版权保护技术研发工程"(简称版权工程)开展过程中了解媒体指纹技术的,此前所知悉的媒体指纹技术应用领域就是数字版权保护:通过提取特定数字内容作品的媒体指纹,并与其他数字内容作品进行相似性比对,来判定该作品是否侵权盗版。随着本课题研究的深入,我们逐渐了解到,除数字版权保护领域之外,媒体指纹技术在智慧城市建设(包括城市交通和社会安全等)以及网络敏感视频检测与过滤(突出表现为网络反恐)等领域也有应用,且能发挥重要作用。

(1)媒体指纹技术在数字版权保护中的应用

媒体指纹技术是版权工程的关键技术。由北京大学数字媒体所技术人员研发的相关技术成果——"基于变形敏感的软级联模型的视频拷贝检测技术"是版权工程获得国家知识产权局授权的第一项发明专利,在版权工程尚未完工前即已获得了第十八届中国专利优秀奖。目前,该技术在版权工程数字内容注册与管理平台以及网络侵权监测服务平台两大核心子平台中均有应用:一是已经集成应用到数字内容注册与管理平台开发的版权嵌入客户端,用于提取待检测视频文件的指纹信息;二是已经集成应用到承担的网络侵权监测服务平台的监测管理系统,用于判断互联网中的视频是否侵权。国家信息中心软件评测中心的第三方测试结果表明,该专利技术在现实视频拷贝检测任务上保持很高性能,实施效果很好。作为版权工程技术研发成果,媒体指纹相关技术一方面在工程集成应用示范中得到了实际应用;另一方面,随着版权工程落地转化工作的逐步开展,也将在更多业务中得到实际应用。

在此之前,媒体指纹技术在图形、视频版权保护领域已有应用。据了解,2008年奥运会期间,杭州阜博通公司与央视网合作,通过其研发的影视基因系统指纹技术来控制奥运会相关视频在网络上的非法传播,为奥运期间视频版权保护发挥了关键作用。目前,国内一些主流视频分享网站也开始利用媒体指纹相关技术进行音视频内容的版权管理。[①]

(2)媒体指纹技术在智慧城市建设中的应用

媒体指纹技术具有人脸分析、事件检测、分析研判、非现场执法等功能,在智慧城市建设中彰显了重要的社会价值。

据报道,2012年至今,海信协助贵阳建设"天网"系统一二期工程,10000多个高清摄像头组成了全国规模最大、功能最先进的高清视频监控系统,一年中为警方提供破案线索6697条,共帮助破获案件2554起,处理交通违法信息410万条。2016年底,海信又中标三期工程,预计将再建10000只"天眼",助力贵阳平安城市升级。海信平安城市解决方案相当于为城市治安管理者配备了一支"不闭眼"的智能化助手,24小时守护城市居民安全,目前已经在贵阳、青岛、威海、长沙等地建设应用。[②]

(3)媒体指纹技术在网络反恐中的应用

视频内容检测与过滤尤其网上暴力恐怖视频检测与过滤功能,在网络恐怖主义日益成为世界新威胁的今天,更是让媒体指纹技术的社会价值得以凸显。

据了解,网上暴力恐怖视频现已成为近年来暴恐案件多发的重要诱因。从破获的昆明"3.01"、乌鲁木齐"4.30"、乌鲁木齐"5.22"等多起暴恐案件看,暴恐分子几

---

① 全球领先的"影视基因"落户浙报传媒文化产业园.浙江在线(http://culture.zjol.com.cn/05culture/system/2009/06/08/015572675.shtml),2017-11-8.
② 再建1万只"天眼"海信助力贵阳平安城市升级.网易(http://news.163.com/16/1126/01/C6OT75L2000187VI.html),2017-11-8.

乎都曾收听、观看过暴恐音视频，最终制造暴恐案件。[①]为有效检测与过滤暴恐视频，维护我国国家安全，国家互联网信息办公室从 2014 年起通过"铲除网上暴恐音视频行动""净网行动"等专项行动进行治理，并正在构建能持续进行网络敏感视频检测与过滤、切断社交网络中敏感视频传播链等的技术平台。

北京大学数字媒体所与中国科学院信息工程研究所合作，将基于媒体指纹的视频拷贝检测技术在国家互联网信息办公室上述平台中进行了集成和应用。目前，媒体指纹相关技术已经用于实际的秒拍视频的有害视频检测。可以预见，随着相关技术平台的建成与投入使用，媒体指纹技术在未来的"铲除网上暴恐音视频行动"等网上反恐工作中将发挥重要的作用。

### 5.商标图形特点及其元素属性分析

（1）商标图形的特点分析

商标图形不限于单纯的图形，还包括文字、字母、数字、三维标志和颜色组合组成的图形或带有相关附属元素的图形。较之于其他图形，商标图形一般具有如下特点。

①显著性。

显著性是商标的"灵魂"，也是商标法得以运转的"枢纽"，一般是指商标所具有的标示特定市场主体商品或服务出处并使之区别于其他市场主体之商品或服务的属性。

就图形商标而言，一方面，不能与同领域既有图形商标（包括初步审定并公告商标、有效注册商标、期满不再续展但尚未满一年的商标）相同或近似；另一方面，也不能仅有本领域通用的商品或服务图片、符号（例如葡萄酒类商标图形仅有葡萄酒瓶图案）。否则，该商标图形就难以识别，无法将其所代表的商品、服务和其他商品、服务区别开来，从而不具备显著性。

②实用性。

商标属于工业产权领域，商标图形着眼于商业价值，旨在标识特定市场主体的特定商品或服务，使用户更好地识别和采用，进而巩固和扩大相应商品或服务的市场地位和市场份额。

在此意义上，商标图形与艺术家出于兴趣、爱好的绘画、摄影作品等有明显不同，商标图形从设计开始就具有鲜明的商用价值导向，而且其价值主要不在于商标自身，而在于能够标识其他产品或服务。

（2）商标图形的元素属性分析

①商标图形的构成元素。

商标构成元素包括文字、图形、字母、数字、三维标志、颜色组合和声音等。[②]商

---

① 国信办.全国全网集中清理网上暴恐音视频最高奖 10 万.电子技术与软件工程，2014（14）.
② 冯术杰.商标注册条件若干问题研究.北京：知识产权出版社，2016：13.

标图形元素则包括颜色、形状、图案构造（结构）、图形对象、附属字符标识等。两个及两个以上的商标图形相同或相似，一般有以下几种情况。

A. 颜色相同或相似。如下图 4-23 所示：

图 4-23　对比颜色示意图

B. 形状相同或相似。如下图 4-24 所示：

图 4-24　对比形状示意图

C. 结构相同或相似。如下图 4-25 所示：

图 4-25　对比结构示意图

D. 附属字符标识相同或相似。如下图 4-26 所示：

图 4-26　对比字符示意图

E. 元素对象相同或相似。如下图 4-27 所示：

图 4-27　对比元素示意图

在商标图形的保护过程中，需要对组成商标的每种元素进行区分，每一种商标元素都可以作为该商标图形的特征。因此每一个商标元素都需要进行特征分析，在搜索匹配时进行特征比较。

②商标图形的元素属性。

根据商标图形的构成，商标图形的元素属性主要有如下几种：

A. 颜色。主要标识商标图形元素的颜色信息，比如红色、黄色、蓝色等。WIPO1988年《商标图形要素国际分类》（第二版）将商标图形颜色分为"红色、粉红色、橙色""黄色、金色"等8类单一颜色以及"一种主要的颜色""五种颜色或更多的颜色"等5种颜色组合方式。①

B. 形状。主要标识商标图形元素的外观形状信息，比如特定商标图形是圆形、椭圆形、弧形、扇形、三角形、四边形、其他多边形，等等。其中，每种形状又有诸多细分情况，比如，三角形包括"一个三角形""一个套着另外一个的两个三角形""倒置的三角形"等等多种细分类型。②

C. 结构。主要标识商标图形的图案构造信息，如单一结构、左右结构、上下结构、内外结构，等等。

D. 附属字符。很多商标图形由相关文字、符号变形而成，还有的综合了文字和图形元素，是文图组合类型。按照前述《商标图形要素国际分类》，包括特殊书写形式的字母（数字）、组成凸凹面的字母（数字）、重叠/交织或其他方式结合的交织字母以及非正常使用的各种文字等（正常使用的文字，不视为商标图形，而是商标文字）③。

E. 图形对象。主要表示商标图形元素具体含义，比如商标元素是人类（男人、女人、儿童、混合以及人体部分如骨骼、头颅等）、动物（四足动物、鸟/蝙蝠、水生动物、昆虫等）、自然现象（如虹、闪电、雪花、北极光等），等等。每一种元素照样可以细分出很多具体种类，比如："人体部分"中的"手，手指，手或手指印，手臂"，至少包括"伸开的手（手掌或手背）""握在一起的手""手或手指印"等多个细类。④

在上述元素之外，还有发音（如"house"与"horse"发音相似；"正太"与"郑泰"读音相同）等其他元素。因此，在商标图形的版权保护过程中，所使用的媒体指纹技术需要考虑这几种商标图形的属性特征。

6. 商标图形数字版权保护的必要性分析

构成版权作品的商标图形依法受商标权和版权的双重保护。相对于一般版权作品，数字网络条件下，商标图形更加需要数字版权保护技术手段的支撑。这是因为，

---

① 世界知识产权组织.商标图形要素国际分类（1988年第二版）.中华人民共和国国家工商行政管理总局商标局2007年编译：76—77.
② 世界知识产权组织.商标图形要素国际分类（1988年第二版）.中华人民共和国国家工商行政管理总局商标局2007年编译：68—72.
③ 世界知识产权组织.商标图形要素国际分类（1988年第二版）.中华人民共和国国家工商行政管理总局商标局2007年编译：73—76.
④ 世界知识产权组织.商标图形要素国际分类（1988年第二版）.中华人民共和国国家工商行政管理总局商标局2007年编译：1—65.

商标图形一方面可能由于构成版权作品而需要进行相应的数字版权保护；另一方面，由于媒体指纹技术具有相似检测功能，而商标注册、异议需要进行相似比对工作，商标图形即使不构成版权作品，在相关审核、比对过程中，也需要媒体指纹这一数字版权保护技术手段的支撑。

（1）构成版权作品的商标图形依法受版权保护

①构成作品的商标图形可能受商标、版权双重保护。

商标图形一方面具有商标属性，如正式注册并在有效期内，受商标法保护；另一方面，作为创意设计成果，也有可能构成版权作品，依法应受版权保护。非但如此，与一般的版权作品相比，商标图形兼具创新性、实用性，好的商标图形同时具备识别性、传达性、审美性、适应性、时代性等特征，创意含量和版权保护的价值都相对较高。

那么，哪些商标图形构成作品、哪些又不构成作品？这就涉及版权法关于作品的界定问题。

我国《著作权法实施条例》第2条规定，版权法所称作品，是指文学、艺术和科学领域内具有独创性并能以某种有形形式复制的智力成果。专门设计的商标图形一般具有独创性，亦可复制，但除少数包含有"花木兰""刘三姐""神舟""天宫"等文字符号、具有特定背景和含义外，通常不属于文学、科学领域；至于是否属于艺术领域，关键要看是否具有艺术上的美感，或者说是否具备一定的艺术水平。

有人对这一要素存在质疑，认为评价艺术水平的标准具有一定的主观性，富有较大的弹性，实际操作中不易判断，并列举英国《版权法》"绘画、雕刻、雕塑等美术作品作为版权的客体，不论其艺术性程度如何，均可受版权的保护"作为辅证；但同时也指出，在少数国家（如德国）法院的司法实践中确立了一个特殊标准，即美术作品必须达到一定艺术水平才受版权法的保护。①

我国版权立法也要求艺术领域作品需具有一定的艺术水平。商标图形如构成版权法上的作品，最有可能构成的是美术作品或摄影作品。② 我国《著作权法实施条例》第4条规定，美术作品是指绘画、书法、雕塑等以线条、色彩或者其他方式构成的有审美意义的平面或者立体的造型艺术作品；摄影作品是指借助器械在感光材料或者其他介质上记录客观物体形象的艺术作品。无论是"有审美意义"还是"艺术作品"，都要求具备一定的艺术水平。

此外，尽管我国版权立法关于作品在篇幅长短、复杂性方面没有要求，例如，几个字的广告语也可能构成作品，但过于简单以至让人难解其意的所谓表达显然不构成作品。北京市高级人民法院《关于审理著作权纠纷案件若干问题的解答》（京高法发

---

① 张红宵.著作权与商标权的重叠和分界.法学,1996（12）.
② 尽管都有"图形"二字，商标图形因其简易性、显著性要求，不太可能构成"工程设计图、产品设计图，以及反映地理现象、说明事物原理或者结构的地图、示意图等"版权法意义上的图形作品。

〔1996〕460号)强调:作品必须表达一定的思想、情感,传达一定的信息。这对界定版权作品是有参考价值的。当然,过于简单的商标图形,其艺术水平一般也值得商榷。

在此情况下,不属于文学、艺术领域又不具备艺术水平的商标图形,以及过于简单、不能表达一定思想感情、不能传达一定信息的商标图形,都应该被排除在版权作品的范围之外。相应商标图形较多,比较典型的如利用常用字体设计的字母交错编排组合、简单的斜体汉字或字母组合,以及简单的颜色组合,等等。按此逻辑,以下4个商标图形从表面上看均不构成版权法意义上的作品:

图4-28 字符商标示意图

除这些情形外,具有文学、科学含义的文字、符号元素的商标图形,以及具有一定艺术水平的商标图形,都是构成版权作品、依法应受版权保护的。

②版权保护具有明显优势。

较之于商标权保护,我们认为,版权保护具有明显的优势,理由主要如下。

一是商标保护。首先,商标图形受商标法保护须以权利人申请注册为前提。真正享有商标权需经有权机关依法核准。其次,商标图形受保护的范围非常有限——基本局限于有权机关核定的商品或服务范围——我国《商标法》规定的唯一例外是,"就不相同或者不相类似商品申请注册的商标是复制、摹仿或者翻译他人已经在中国注册的驰名商标,误导公众,致使该驰名商标注册人的利益可能受到损害的,不予注册并禁止使用(《商标法》第13条第3款)"。按照该规定,商标图形超出核定范围使用受商标法保护需满足诸多条件,包括:a.相关商标已在中国注册并被认定为驰名商标;b.系争商标对其构成复制、摹仿、翻译;c.复制、摹仿、翻译达到误导公众、可能致使该驰名商标注册人利益受损的程度。最后,商标权保护期限(注册商标有效期)为10年,期满需要继续使用的,必须办理续展手续。

二是版权保护。首先,版权自动产生,其保护不以申请注册为前提。相关图形作品自完成之日起自动享有版权,并受版权法保护。其次,版权保护范围非常广,版权法对商标图形应用的产品或服务领域没有限制。除合理使用、法定许可等法律规定的权利限制情形以及权利人本人放弃相应权利以外,其他情况下,任何使用构成版权作品的商标图形的行为,都必须事先得到许可,并向权利人支付报酬。最后,保护期限相对较长,且不存在每过一定期限就要续展的问题:自然人作品版权保护期一般为作者有生之年加死后50年，一些欧美国家为作者有生之年加死后70年；法人作品为完成后50年，一些欧美国家为作品完成后70年，美国甚至长达95年。

对构成版权作品的商标图形，可以采用数字版权保护技术进行相应版权保护：一是可以在商标图形创作、存储过程中采取相关技术，防止草稿的非法复制和传播，如出现侵权，可进行追踪定位、侵权取证、证据保全等；二是可以在商标图形创作完成后采取相关技术措施，防止在任何市场应用领域尤其数字网络空间的非法使用，并在遭受侵权后进行追踪定位、侵权取证、证据保全等。

（2）损害在先版权的图形商标异议

按照《商标法》的规定，申请商标注册不得损害他人现有的在先权利。国家工商总局商标局和商评委2017年1月发布的《商标审查及审理标准》规定："未经著作权人的许可，将他人享有著作权的作品申请注册商标，应认定为对他人在先著作权的损害，系争商标应当不予核准注册或者予以无效宣告。"

实践中，曾发生大量系争商标图形因侵犯他人在先著作权而不予核准注册的案例：2001年，广东某牛排餐厅曾将与美国芝加哥公牛队队徽近似的牛头图形注册为商标，因侵犯芝加哥公牛队队徽权利人NBA公司版权在先，被NBA公司提出异议并起诉，最终未注册成功。[①] 相关商标见图4-29。

图4-29 左图为芝加哥公牛队队徽，右图为牛排店所申请商标

2005年，仍然与芝加哥公牛队队徽有关，申请人黄某将与其极为相似的牛头图形在茶叶等商品上申请注册商标，由于芝加哥公牛队队徽权利人美商NBA公司提出异议，商标评审委员会裁定不予核准注册。[②]

国内知名企业同样有类似的维权经历。2010年，浙江海宁地区曾出现过以海尔兄弟近似图形为商标的侵权假冒产品，海尔集团以侵犯商标权和版权为由，对标贴制作人和企业提起侵权诉讼，也取得了良好的法律效果。[③]

在类似案件中，在先权利人或者利害关系人可以借助数字版权保护相关技术对系争商标和与己有关的版权作品进行相似性比对，在此基础上，结合商标申请注册的

---

① 北京市高级人民法院.美商NBA产物股份有限公司与中华人民共和国国家工商行政管理总局商标评审委员会其他二审行政判决书.（2013）高行终字第962号.
② 汪泽.中国商标案例精读.北京：商务印书馆，2015：260—277.
③ 方圆.海尔：版权保护融进创新血液.中国新闻出版报，2014-8-25（006）.

不同阶段，依法分别提出相应主张：商标注册初步审定公告的，可以向商标局提出异议；已核准注册的，自商标注册之日起五年内，可以请求商标评审委员会宣告该注册商标无效。在此过程中，商标注册评审机构以及司法机关等也可以数字版权保护相关技术进行系争商标与相关版权作品之间的相似性比对。

（3）图形商标注册审查中的相似性比对

关于注册商标审查，我国《商标法》规定了大量与其他商标相同或相似而不予注册的情形，其中：

第10条　关于官方标志禁止作为商标图形使用的规定：①同中华人民共和国国旗、国徽、军旗、军徽、勋章等相同或者近似的，以及同中央国家机关标志、所在地标志性建筑物的图形相同的；②同外国国旗、国徽、军旗等相同或者近似的，但经该国政府同意的除外；③同政府间国际组织旗帜、徽记等相同或者近似的，但经该组织同意或者不易误导公众的除外；④与表明实施控制、予以保证的官方标志、检验印记相同或者近似的，但经授权的除外；⑤同"红十字""红新月"标志相同或者近似的。

第13条　关于禁止使用他人驰名商标的规定：①就相同或者类似商品申请注册的商标是复制、摹仿或者翻译他人未在中国注册的驰名商标，容易导致混淆的；②就不相同或者不相类似商品申请注册的商标是复制、摹仿或者翻译他人已经在中国注册的驰名商标，误导公众，致使该驰名商标注册人的利益可能受到损害的。

第15条　关于申请注册明知是他人在先使用的商标的规定：就同一种商品或者类似商品申请注册的商标与他人在先使用的未注册商标相同或者近似，申请人与该他人具有前款规定以外的合同、业务往来关系或者其他关系而明知该他人商标存在，该他人提出异议的，不予注册。

第50条　关于申请注册被撤销、被宣告无效或者被注销的注册商标的规定，注册商标被撤销、被宣告无效或者期满不再续展的，自撤销、宣告无效或者注销之日起一年内，商标局对与该商标相同或者近似的商标注册申请，不予核准。

第57条及第60条　关于侵犯注册商标专用权的救济规定：未经商标注册人的许可，在同一种商品上使用与其注册商标近似的商标，或者在类似商品上使用与其注册商标相同或者近似的商标，容易导致混淆的，属于侵犯注册商标专用权。因此引起纠纷的，由当事人协商解决；不愿协商或者协商不成的，商标注册人或者利害关系人可以向人民法院起诉，也可以请求工商行政管理部门处理。

在商标图形注册申请以及相关司法实务中，对上述情形的认定，各种商标相关单位同样需要开展大量的相似度对比工作，并就相应图形之间是否相同或实质相似作出客观判断：一则，商标代理机构首先要对其所接收的拟申请商标图形与国旗、国徽等不得作为商标标志的诸多图形进行相似性比对，经审核可作为商标的，再与同类或相关领域已经注册的商标进行相似性比对，不相同或不构成实质性相似方可通过审核，否则需要对委托人拟申请商标图形提出修改建议，并对修改后的图形进行再次审核；二则，商标审查机构（在我国，包括商标评审委员会和商标复审委员会）要对其所受理的申请注册的商标图形与相关领域已注册商标以及国旗、国徽等不得作为商标标志的图形进行相似性审核；最后，知识产权法院等相关司法机关要对立案受理的争议商标图形进行相似性审核，相关争议既包括民事案件中不同市场主体之间的争议，也包括行政案件中不服商标评审委员会的争议。

（4）商标图形版权侵权与维权

除以上情形外，还有直接以商标图形版权受到侵害名义进行版权维权的做法。实践中，原商标图形的版权所有人由于种种原因没有申请商标注册，也没有对侵权人的商标注册行为提出异议，而是直接就侵权人非法使用其版权作品的行为进行维权，这种情况也较为常见。

例如，上海美术电影制片厂曾因汕头某化妆品公司"葫芦娃"近似图形申请注册商标并使用、上海某零售贸易公司销售相应产品，构成对其所享有的"葫芦娃"版权的侵犯，而诉至法院并成功维权。① 以下为上海美术电影制片厂葫芦娃形象和汕头化妆品公司商标图形。

图4-30 左为上海美术电影制片厂葫芦娃形象，右为汕头某化妆品公司商标图形

此外，1996年6月4日《服务导报》登载过这样一则案例：某酱醋厂委托某高校美术教师郭某创作了一件用于酱油的商标，商标图案由一颗树及许多特别的花纹组成。此后两年间，该厂将此商标用于所产酱油，但一直未申请注册。不久前，该厂突然发现另一食品厂已将此商标注册，并同样用于所产酱油上。酱醋厂即去找食品厂交涉，食品厂以商标注册在先原则为由予以拒绝。酱醋厂思考再三，认为对此商标图案享有版权，乃以版权被食品厂侵犯为由提起诉讼。②

对于未经许可擅自使用构成版权作品的商标图形的行为，权利人当然可以从版权维权角度，依法提起版权侵权之诉。相关商标图形以及相关产品、服务通过数字网络渠道进行传播的，权利人还可以借助数字版权保护技术手段进行网络侵权取证与证据保全等。

---

① 上海市高级人民法院民事判决书.（2009）沪高民三（知）终字第7号.
② 转引自张红宵.著作权与商标权的重叠和分界.法学，1996（12）.

## 7. 面向商标图形的媒体指纹技术

（1）基于商标属性的特征提取

对于商标属性，可以采用传统图形特征和基于深度学习的特征相结合的特征提取方式，通过多种特征来描述商标属性对象。

①传统图形特征提取。

传统特征将考虑使用 DCT，颜色直方图和 SIFT 特征。

选取图形的 DCT（Discrete Cosine Transform，离散余弦变换）特征及颜色直方图作为全局图形特征。DCT 特征可以有效地抵御内容保持的图形变形（Content-Preserved Visual Transformation），比如压缩、Gamma 变换和加噪等。此外，它还具有紧凑性好、提取与检索效率高的优点。

DCT 算法的主要步骤如下：

将输入图形转换为灰度图形。如果原始输入图形仅包含一个通道的灰度值，则不需要进行转换；

对得到的灰度图形进行正规化。在本课题的系统中，所有的图形将被重设尺寸到 $64 \times 64$ 像素；

将第二步得到的 $64 \times 64$ 像素的图形继续细分为 $8 \times 8$ 个子块，每个子块包含 $8 \times 8$ 个像素；

对每一个子块进行二维离散余弦变换（2D Discrete Cosine Transform，2DDCT），得到该子块对应的系数矩阵；

计算得到每个子块对应的系数矩阵的前 4 个子带的能量；

根据相邻子块系数矩阵的前 4 个子带的能量大小之间的比较，得到每一个子块对应的 4bit 描述符。将 $8 \times 8$ 个子块的相应 4bit 描述符进行拼接并得到最终的 256bit 图形描述符。

图形的颜色直方图特征是一种很常用的图形全局特征。该特征能够有效地抵御图形的翻转、旋转等对于像素点之间相对位置发生改变的变形。本课题采用 HSV 颜色空间上的颜色直方图作为图形全局特征的一种。HSV 即色相、饱和度、明度（英语：Hue, Saturation, Value）。相比于 RGB 颜色空间，它更类似于人类感觉颜色的方式，具有较强的感知度，而 R、G、B 这三种颜色分量的取值与所生成的颜色之间的联系并不直观。颜色直方图算法的主要步骤如下：

将输入图形转换为 HSV 三通道的彩色图形；

对 HSV 三通道图形每个像素点的 H、S、V 值进行直方图统计，H、S、V 各自分别对应 32 个 bin；

将 H、S、V 对应的 32 个 bin 拼接成 96 维的颜色直方图特征。

提取 SIFT（Scale-invariant feature transform，尺度不变特征转换）特征并使用 BOW（Bag of Words，词袋技术）对 SIFT 特征进行量化的结果作为局部图形特征。SIFT 特征是一种常用的图形局部特征，目前被广泛应用在图形识别、分析、检索的各个领域。SIFT 特征的提取算法如下：

构建尺度空间，检测极值点（见图 4-31）：

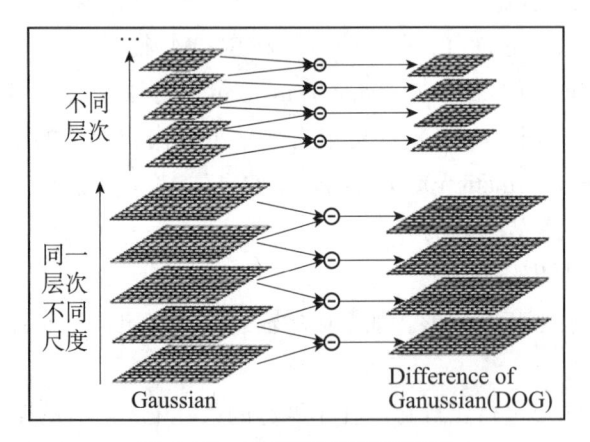

图 4-31　尺度空间构建示意图

对上述特征点进行过滤，并精确定位（见图 4-32）：

图 4-32　特征点过滤与定位示意图

计算当前特征点的方向（见图 4-33）：

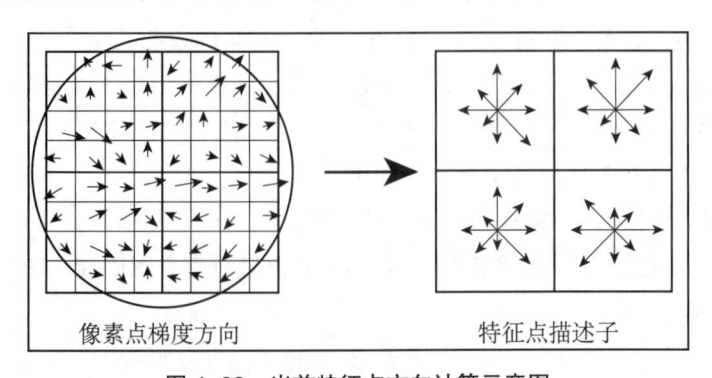

图 4-33　当前特征点方向计算示意图

根据特征点的方向计算特征描述子。以特征点为中心取 16×16 的邻域作为采样窗口，将采样点与特征点的相对方向通过高斯加权后归入包含 8 个 bin 的方向直方图，最后获得 128 维的特征描述子。

②基于深度学习的特征提取。

基于深度学习的特征采用基于 Inception-BN 的卷积神经网络。Inception-BN 通过对卷积神经网络每层的输入做归一化，对模型做归一化以及对每个训练的 batch 做归一化，从而加速卷积神经网络的训练速度与提升精度。每个网络中都有若干的卷积层（C）与采样层（S），每次卷积采样之后会产生上一层的特征，而维度会减小。网络结构如图 4-34 所示：

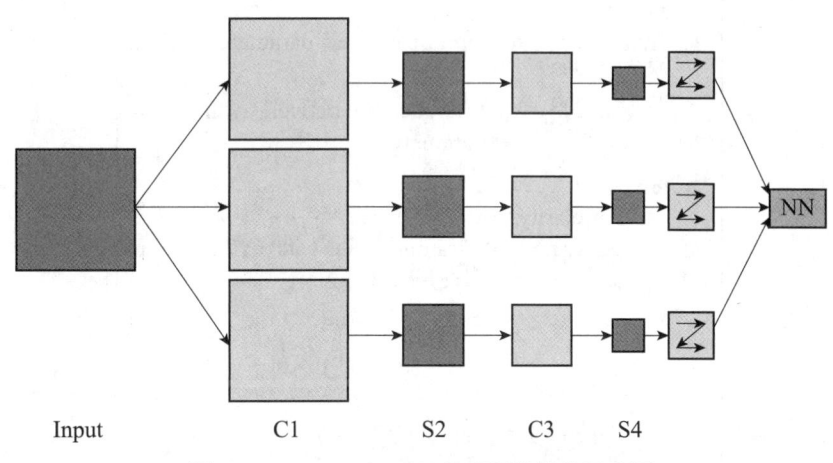

图 4-34 Inception-BN 神经网络结构示意图

在 Inception-BN 网络中，首先对每一层的输入都做归一化，随后再对 Batch 进行归一化，如图 4-35 算法所示：

**Input:** Values of $x$ over a mini-batch: $\mathcal{B} = \{x_{1...m}\}$;
Parameters to be learned: $\gamma, \beta$
**Output:** $\{y_i = \text{BN}_{\gamma,\beta}(x_i)\}$

$$\mu_\mathcal{B} \leftarrow \frac{1}{m}\sum_{i=1}^{m} x_i \quad \text{// mini-batch mean}$$

$$\sigma_\mathcal{B}^2 \leftarrow \frac{1}{m}\sum_{i=1}^{m}(x_i - \mu_\mathcal{B})^2 \quad \text{// mini-batch variance}$$

$$\widehat{x}_i \leftarrow \frac{x_i - \mu_\mathcal{B}}{\sqrt{\sigma_\mathcal{B}^2 + \epsilon}} \quad \text{// normalize}$$

$$y_i \leftarrow \gamma \widehat{x}_i + \beta \equiv \text{BN}_{\gamma,\beta}(x_i) \quad \text{// scale and shift}$$

图 4-35 算法一：网络归一化

其中，y 是向量 x 归一化之后得到的结果，其他的参数需要在每个 batch 上学习得到，整个网络的训练算法如图 4-36 所示：

```
Input: Network N with trainable parameters Θ;
    subset of activations {x^(k)}_{k=1}^K
Output: Batch-normalized network for inference, N_BN^inf
1:  N_BN^tr ← N    // Training BN network
2:  for k = 1...K do
3:      Add transformation y^(k) = BN_{γ^(k),β^(k)}(x^(k)) to
        N_BN^tr (Alg. 1)
4:      Modify each layer in N_BN^tr with input x^(k) to take
        y^(k) instead
5:  end for
6:  Train N_BN^tr to optimize the parameters Θ ∪
    {γ^(k), β^(k)}_{k=1}^K
7:  N_BN^inf ← N_BN^tr  // Inference BN network with frozen
                        // parameters
8:  for k = 1...K do
9:      // For clarity, x ≡ x^(k), γ ≡ γ^(k), μ_B ≡ μ_B^(k), etc.
10:     Process multiple training mini-batches B, each of
        size m, and average over them:
            E[x] ← E_B[μ_B]
            Var[x] ← (m/(m-1)) E_B[σ_B^2]
11:     In N_BN^inf, replace the transform y = BN_{γ,β}(x) with
        y = (γ/√(Var[x]+ε)) · x + (β − (γE[x])/√(Var[x]+ε))
12: end for
```

图 4-36 算法二：网络训练算法

最终得到的就是整个网络训练得到的最终结果，我们将这个算法应用在 CNN 上，在 ImageNet 上进行预训练，用训练好的神经网络进行视频帧特征提取。

（2）基于商标属性的特征索引

对于生成的商标图形局部特征，如 SIFT 将采用倒排索引算法对商标属性特征建立索引。

SIFT 特征因描述子过大，很难用于大规模的分析检索任务。我们采取了 BOW 量化的方法并进行了一定的改进以更好地适应商标图形的需要。

Bag of Words（以下简称 BOW）最初是文本检索的一个概念，在 CVPR2007 上，Li FeiFei 对该技术在图形匹配算法上进行了一个回顾，并在之后成为了一个研究的热点。Bag of Words 的主要思想是：将特征进行聚类（一般采用 Kmeans 方法），每一类用一个视觉单词（Visual Word）表示。用 BOW 对 SIFT 特征聚类之后，就可以通过比较两幅图形的"词频"来计算两幅图形的相似度。算法示意图如4-37：

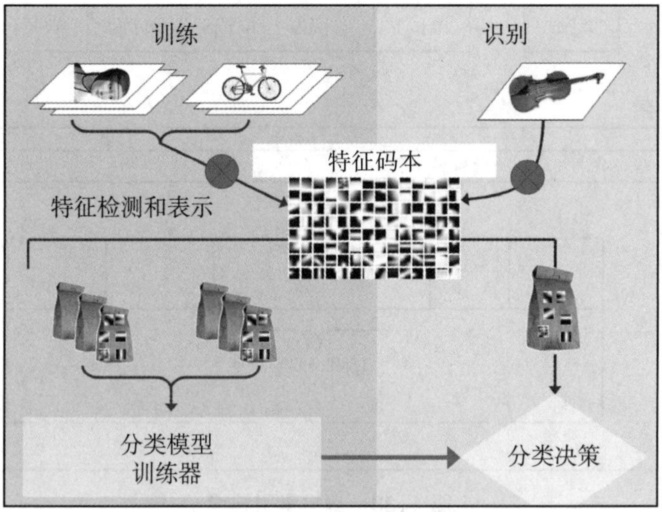

图 4-37　Bag of Words 算法示意图

具体实现上，有以下两步：

①聚类。针对训练集，通过 Kmeans 方法进行训练，得到特征码本。聚类过程为（设最终聚类数目为 k）：

a. 初始选取特征空间中的 k 个点作为初始的 k 个聚类中心；

b. 对特征空间中所有的点，找到距离它最近的聚类中心，将该点归入该类别；

c. 对于每一个类别，根据目前这个类别中所有的点重新计算聚类中心，得到迭代后的新的 k 个聚类中心；

d. 重复 b）和 c）直到 k 个中心点经过迭代不再变化，或者迭代到一定次数（比如 100 次），则终止。

这样就得到了 k 个经过多次迭代之后的聚类中心，并将它作为特征码本。

②通过码本计算当前特征对应的视觉单词。这一步就是计算待计算的特征值和所有 k 个码本中的向量的欧氏距离，用距离最近的视觉单词编号来表示该特征向量。

传统的 BOW 算法会忽略特征点的一些额外信息，比如特征点的尺度、主方向、在图片中的相对位置等，而这些信息对于图形检索也是很有帮助的。对此，我们优化了 BOW 算法，扩展了特征点对应的视觉单词编号，融入了特征点本身的尺度、主方向、相对位置等信息。

通过获取商标图形的特征点的 BOW 后，将采用倒排索引算法对 BOW 值进行索引操作，生成商标图形索引库，其实现示意图如 4-38：

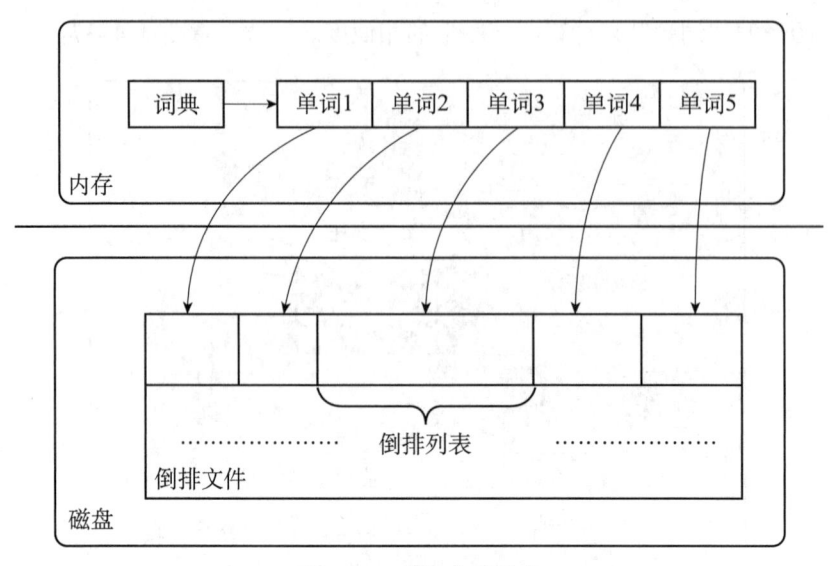

图 4-38 倒排索引技术

对于商标图形的全局特征和深度学习特征，将使用二进制方式表示，因此，对此类特征将采用二进制索引方式处理。

通过对商标图形的特征建立索引，在实际系统搜索过程中提供更快的搜索处理，特别是在图形数据不断增大的情况下，通过索引处理使得商标图形的可实用性成为可能。

（3）基于商标属性的匹配搜索

对于商标图形属性的匹配搜索，由于每个商标图形会提取多种图形特征数据，将采用多特征融合的方式进行匹配搜索。

本课题采用的多特征融合主要是结果层的融合。结果层融合是指构造几个相互独立的基本检测器（Basic Detector），每个检测器利用一种特征进行帧层次检索，并对检索结果进行时域投票，从而得到一个单独的拷贝检测结果，最后将几个检测器的结果融合成为最终的拷贝检测结果。目前很多拷贝检测方法使用这种融合机制，取得了比较明显的性能提升。

对于商标图形属性的匹配搜索，在特征融合前需要对每种特征独立进行特征检测，获取检测结果。

对于图形 DCT 全局特征的匹配，本课题采取特征间二进制汉明距离来衡量两幅图形分别对应的 DCT 特征的相似性。每一幅图形经过计算都会被表示成 256bit 的 DCT 特征，通过两个 256bit 的 DCT 特征间汉明距离的度量，得到这两个 DCT 特征的相似度，也即两幅图形的相似度。为了加快匹配速度，本课题采用了 SSE4（Streaming SIMD Extensions，流式单指令多数据扩展指令集）扩展指令集来快速计算两个 0—1 比特串之间的汉明距离，具体使用了 _mm_popcnt_u64 这个函数。

对于图形颜色直方图特征的匹配，本课题首先将图形的颜色量化到 96 个 bin 中，每个 bin 的取值范围都是 0—1，表示该图形的所有像素在不同 bin 中的分布概率。通过计算两个 96 个 bin 的交集，得到一个 0—1 之间的浮点数用于表示这两幅图之间的相似度。具体公式如下：

$$\text{Similarity}(A, B) = \sum_{i=1}^{96} \min(A[i], B[i])$$

其中，A、B 代表两幅图形的颜色直方图特征，A[i]、B[i] 分别表示 A、B 特征的第 i 维（1 ≤ i ≤ 96）。通过计算每一维的交，最终得到两个图形的相似度。

为了加快匹配速度，本课题采用了 SSE2 指令集来快速计算两个浮点向量的交，具体使用了 _mm_min_ps 这个函数。

对于图形 SIFT 局部特征的匹配，我们设计了倒排索引技术来加快 SIFT-BOW 的检索。假设 A、B、C 三张图片，A 图包含的特征点 Word ID 为（1，2，2，3），B 图包含的特征点 Word ID 为（1，2，3，3），C 图包含的特征点 Word ID 为（2，2），则倒排索引见下表：

表 4-2 图形倒排索引表

| Word ID | 图片和特征点对 |
| --- | --- |
| 1 | （A，1）（B，1） |
| 2 | （A，2）（B，1）（C，2） |
| 3 | （A，1）（B，2） |

现有 D 图包含特征点 Word ID（1，1，2，2），则只需要查询 Word ID 为 1、2 的表项对应的图片和特征点数目，从而加快计算 P（A ∩ B）的速度。

对于商标属性的深度学习特征，在匹配搜索过程中，为了更好地计算距离、提高性能，我们首先对于两组特征进行 L2 norm 归一化：

$$Y = \frac{x_i}{\text{norm}(x)}$$

$$\text{norm}(x) = \sqrt{x_1^2 + x_2^2 + \cdots + x_n^2}$$

然后，采用 POWER normalization 方法处理特征：

$$Y = \sqrt{x}$$

距离计算公式如下：

$$\text{Distance} = \sqrt{\sum (u_i - v_i)^2}$$

其中，U 和 V 分别为种子视频和待检测视频的特征向量。

对于上面多种特征，可以通过 TSSC 特征融合方式进行结果融合，总的匹配流程如下图 4-39 所示：

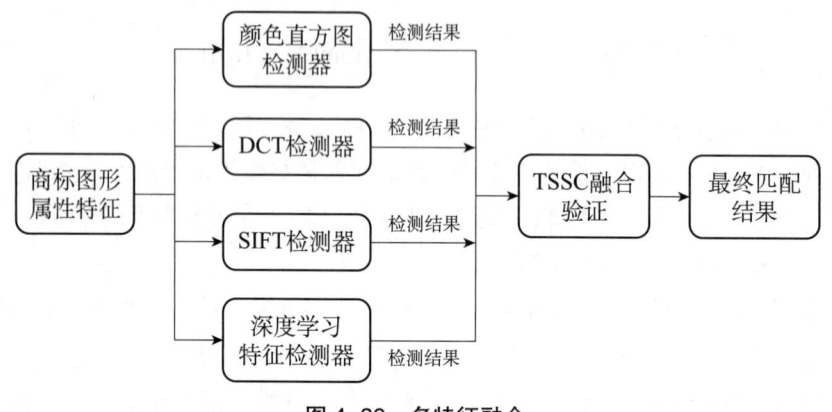

图 4-39 多特征融合

商标图形属性特征分别送入不同的检测器，每个检测器给出一个检测结果，然后所有的结果送入 TSSC 结果级联融合模块进行结果融合和验证，最终输出匹配结果。

8. 基于媒体指纹技术建立商标图形数字版权保护专有系统的可行性系统需求分析

基于媒体指纹技术的商标图形数字版权保护专有系统以商标图形特征值提取和相似性比对功能为核心，能够有效提取指定数字化商标图形的图纹信息（唯一、不变特征值），存入相应数据库，同时对于查询商标能够快速给出相似性检测结果。借助该系统，结合进一步的人工核查，有关机构及其工作人员根据用户需求，可以作出查询商标图形是否涉嫌复制、摹仿指定商标图形，是否涉嫌构成侵权、盗版等相应报告；在此基础上，为相关用户应否（能否）进行商标注册、是否（可否）考虑商标异议或打盗维权等提供参考依据和决策支撑。系统需求分析包括业务需求分析和功能需求分析两个方面。

（1）业务需求分析

系统管理员将现有的数字化商标图形文件输入到系统中，系统对所有输入的商标图形进行处理，提取指纹特征，建立索引，同时给管理员返回处理结果。

用户代表（以商标审查人员为典型）或系统运营机构等相关工作人员（系统管理员）向商标图形数字版权保护专有系统输入一个待审核的数字化商标图形文件，系统在已有的商标图形库中进行匹配，给出与输入商标相似的所有匹配结果，每个匹配结果给出相应的相似度值。用户代表（管理员）根据特定业务需要，针对相似度值设置一定的溢出率（比如75%以上），在系统查询出来的匹配结果中，通过人工作进一步核查比对，很快就能给出相应商标图形的判定结果。

其业务结构图如4-40：

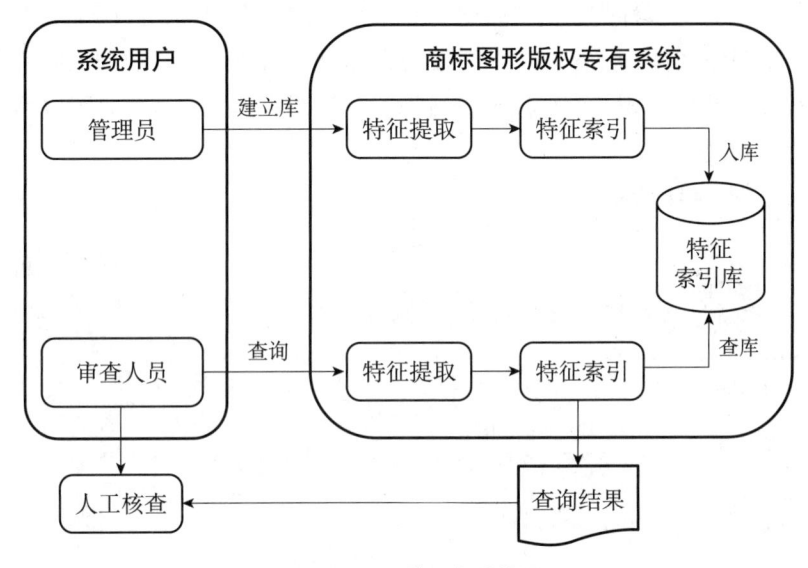

图 4-40 系统业务结构图

（2）功能需求分析

①商标图形指纹特征提取。

输入一个数字化的商标图形文件，系统自动提取其指纹特征，包括颜色特征、DCT特征、SIFT特征和基于深度学习的特征。每一个商标图形文件都能提取对应的指纹特征数据，不支持的文件类型将给出相应的提示信息。

②商标图形指纹特征索引。

对提取的商标图形特征进行索引，对于SIFT特征建立倒排索引库；对于颜色特征、DCT特征以及深度学习特征建立二进制索引。所有的倒排索引数据以文件形式存储，二进制索引可以存储为文件形式，也可以存储到数据库中。

③商标图形特征匹配。

对商标图形文件进行查询时，系统将查询商标提取的特征与系统特征库进行匹配，SIFT特征在倒排索引库中进行查询，颜色特征、DCT特征和深度学习特征在二进制索引库中进行匹配，并给出相应的匹配结果。

9. 技术可行性及初步实验验证

（1）技术的可行性

媒体指纹技术可用于图像文件的相似性比对，这点在媒体指纹技术人脸识别等相关应用中已经得到了充分证明，在版权工程研发过程中也已经得到了集成应用示范单位、第三方测试机构以及行业专家的认可。

目前，版权工程基于媒体指纹技术部署有媒体拷贝检测系统。该系统可对文本、音频、图像、视频等多种类型的文件进行相似度检测。在图像指纹匹配界面，只要输入 A、B 两个图像文件，点击"匹配"按钮，即可显示两个文件的相似度值。在本课题立项过程中，我们用相关商标图形进行检验，证明媒体指纹技术是可以用于商标图形的相似性比对的。

具体如下图 4-41 所示：

图 4-41　媒体拷贝检测系统截图

（2）实验验证

在本课题开展过程中，我们搜集较多的商标图形，就本课题系统设计构想，进行了专门的实验验证，主要如下。

①数据集的选择。

系统通过对两组商标数据，一组相似商标数据集，一组不相似商标数据集进行实验验证。

其中，相似商标数据集如下：

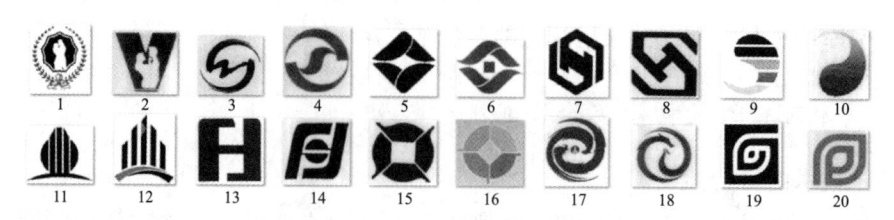

图 4-42　相似商标图形数据集

不相似商标数据集为：

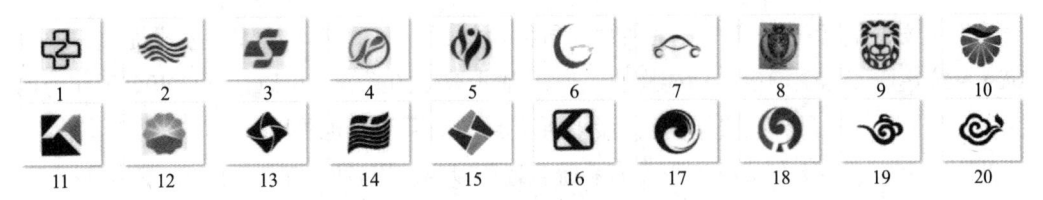

图 4-43　不相似商标图形数据集

②验证结果。

利用图形指纹技术对以上商标图形进行基础验证，我们进行了一下几组数组的测试。两张相似商标图形比对结果如图 4-44、图 4-45 所示：

形状相似，颜色一致，相似度值：0.86　　　　形状相似，颜色不一致，相似度：0.79

图 4-44　相似商标测试图组一　　　　图 4-45　相似商标测试图组二

两张不相似商标图形比对结果为图 4-46、图 4-47：

形状、颜色差异明显，相似度：0.69　　　　形状、颜色不相似，相似度：0.50

图 4-46　相似商标测试图组三　　　　图 4-47　相似商标测试图组四

从以上少量的商标图形测试数据看，通过基本的颜色直方图、DCT 等特征可以匹配计算相似度。从几个测试的结果看，相似的商标图形能得到较高的相似度值，而不相似的商标图形得到的相似度值明显较低。

通过目前少量的商标数据的测试情况看，依赖图形指纹技术是能够进行一定的商标图形匹配的。由于当前的测试是在少量的商标数据训练模型的基础上完成的，图形指纹特征算法还存在较大局限性，有很大的改进空间。如果能有更多的商标图形数据，商标图形指纹算法通过大量测试进一步调优，应该能够获取更好的效果。

## 10. 系统架构可行性分析

为了方便商标图形审查人员和管理员使用该系统，系统可以 Web 形式提供，通过 Web 系统集成商标图形指纹功能模块。通过提供 Web 的系统，可以让商标审查工作跨地区完成。另外，通过相互协作使用商标图形指纹专有系统，也可以进一步提高工作效率。而且，使用基于 Web 的商标图形专有系统，还可以为使用者的实际使用带来更多便捷。

商标图形版权专有系统基于 Web 的通用架构，系统主要包括用户界面呈现层、系统逻辑控制层、数据库层三大层次。总体如图 4-48 所示：

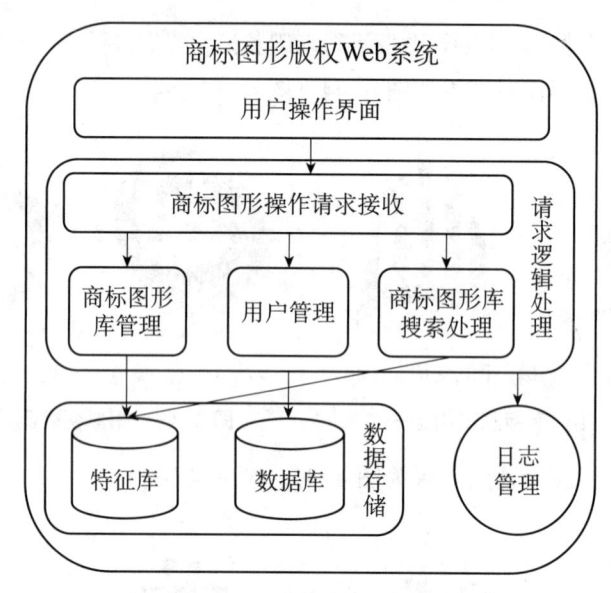

**图 4-48 系统 Web 结构图**

（1）用户界面呈现层

用户界面呈现层主要包括用户界面的操作，已经提交商标图形结果的展示。用户界面需要以友好性展示，操作简单，方便使用。

（2）系统逻辑控制层

系统逻辑控制层是该系统的核心，包含系统最核心的功能：用户管理功能、商标图形库的管理功能、商标图形库的搜索功能以及系统日志管理功能。

①用户管理。

用户管理功能包括对用户操作、用户角色和用户权限的管理：

A. 用户操作。包括用户注册、用户登录、用户维护（添加、修改和删除），找回密码等功能。

B. 用户角色。主要是给用户分配不同的角色，包括系统管理员、商标审核员等，不同的用户角色可以执行不同的系统功能。

C. 用户权限。不同的用户有不同的权限功能，根据不同的权限执行相应的功能。

② 商标图形库的管理。

商标图形库的管理主要是商标图形专有系统的基础商标数据，包括对商标图形库的建立与编辑。

A. 商标图形库的建立。基于图形指纹技术，集成图形指纹技术接口，利用图形分析技术分析商标图形的元素属性，对商标图形属性提取指纹特征，并存储到索引库，同时将商标图形的基本信息存储到数据库。

B. 商标图形库的编辑。商标图形库建立之后，系统管理员可以对已经录入的商标图形进行浏览编辑操作，包括修改和删除。

③ 商标图形库的搜索。

商标图形库的搜索功能主要是将商标图形提交到系统后台，通过商标图形特征库进行特征匹配，根据商标图形的属性特征获得特征匹配结果。商标图形库的搜索主要包括商标图形的搜索，商标图形结果复核。

A. 商标图形的搜索。商标图形的搜索功能是用户提交一个商标图形，系统利用商标图形指纹技术提取搜索商标的特征，再利用商标图形特征匹配技术在特征库中进行特征搜索，系统根据每种特征匹配的结果进行融合，将最终的结果返回给搜索用户。

B. 商标图形结果复核。商标图形结果复核功能主要是用户对搜索返回的结果进一步审核确认，并给出最终的审核结果。同时，在复核过程中，未被确认的商标图形结果可以进一步返回到系统中，作为后续对深度学习模型进一步改进的数据依据。

④ 系统日志管理。

日志管理主要是记录整个商标图形专有系统的操作痕迹，包括用户操作、商标图形指纹库操作、数据库操作，最主要是记录系统的核心记录点，包括重要事件的记录、系统错误日志记录等，为后续的系统统计、系统维护提供依据。

（3）系统数据库层

主要是关于系统核心的数据存储操作。数据库层主要包括商标图形特征库的存储操作，传统数据库的存储操作，如 Mysql、Oracle 等。商标图形特征以文件形式存在，所有的商标图形特征操作都围绕特征库完成，而所有的其他数据信息，包括用户信息、商标基表信息等都直接使用传统数据库完成。

11. 系统功能模块分析

（1）用户管理功能模块

用户管理是系统中基本的功能模块，管理整个系统的用户数据。该功能主要包括以下功能点（图 4-49）：

图 4-49 用户管理功能图

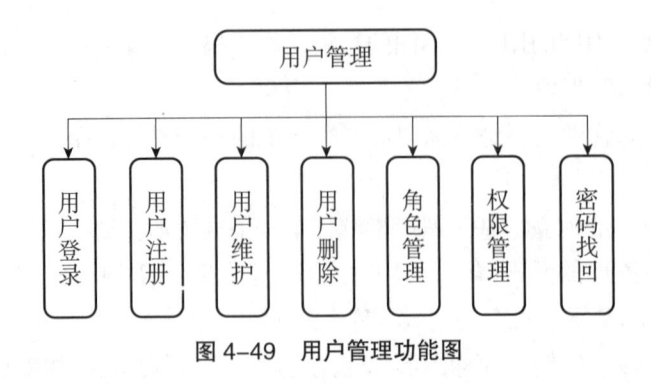

（2）特征提取模块

特征提取模块主要是对输入的商标图形进行属性分析，利用图形指纹技术提取商标属性的特征数据（图4-50）。该模块将在商标图形库建立和商标图形匹配过程中使用到。

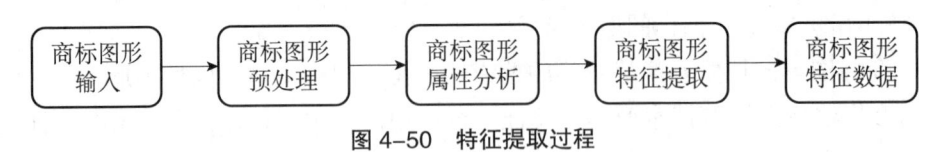

图 4-50 特征提取过程

（3）特征索引模块

特征索引模块主要是对系统中提取的商标图形特征进行索引操作，加快后续的特征匹配速度。特征索引模块只在商标图形特征库建立过程中有关联，主要是将提取模块生成的商标图形特征数据进行索引存储，商标图形局部特征使用倒排索引技术，全局特征使用二进制索引技术。

（4）特征匹配模块

特征匹配模块主要是在商标图形搜索过程中，用户输入查询商标，通过系统搜索，系统将返回搜索结果（图4-51）。

图 4-51 特征匹配过程

（5）数据管理模块

数据管理模块主要是管理系统的数据库以及商标图形特征库，数据管理模块作为系统的底层数据支撑模块（图4-52）。

（6）日志管理功能模块

日志管理功能模块主要是记录系统所有的操作日志和异常日志。日志管理功能是系统必备的功能模块。

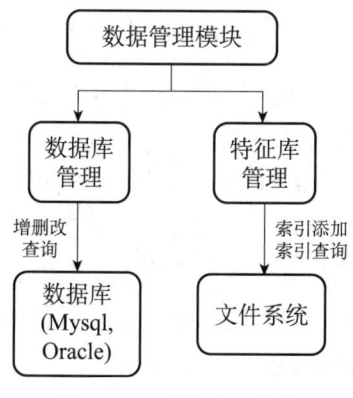

```
                数据管理模块
                  ↓    ↓
          数据库管理   特征库管理
            ↓增删改       ↓索引添加
             查询         索引查询
          数据库         文件系统
         (Mysql,
          Oracle)
```

图 4-52　数据管理模块

日志管理将以数据库日志存储和日志文件形式存在。数据库日志记录系统中的操作日志，方便系统数据的跟踪和信息统计。而文件日志形式主要记录系统的异常信息，异常信息方便系统维护人员跟踪错误信息，并根据错误信息修改系统 Bug，提高系统的稳定性。

### 12. 系统性能分析

根据商标图形的使用目标，商标图形数字版权保护专有系统需要满足以下性能要求。

（1）平均漏警率

平均漏警率是指在指定商标图形数据集上未检测出来的相似商标图形与数据集中已有的相似商标图形总数的比例。

商标图形数字版权保护专有系统的平均漏警率初步设定为：≤10%。

（2）平均虚警率

平均虚警率是指在指定商标图形数据集上不相似的商标图形被检测为相似商标数与系统数据集中总共的不相似商标数的比例。

商标图形数字版权保护专有系统的平均漏警率初步设定为：≤10%。

（3）平均搜索速度

平均搜索速度是指在一定的商标数据库集合中搜索一个检测商标，系统返回检测结果的时间。商标图形数字版权保护专有系统将设定在100万商标图形数据库集合中，搜索一个检测商标返回结果的时间将≤2秒。

（4）系统稳定性

对于商标图形数字版权保护专有系统，系统的稳定性是一个很重要的指标。系统的稳定性需要满足 7×24 小时的系统运行，并且对于一些系统异常能够自动处理。

### 13. 我国商标注册申请总体情况及发展趋势分析

商标图形数字版权保护专有系统以商标图形特征值提取和相似性比对为核心，可为商标行政管理与执法部门、司法审判机关、商标代理机构（含相关律师事务所）以及相关企事业单位、个人等商标图形核查、比对提供相应技术支撑。其潜在用户主要为商标行政管理与执法机关（商标局）以及广大的商标代理机构。鉴于商标注册数量总体不断攀升，商标代理市场也在快速繁荣发展，同时，数字网络条件下，商标侵权案件高发、易发，如能在短期内开发出一套切实可行的商标图形数字版权保护专有系统，其市场应用前景将是非常可观的。

商标注册申请情况及其发展趋势体现了特定国家（地区）的商业环境，反映了广大市场主体的商标观念，对于考察商标图形版权保护系统的市场应用前景具有重要意义。

整体而言，近年来，我国商标注册申请量年逾百万件，且每年在以数十万件的幅度增长（"十二五"期间，商标申请量平均每年以接近20%的速度在增长[①]）。据统计，2016年，我国商标注册申请量高达369.1万件，同比增长28.35%，连续15年位居世界第一，而且商标申请量持续快速上涨的趋势仍在延续。具体如图4-53所示：

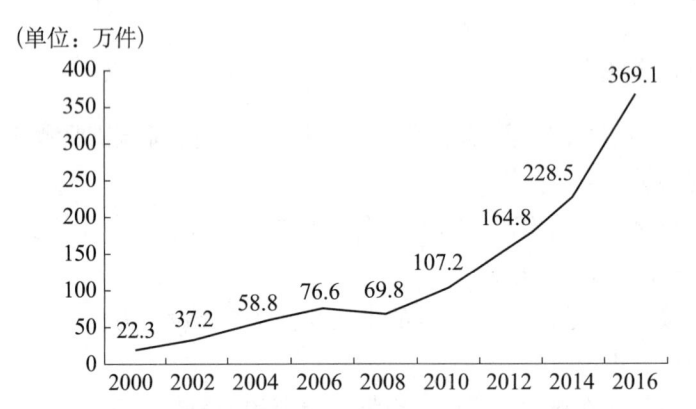

图4-53 2000年以来国家工商总局商标局受理的商标注册申请数量及变化图

数据来源：中国商标战略年度发展报告（2016）。

需要说明的是，我国商标注册申请量统计从1990年开始，包括国内注册、国际注册和马德里国际注册领土延伸三部分申请量数据。其中，绝大部分为国内申请量——2016年，国内申请352.68万件，占我国年度商标注册申请总量的95.54%；2015年269.92万件，占年度注册申请总量的93.85%。不过，随着我国经济发展水平的快速提升，以及相关市场秩序的日益完善，外国来华进行商标注册的数量也在快速增加，直接体现为国际注册申请量和马德里国际注册领土延伸申请量的迅速攀升：

---

[①] 新闻办就2016年中国知识产权发展状况举行发布会.中华人民共和国中央人民政府网站（http://www.gov.cn/xinwen/2017-04/25/content_5188752.htm#allcontent），2017-11-10.

1990年至2016年,相应商标注册申请量分别由4371件、2048件猛增到了112347件、52191件,基本上以年均翻番的速度陡增。详见图4-54:

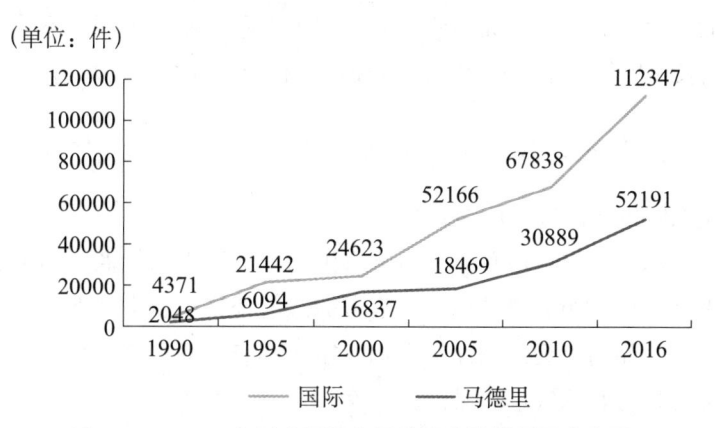

(单位:件)

图4-54 1990年以来国际与马德里申请数量及变化图

数据来源:中国商标战略年度发展报告(2016)。

从总量上看,截至2016年12月,我国商标累计申请量为2209.4万件,累计注册1450.9万件,有效注册1237.6万件。每万户市场主体的平均商标拥有量从2011年的1014件增加到了2016年的1422件,增幅为32.4%(图4-55)。目前,我国平均每7.1个市场主体就拥有一件有效商标。[①]

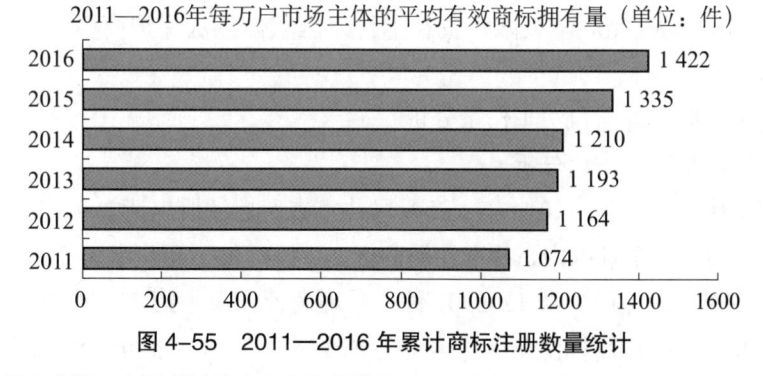

图4-55 2011—2016年累计商标注册数量统计

数据及图表来源:中国商标战略年度发展报告(2016)。

遗憾的是,由于种种因素,在历年有关商标注册申请的统计中,很少针对图形商标进行相应商标细类的单独统计。我们仅在一则新闻报道中看到一个有关图形商标的大致数据:截至2016年6月底,我国累计商标注册量1325.7万件,有效注册商标

---

① 中华人民共和国国家工商行政管理总局商标局,商标评审委员会.中国商标战略年度发展报告(2016).北京:中国工商出版社,2017:8—9.

1122.3万件，其中图形商标注册量约为600多万件。[①] 尽管该数据只是一个约数，但不难看出，我国图形商标注册量约占所有注册商标类型总量的"半壁江山"，其数量无疑是非常庞大的，而且由于图形商标所具有的直观形象、便于识别、不受语言限制等独特优势，其增长速度无疑是很快的，这也预示着相应软件系统良好的市场应用前景。

### 14. 商标行政管理与执法部门需求分析

（1）相关部门机构设置与职能划分

在我国，商标注册与管理总体上由国家工商行政管理总局商标局负责。其中，全国商标注册审查工作，相关特殊标志、官方标志的登记、备案和保护，由商标局统一负责。另外，商标局还负责依法保护商标专用权和查处商标侵权行为，以及处理商标争议事宜，进行驰名商标认定和保护，等等。

除商标局外，国家工商行政管理总局专设商标评审委员会，主要承担商标争议事宜的处置和裁决；另外，还设有商标审查协作中心（直属事业单位），主要接受商标局委托，承担除国际注册商标和商标异议审查之外的商标注册申请，商标变更、转让、续展、许可备案申请，以及没有正当理由连续三年不使用注册商标撤销申请的形式审查至初步审定公告前的实质审查工作，承担商标注册的部分程序性和服务性工作，此外还接受商标评审委员会委托，承担商标评审的有关辅助性工作和服务性工作。[②]

在地方层面，地方省级工商局有权进行本地著名商标的认定，省辖市工商局、区（县）工商（分）局按照职责权限负责在本行政区域内依法保护商标专用权和查处商标侵权行为。

（2）商标注册审查与执法工作量分析

①商标注册审查工作量分析。

从审查工作量上而言，2016年，商标局共审查商标注册申请2999519件，平均商标审查周期维持在9个月以内，核准注册商标2254945件，初步审定商标1792612件，驳回或部分驳回商标注册申请1206907件；受理商标异议申请57274件，审查商标异议案件48850件，办理商标注册事项申请198787件，注销、撤销注册商标39689件，核准登记特殊标志585件，审查马德里商标国际注册领土延伸申请64458件。[③]

②商标执法工作量分析。

2016年，全国商标行政管理与执法机构共立案查处商标行政违法案件3.2万件，案值4.5亿元，移送司法机关293件。结合当前数字网络应用环境，商标部门正在积

---

① 商标图形数据检索技术获突破.新华网（http://news.xinhuanet.cOm/tech/2016-10/20/c_1119752981.htm）.
② 参见国家工商行政管理总局网站（http://www.saic.gov.cn/）.
③ 中华人民共和国国家工商行政管理总局商标局，商标评审委员会.中国商标战略年度发展报告（2016）.北京：中国工商出版社，2017（1）：9—10.

极推动商标线上线下一体化监管。2016 年打击网络商标侵权专项行动期间，共检查相关网站、网店 191.8 万个次，责令整改网站、网店 1.95 万个次，查处网络商标违法案件 1.34 万件。[①] 相关统计中，尽管没有关于图形商标的专门统计，但可以想象，图形商标案件及其所涉及的商标图形比对、核查工作是大量的。

（3）相关业务需求分析

①相关技术基础。

尽管国家工商行政管理总局商标局 2005 年即已开通"中国商标网"面向社会公众提供商标注册信息网上查询服务，包括商标相同或近似信息查询服务[②]，但该网站只是按类别列示所选查询的商标信息，在"对比"功能选项，只能将所选商标并排列出，本身并不能给出明确的相同或近似比对结果（如图 4-56 所示），不能用于替代商标注册审查中的大量、繁重的人工审核比对工作。

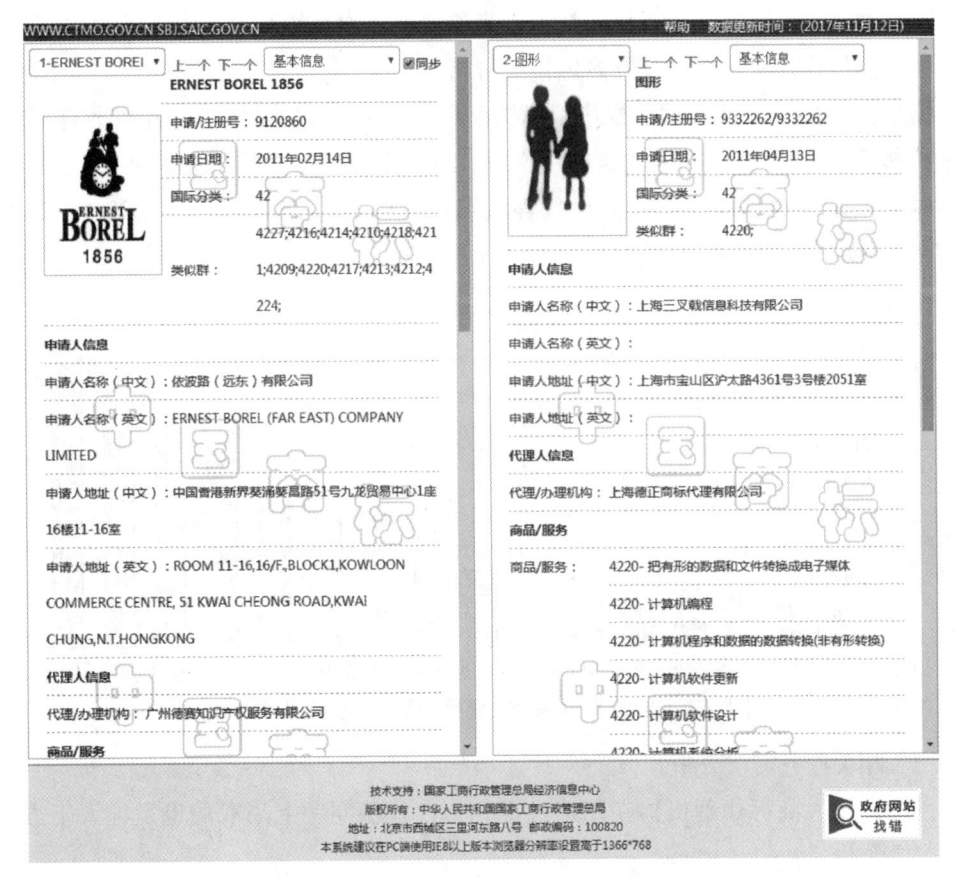

图 4-56 中国商标网商标查询比对实例截图

---

① 中华人民共和国国家工商行政管理总局商标局，商标评审委员会.中国商标战略年度发展报告（2016）.北京：中国工商出版社，2017：13—14.

② 李轶群.中国商标局开通商标注册信息网上查询系统.工商行政管理，2006（1）.

②相关业务需求。

当前,国家工商行政管理总局商标局在商标审查问题上面临巨大压力,一方面,人们生产生活节奏总体在日益加快,对商标注册审查行政效能的期盼越来越高;另一方面,由于我国商标申请量、商标注册量、有效商标的注册量[①]三项基础数据均在连年持续快速增长,面对越来越多的商标申请,需要比对、审核的基础数据量越来越大。本课题组 2016 年年底在商标局、2017 年 3 月在商标审查协作中心调研过程中了解到,商标局目前正在寻求各种技术系统支持,迫切希望能用相应的技术手段,来缓解和减轻商标注册管理人员大量、繁重的人工审核工作。

### 15. 商标注册代理机构需求分析

商标代理机构是商标图形数字版权保护专有系统的主要用户群。随着人们商标意识的不断增强,我国商标代理机构数量一直保持快速增长势头。

（1）商标代理机构数量及其发展情况分析

据统计,2002 年,我国商标代理机构仅有 147 家,此后,每年都在以数百家、上千家的幅度快速增加,并且增长幅度总体上在不断增大。截至 2016 年 12 月 31 日,在国家工商总局商标局备案的商标代理机构总数已多达 26635 家。[②] 2002—2016 年,年均增长速度在 8.5% 以上。具体如图 4-57 所示：

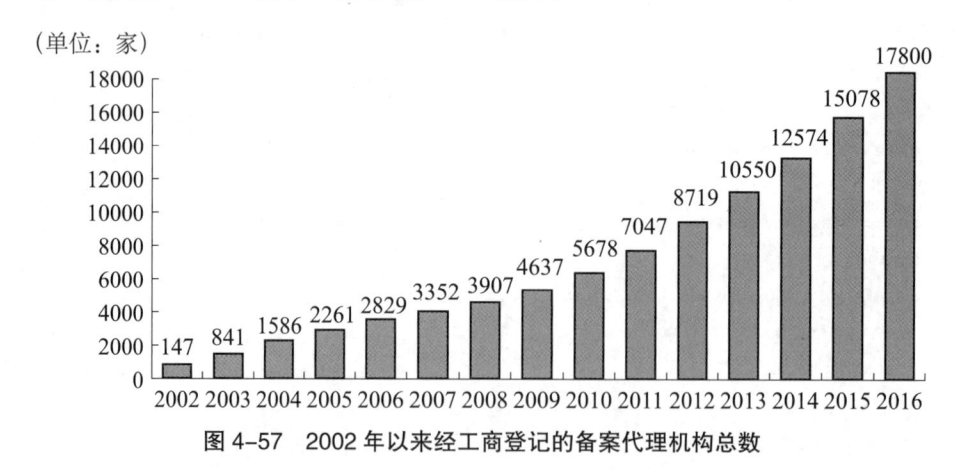

图 4-57　2002 年以来经工商登记的备案代理机构总数

（2）相关业务需求分析

目前,广大商标代理机构在图形商标相似性审核问题上采取的也是纯人工方式。

---

[①] 我国商标申请量、商标注册量、有效商标的注册量三项数据均连续 15 年位居世界第一。参见：新闻办就 2016 年中国知识产权发展状况举行发布会.中华人民共和国中央人民政府网站（http://www.gov.cn/xinwen/2017-04/25/content_5188752.htm#allContent）.

[②] 参见：中华人民共和国国家工商行政管理总局商标局,商标评审委员会.中国商标战略年度发展报告（2016）.北京：中国工商出版社,2017（1）：49—50.

用户提交过来的图形，能否被国家工商总局商标局核准注册为商标，商标代理机构工作人员也只是凭个人经验进行预判，一则缺乏客观性，二则预审核周期较长，需要花费较多的时间和精力。我们在北京东灵通知识产权服务有限公司调研中发现，商标代理机构也非常希望能有一套高效、可靠的商标比对分析系统，这与前述商标图形版权保护系统在功能上是非常契合的。

16. 其他单位需求分析

除商标行政管理与执法机构以及商标代理机构外，商标图形版权保护系统潜在用户还包括两大类：一是具有商标案件审判职能的各级人民法院；二是拟申请注册图形商标或已经持有有效图形商标的各种企事业单位。

（1）相关人民法院需求分析

除最高人民法院和各省高级人民法院外，还包括一些中级法院（含专门的知识产权法院）以及部分基层法院。据了解，截至 2016 年年底，经最高人民法院指定或者依法享有专利、植物新品种、集成电路布图设计、垄断和涉及驰名商标认定民事纠纷案件专门管辖权的中级人民法院共有 224 个。此外，最高人民法院还批准了 167 个基层人民法院管辖一般知识产权民事案件。[①]

总体上来说，法院作为司法审判机关，在裁处相应纠纷时，往往指定第三方鉴定机构来进行图形商标的相似性比对，本身并不是商标图形版权保护系统的直接用户。

（2）相关企事业单位需求分析

相关企事业单位申请注册图形商标或已经持有有效图形商标的数量会无疑越来越多。但是，除少数大中型企事业单位设有专门的知识产权管理机构，可能会在商标注册申请、商标（权）管理与维护过程中直接使用商标图形数字版权保护专有系统外，大多数企事业单位还会借助第三方社会服务机构——商标代理机构来开展商标注册维护等相应工作。

需要指出的是，随着商标权意识的不断增强，市场竞争的不断加剧，以及行业分工的不断细化，相关企事业单位利用商标图形版权保护专有系统的情况相应也会越来越多。例如，在单位 LOGO、产品标识设计阶段，基于未来可能会申请注册商标以及防止侵犯他人知识产权的角度，有必要提前进行相应 LOGO 及其他标识草案的核查与比对，发现其与正处于公告期的初步审定图形商标、有效注册图形商标、以及期满不再续展不满一年的图形商标等相同或相近似的，要及时对相关草案予以修正，以免给本单位将来的 LOGO 及其他标识的正常使用或商标注册带来隐患。此外，相关图形文案设计机构及其工作人员也应提前进行核查与比对，及时发现、及早排除相关隐患，

---

① 最高人民法院. 中国知识产权司法保护纲要（2016—2020）.

从而保证其设计图案的质量和效果。

另外，对于构成版权作品的商标图形，如前所述，相关企事业单位以及相应个人作为权利人，也可选择版权保护模式维护自身合法权益。在此过程中，同样可以利用该系统进行商标图形的特征提取、相似性比对和网络侵权判断与追踪等。

不过，设有专门机构的企事业单位数量、进行商标图形版权保护（包括行政投诉、法院起诉等）事例数量，以及相关机构与商标图形有关的业务量等均无从统计，其对商标图形数字版权保护专有系统的实际需求无法判定。总体上，尽管可以预言商标图形数字版权保护专有系统在作为最终用户的相关企事业单位中间的市场应用前景会越来越好，但目前尚不明朗，相关市场应用前景有待观察。

## （七）在国内外新兴阅读终端版权管理模式中的应用[①]

### 1. 概　述

网络通信的普及使得传统出版内容向数字化转变，并且在出版产业中占据巨大市场份额。新技术迅速发展带给人们便利的同时，数字化产品易于被篡改和规模化、廉价复制的特点以及互联网巨大的传播能力都给版权保护带来严重冲击。盗版工具的普及化，盗版传播的高速化，盗版危害的加速化，趋势日益严重，极大地破坏着数字出版产业的健康发展，数字版权保护显得尤为重要。数字版权保护的目标是最大限度地保护版权所有者的权益，同时保证用户能够访问、购买和使用具有合法版权的数字产品及内容。

从亚马逊的 Kindle 电子阅读器开始，电子阅读设备便成为数字出版产业最热门

---

① 本部分摘自中宣部"四个一批"课题：新兴阅读终端数字内容资源版权管理模式研究
　课题组负责人：张　立　中国新闻出版研究院
　课题组参加者：介　晶　中国新闻出版研究院工程研发中心
　　　　　　　　王　烨　中国新闻出版研究院工程研发中心
　　　　　　　　张凤杰　中国新闻出版研究院工程研发中心
　　　　　　　　栾京晶　中国新闻出版研究院工程研发中心
　　　　　　　　张从龙　中国新闻出版研究院工程研发中心
　　　　　　　　梁楠楠　中国新闻出版研究院工程研发中心
　　　　　　　　李晓京　中国新闻出版研究院工程研发中心
　　　　　　　　李大美　中国新闻出版研究院工程研发中心
　　　　　　　　李晓莲　中国新闻出版研究院工程研发中心
　　　　　　　　李大美　中国新闻出版研究院工程研发中心
　　　　　　　　陆希宇　中国新闻出版研究院工程研发中心
　　　　　　　　王　瑶　中国新闻出版研究院工程研发中心
　　　　　　　　周　琨　中国新闻出版研究院工程研发中心
　　　　　　　　熊秀鑫　中国新闻出版研究院工程研发中心
　　　　　　　　胡佳兴　中国新闻出版研究院工程研发中心

的词汇,亚马逊通过"内容+终端"的销售模式,打破了传统数字出版多年的格局,使得数字资源阅读成为最流行和发展势头最猛烈的一种消费模式。电子阅读器相比于传统的印刷书籍,其优点是环保、低碳、便携、能够容纳海量图书。另有移动互联网终端中的具有电子书功能的设备,如智能手机、平板电脑、智能手表。基于智能手机的便携性和普遍使用性,使其成为人们使用数字内容资源的主要途径之一。由于当前用户对移动办公和娱乐的需求进一步提升,使用平板电脑可以为用户带来不同于笔记本电脑的体验,用户更喜欢使用平板电脑进行阅读、听音乐、看视频。智能手表的出现晚于另外三种阅读终端,但其却具有更好的便携性,可以通过该种终端收听音乐。

在现今的移动时代,电子书阅读器、手机、平板电脑、智能手表成为人们随身携带的常用电子设备,于是使用此类设备进行阅读、听音乐、看视频变得极为普遍。随着海量数字内容在各类终端中传播,数字版权保护至关重要,数字出版产业的发展与数字版权保护密切相关,数字版权保护技术的应用贯穿数字内容从购买到终端展示的各个环节。

国外新兴的阅读终端方面,亚马逊 Kindle 是目前商业上最成功的电子书阅读器;微软公司为适应市场发展需要,也推出了自己的手机和平板电脑;苹果公司除手机和平板电脑外还推出了智能手表。这些设备作为阅读终端在全球被广泛使用。和亚马逊一样,现在国内几家主流的电子书运营商都推出了自家的硬件产品,以做到软硬结合,比如掌阅、京东以及当当等。腾讯旗下的 QQ 阅读也在 2017 年 6 月 19 日宣布了首款电子书阅读器。

为了解目前数字内容资源在新兴阅读终端中的版权管理状况,本节对各种不同的新兴阅读终端采用测试的方法,了解其版权管理模式,从而为数字出版中版权管理问题及对策研究提供参考。

本节将新兴阅读终端分为国外、国内两部分进行研究,希望可以通过这样的研究,了解国外、国内新兴阅读终端在实施数字内容资源版权管理方面的异同之处,以及国外、国内新兴阅读终端目前的发展状况。

对新兴阅读终端进行分类并举例如表 4-3 所示。

表 4-3 新兴阅读终端分类表

| 序号 | 国家 | 终端类型 | 设备名称 | 支持的数字内容资源类型<br>(文字/图片/音频/视频) |
|---|---|---|---|---|
| 1 | 美国 | 电子书阅读器 | 亚马逊 Kindle | 文字、图片 |
| 2 | 日本 | 电子书阅读器 | 索尼电子纸 | 文字、图片 |
| 3 | 韩国 | 电子书阅读器 | iRiver Story | 文字、图片、音频 |

续表

| 序号 | 国家 | 终端类型 | 设备名称 | 支持的数字内容资源类型（文字/图片/音频/视频） |
|---|---|---|---|---|
| 4 | 美国 | 手机 | 微软手机 | 文字、图片、音频、视频 |
| 5 | 美国 | 手机 | 苹果手机 | 文字、图片、音频、视频 |
| 6 | 日本 | 手机 | 索尼手机 | 文字、图片、音频、视频 |
| 7 | 韩国 | 手机 | 三星手机 | 文字、图片、音频、视频 |
| 8 | 美国 | 平板电脑 | 微软平板电脑 | 文字、图片、音频、视频 |
| 9 | 美国 | 平板电脑 | 苹果平板电脑 | 文字、图片、音频、视频 |
| 10 | 美国 | 平板电脑 | Kindle Fire | 文字、图片、音频、视频 |
| 11 | 韩国 | 平板电脑 | 三星平板电脑 | 文字、图片、音频、视频 |
| 12 | 美国 | 智能手表 | 苹果手表 | 音频 |
| 13 | 中国 | 电子书阅读器 | QQ阅读器 | 文字、图片、音频 |
| 14 | 中国 | 电子书阅读器 | 京东JDRead | 文字、图片 |
| 15 | 中国 | 电子书阅读器 | 国文当当阅读器 | 文字、图片 |
| 16 | 中国 | 电子书阅读器 | 掌阅iReader | 文字、图片 |
| 17 | 中国 | 电子书阅读器 | 汉王电纸书 | 文字、图片 |
| 18 | 中国 | 手机 | 华为手机 | 文字、图片、音频、视频 |
| 19 | 中国 | 手机 | 联想手机 | 文字、图片、音频、视频 |
| 20 | 中国 | 手机 | 小米手机 | 文字、图片、音频、视频 |
| 21 | 中国 | 平板电脑 | 华为平板电脑 | 文字、图片、音频、视频 |
| 22 | 中国 | 平板电脑 | 联想平板电脑 | 文字、图片、音频、视频 |
| 23 | 中国 | 平板电脑 | 小米平板电脑 | 文字、图片、音频、视频 |

从上表中选取有代表性的终端，作为本课题的测试设备，选取原则为：

①国外、国内的每类阅读终端均需有一个设备作为代表；

②有不同的操作系统；

③目前被广泛使用；

④容易获取。

综合考虑以上测试设备选取原则，形成用于本课题测试的阅读终端，如表4-4所示。

表 4-4 选取用于测试的阅读终端

| 序号 | 国内/国外 | 终端类型 | 设备名称 | 选取原因 |
|---|---|---|---|---|
| 1 | 国外 | 电子书阅读器 | 亚马逊 Kindle | 国外，电子书阅读器 |
| 2 | 国外 | 手机 | 微软手机 | 国外，手机，Windows10 Mobile |
| 3 | 国外 | 手机 | 苹果手机 | 国外，手机，iOS |
| 4 | 国外 | 手机 | 三星手机 | 国外，手机，Android |
| 5 | 国外 | 平板电脑 | 微软平板电脑 | 国外，平板电脑，Windows10 |
| 6 | 国外 | 平板电脑 | 苹果平板电脑 | 国外，平板电脑，iOS |
| 7 | 国外 | 平板电脑 | 三星平板电脑 | 国外，平板电脑，Android |
| 8 | 国外 | 智能手表 | 苹果手表 | 国外，智能手表，WatchOS |
| 9 | 国内 | 电子书阅读器 | QQ 阅读器 | 国内，电子书阅读器，Android |
| 10 | 国内 | 手机 | 小米手机 | 国内，手机，Android |
| 11 | 国内 | 平板电脑 | 华为平板电脑 | 国内，平板电脑，Android |

本节测试所使用的应用软件，根据数字内容资源涉及文字、图片、音频、视频这几种类型，测试时需全面覆盖各种资源类型，故而从当前较为常用的数字内容资源应用软件中，选取各个分类的一个具有代表性的应用，用于本课题的研究。由于互联网业务的多样化发展，一款应用软件可能涵盖多种商业需求，本节仅选取其最主要的业务做研究，例如爱奇艺，包含视频、游戏、文学等业务，本节只对其视频资源的版权管理情况做测试和研究。当前较为常用的数字内容资源应用软件如表 4-5 所示，从中选取 Kindle 阅读软件、QQ 音乐、爱奇艺、优酷用于本节研究。

表 4-5 常用的数字内容资源应用软件

| 序号 | 应用软件名称 | 应用软件侧重的业务类型（文字/图片/音频/视频） |
|---|---|---|
| 1 | Kindle 阅读软件 | 文字、图片 |
| 2 | QQ 阅读 | 文字、图片、音频 |
| 3 | QQ 音乐 | 音频 |
| 4 | 酷我音乐 | 音频 |
| 5 | 酷狗音乐 | 音频 |
| 6 | 网易云音乐 | 音频 |
| 7 | 虾米音乐 | 音频 |
| 8 | 喜马拉雅 | 音频 |
| 9 | 爱奇艺 | 视频 |
| 10 | 优酷 | 视频 |
| 11 | 腾讯视频 | 视频 |
| 12 | 搜狐视频 | 视频 |
| 13 | 乐视视频 | 视频 |

## 2. 亚马逊电子书客户端数字内容资源版权管理模式研究

（1）亚马逊电子书客户端

Amazon Kindle 是由 Amazon 设计和销售的电子书阅读器（以及软件平台）。第一代 Kindle 于 2007 年 11 月 19 日发布，用户可以通过无线网络使用 Amazon Kindle 购买、下载和阅读电子书、报纸、杂志、博客及其他电子媒体。[①]

由 Amazon 旗下 Lab126 所开发的 Kindle 硬件平台，最早只有一种设备，现在已经发展为一个系列，大部分使用 EInk 十六级灰度电子纸显示技术，能在最小化电源消耗的情况下提供类似纸张的阅读体验。目前有八种版本的电子书阅读器，分别为"Kindle""Kindle Keyboard""Kindle Touch""Kindle DX""Kindle Fire""Kindle Oasis""Kindle Paperwhite"和"kindle voyage"。Kindle 应用程序现在可以在 Windows、iOS、BlackBerry OS、Windows Phone、OS X 和 Android 等平台上运行。

Amazon 是全球第一大网络书店，借助其丰富的资源，Kindle 在电子书销售市场具有强大竞争力且占有较大份额。因此，需要对 Kindle 设备进行研究分析，了解其版权管理的情况。

对格式的支持情况：支持 Kindle Format8（AZW3），Kindle（AZW），TXT，PDF，MOBI，PRC 原格式，HTML，DOC，DOCX，JPEG，GIF，PNG，BMP 转换格式。[②]

数字出版中版权管理问题及对策研究课题以"亚马逊 Kindle Oasis 电子书阅读器"一部为工具，对亚马逊电子书客户端数字内容资源管理与销售过程中的版权管理情况进行研究。设备情况如表 4-6 所示：

表 4-6　亚马逊 Kindle Oasis 电子书阅读器设备详情表

| 设备名称 | 亚马逊 Kindle 电子书阅读器 |
| --- | --- |
| 设备型号 | Kindle Oasis |
| 设备采购时间 | 2016 年 9 月 |
| 设备所属项目/课题 | 数字出版中版权管理问题及对策研究 |

（2）数字内容资源管理与销售过程中的版权管理情况

①业务模式分析。

使用 Kindle 电子书阅读器阅读数字内容资源，需要将资源下载到 Kindle 中。使

---

[①] https://baike.baidu.com/item/Kindle/10724509?fr=aladdin
[②] https://www.amazon.cn/dp/B06XDRH7LZ/ref=sr_1_1?s=digital-text&ie=UTF8&qid=1551693930&sr=1-1&keywords=kindle+oasis

用 Kindle 阅读器可以阅读亚马逊电子书库提供的付费/免费资源，也可以将用户自有的文本资源导入到 Kindle 中进行阅读。由于亚马逊只对其所销售的数字内容资源进行版权保护，所以下面仅对亚马逊电子书库资源的管理与销售业务模式进行分析。

用户可以通过三种方式从亚马逊购买电子书：

a. 使用浏览器登录亚马逊网站，并在网站上直接购买电子书；

b. 使用任意客户端的 Kindle 阅读软件，均可在其电子书销售界面选购电子书；

c. 通过 Kindle 阅读器中的"Kindle 商店"购买电子书。

将电子书传输到 Kindle 阅读器，可以通过三种方式：

a. 亚马逊 Kindle 电子书商店下载；

b. 亚马逊 Kindle 个人文档服务；

c.USB 数据线传输。

②测试过程。

Kindle 阅读器仅支持资源下载后阅读的方式，而不支持在线阅览的方式，包括试读的过程，也需要将资源下载到 Kindle 阅读器中后方可阅读。用户将电子书下载到设备中的几种方法，其过程如下：

A. 亚马逊 Kindle 电子书商店。

在亚马逊官方网站或 Kindle 设备内置的"Kindle 商店"找到想要购买的电子书，购买后电子书就会存放到账号下"我的内容"之中，同时同步到绑定了购买此电子书账号的 Kindle 设备中。这是最主要的电子书获取渠道。

B. 亚马逊 Kindle 个人文档服务。

首先需要使用账号登录亚马逊官方网站，在"管理我的设备和内容"中设置添加允许推送文件的邮箱地址。以邮箱附件的形式把文档、电子书、图片等服务器所允许格式的文件发送到"Kindle 个人文档服务"所提供的一个邮箱地址（以 @kindle.cn，@kindle.com 等为后缀）。文件发送成功后，亚马逊的 Kindle 个人文档服务器会对其进行处理，将其转换成适合 Kindle 设备阅读的标准的 Kindle 电子书格式，最后存储到账号下"我的内容"中的"个人文档"里，同时也会自动同步到绑定此账号的 Kindle 设备中。

C. USB 数据线传输。

首先，通过 USB 数据线把电子书文件拷贝到 Kindle 中。由于使用邮箱推送电子书存在一定的限制，比如不支持 AZW3 格式、亚马逊 Kindle 个人文档服务器和邮箱附件最大只支持 50MB。若有某些图片比较多的电子书，其文件较大，则只能通过 USB 拷贝到 Kindle 中。从一个亚马逊账户下购买电子书并下载到电脑上，再将该电子书传到在另外一个亚马逊账户上注册的 Kindle 设备上，在设备上会显示该电子书，但当点击该电子书要阅读时，设备上显示："无法打开此内容，因为其许可归其他用户所有。请删除该内容并从云端重新下载，或者从 Kindle 商店购买。"

D. 数字内容资源版权管理模式分析。

Kindle 用户可以使用多台设备或者是 APP 注册到亚马逊账户下。从"亚马逊 Kindle 电子书商店"中购买的电子书，可以使用正版电子书服务以及 Kindle 设备的特性，比如免费的电子书内容纠错后的更新，还有标注、书签和笔记的同步、热门标注、单词提示、X-Ray 等很方便的云端服务。从 Kindle 电子书商店上购买的电子书下载到设备中是 .azw 格式文件，亚马逊已对其施加了版权保护措施。

对于亚马逊提供的 Kindle 个人文档服务、USB 数据线传输这两种数据传输形式，使得用户可以方便地存取并阅读个人文本，提供了较好的用户体验，但是由于其并非如同 Kindle 电子书店所销售的图书具有明确版权，所以 Kindle 并不会对这些文本进行保护。

Kindle 支持多种文本及图片格式，它采取数字证书并使用特定格式的方式对 Kindle 授权资源进行有效保护。数字内容资源版权的有效保护，是当前亚马逊电子书业务得以稳步发展的重要前提和基础。

### 3. 微软手机客户端数字内容资源版权管理模式研究

（1）微软手机客户端

Windows Phone 是微软于 2010 年 10 月正式发布的一款手机操作系统，它基于 Windows CE 内核，采用了一种称为 Metro 的用户界面（UI），并将微软旗下的 Xbox Live 游戏、Xbox Music 音乐与独特的视频体验集成至手机中。[1]Windows Phone 于 2015 年被 Windows 10 Mobile 取代。Windows 10 Mobile 是微软首次将 PC、平板电脑和手机操作系统统一到一个操作系统中。因此，手机上的 Windows 10 与其桌面版本共享许多相同的功能，包括相同的内核、UI 元素、菜单、设置、Cortana 等。[2]

目前市面上的微软手机搭载 Windows 10 Mobile 操作系统，作为微软整体战略的重要一部分，投入了大量的人力与物力进行研发。通过微软公司的行业地位、技术及资源，微软手机也是手机界的重要一份子。因此，需要对微软手机设备进行研究分析，了解其版权管理的情况。

对格式的支持情况：支持 TXT、MP3、JPG、WAV、WMA、MP4、AVI 等格式，安装使用相应应用软件可实现对多种格式的支持。

数字出版中版权管理问题及对策研究课题以"微软 Lumia 950 XL"一部为工具，对微软手机客户端数字内容资源管理与销售过程中的版权管理情况进行研究。设备情

---

[1] https://baike.baidu.com/item/Windows%20Phone/9227600?fromtitle=windowsphone&fromid=11234211&fr=aladdin
[2] https://www.windowscentral.com/windows-10-mobile

况如表 4-7 所示：

表 4-7　微软 Lumia 950 XL 设备详情表

| 设备名称 | 微软手机 |
|---|---|
| 设备型号 | Lumia 950 XL |
| 设备采购时间 | 2016 年 9 月 |
| 设备所属项目/课题 | 数字出版中版权管理问题及对策研究 |

（2）微软手机客户端数字内容资源管理与销售过程

对于微软手机，通过设备自带部分软件可以获取微软商店中的相应数字内容资源；同时，也可通过安装客户端软件下载数字内容资源。另外，设备硬件和操作系统的情况也对数字内容资源保护产生一定影响。因此，可以将微软手机客户端数字内容资源的保护分为设备自有软硬件对资源的保护以及客户端软件对资源的保护。由于操作系统权限开放情况不同可能导致软件在不同平台上采取不同的版权保护手段。这里对几个较有代表性的文字、音频、视频应用软件在微软手机上的数字内容资源管理与销售过程进行研究。

① Kindle 客户端。

A. 业务模式分析：

使用 Kindle 阅读软件阅读数字内容资源，需要将资源下载到阅读终端。使用 Kindle 阅读软件可以阅读亚马逊电子书库提供的付费/免费资源，也可以将用户自有的文本资源导入到 Kindle 中进行阅读。由于亚马逊只对其所销售的数字内容资源进行版权保护，所以下面仅对亚马逊电子书库资源的管理与销售业务模式进行分析。

用户可以通过三种方式从亚马逊购买电子书：

a. 使用浏览器登录亚马逊网站，并在网站上直接购买电子书；

b. 使用任意客户端的 Kindle 阅读软件，均可在其电子书销售界面选购电子书；

c. 通过 Kindle 阅读器中的"Kindle 商店"购买电子书。

微软手机客户端 Kindle 阅读软件可以通过三种方式下载电子书：

a. 亚马逊 Kindle 电子书商店下载；

b. 亚马逊 Kindle 个人文档服务；

c. USB 数据线传输。

B. 测试过程：

用亚马逊账户登录 Kindle 阅读软件，从 Kindle 商店中购买电子书。下面想要验证一下当退出登录后是否可以看之前下载的资源内容。由于本设备已经注册到了一个亚马逊账户上（在客户端上可查到相关注册信息"本设备及从 Kindle 商店购买的所有内容都注册给下面所示的用户"——"用户：XXXX@XXXX.com"），所以首先需要将本设备从该账户中注销，注销后再次打开Kindle客户端，提示"Kindle已从Amazon.cn的'管理我的Kindle'页注销"，"请先注册您的设备以打开此内容"。所以想要阅读通过某一亚马逊账户购买的数字内容资源，仍需要使用该账户进行登录。Kindle阅读软件通过验证账户信息的方式，实现对数字内容资源的保护目的。

②QQ音乐。

A. 业务模式分析：

使用QQ音乐可以在线收听和下载音乐。音乐的品质分为标准品质、HQ高品质、SQ无损品质，音乐文件品质越好其文件越大。非会员可以收听标准品质的音乐，而HQ高品质、SQ无损品质只有会员可以收听。音乐分为非会员音乐和会员音乐，其中会员音乐仅限会员收听。如果用户想要下载音乐则必须加入会员，有些音乐的下载还需要进行付费操作。

B. 测试过程：

对于在线收听音乐的过程，暂不涉及数字版权保护的需求。需要采取数字版权保护措施的主要是音乐的下载过程。而只要歌曲下载到了手机的文件夹里面，就可以通过扫描搜索本地歌曲进行收听。对于在会员期内下载的歌曲，在会员期过后，将不能继续收听本地歌曲，通过控制授权期限，对音乐资源进行版权保护。

③爱奇艺。

A. 业务模式分析：

爱奇艺视频内容资源，分为非会员资源和会员资源，其中会员资源仅限会员观看。同时，会员可以下载视频，但是有的部分由于版权限制，不能够下载。

B. 测试过程：

使用爱奇艺手机客户端观看视频，其视频上均加有水印，水印为爱奇艺的标识加文字；水印位置在视频右上方。而使用爱奇艺手机客户端下载视频资源，格式为f4v，仅可以使用爱奇艺播放器播放。这种是采取了使用专用播放器的方式对数字内容资源进行版权保护。

④优酷。

A. 业务模式分析：

优酷视频内容资源分为非会员资源和会员资源，其中会员资源仅限会员观看。同时，会员可以下载视频，但是有的部分由于版权限制，不能够下载。视频存在较细的版权限制，对于播放平台提出了限制，例如有的视频仅可在手机客户端上播放，而不可在PC或平板电脑上播放。

B. 测试过程：

使用优酷手机客户端观看视频，其视频上均加有水印，水印为优酷标识；水印位置在视频右上方。优酷手机客户端所缓存的视频格式为 youku.m3u8，无法进行转码移出，只能放至优酷手机客户端内播放。这样的处理，使得数字内容资源不会有大范围传播，对保护资源版权起到了很好的效果。

（3）数字内容资源版权管理模式分析

由于微软操作系统在全球范围占有极大的市场份额，出于商业考虑，微软设备对资源的支持很具灵活性，但同时，它也有相应的版权保护技术方案作为业务支撑。各客户端软件的版权保护方式诸如验证账户信息、业务规则限制、限制转码移出等，对数字内容资源都做到了较为有效的保护。

4. 微软平板电脑客户端数字内容资源版权管理模式研究

（1）微软平板电脑客户端

Microsoft Surface 是一个由微软开发的第一款平板电脑，结合硬件与软件的新技术，用户可以直接用手或声音对屏幕作出指令，触摸其他外在物理物来和电脑进行交互，无需依赖鼠标与键盘。Surface Pro 4 运行完整的 Windows 10 操作系统，几乎能够兼容所有 Windows 应用软件，更可同时运行 Windows 应用程序和 Microsoft office 等桌面软件。由于当前用户对移动办公和娱乐的需求进一步提升，使用平板电脑可以为用户带来不同于笔记本电脑的体验，用户更喜欢使用平板电脑进行阅读、听音乐、看视频。而 Microsoft Surface 作为微软推出的第一款平板电脑，具有一定的行业地位，且具有丰富的用户基础。因此，需要对 Surface 设备进行研究分析，了解其版权管理的情况。

对格式的支持情况：支持 TXT、MP3、JPG、WAV、WMA、MP4、AVI 等格式，安装使用相应应用软件可实现对多种格式的支持。

数字出版中版权管理问题及对策研究课题以"微软（Microsoft）Surface Pro 4 平板电脑"一部为工具，对微软平板电脑客户端数字内容资源管理与销售过程中的版权管理情况进行研究。设备情况如表 4-8 所示：

表 4-8　微软 Surface Pro 4 平板电脑设备详情表

| 设备名称 | 微软平板电脑 |
| --- | --- |
| 设备型号 | Microsoft Surface Pro 4 |
| 设备采购时间 | 2016 年 9 月 |
| 设备所属项目/课题 | 数字出版中版权管理问题及对策研究 |

（2）数字内容资源管理与销售过程中的版权管理情况

对于微软平板电脑，通过设备自带部分软件可以获取微软商店中的相应数字内容资源；同时，也可通过安装客户端软件下载数字内容资源。另外，设备硬件和操作系统的情况也对数字内容资源保护产生一定影响。因此，可以将微软平板电脑客户端数字内容资源的保护分为设备自有软硬件对资源的保护以及客户端软件对资源的保护。由于操作系统权限开放情况不同，可能导致软件在不同平台上采取不同的版权保护手段。这里对几个较有代表性的文字、音频、视频应用软件在微软平板电脑上的数字内容资源管理与销售过程进行研究。

① Kindle 客户端。

A. 业务模式分析：

使用 Kindle 阅读软件阅读数字内容资源，需要将资源下载到阅读终端。使用 Kindle 阅读软件可以阅读亚马逊电子书库提供的付费/免费资源，也可以将用户自有的文本资源导入到 Kindle 中进行阅读。由于亚马逊只对其所销售的数字内容资源进行版权保护，所以下面仅对亚马逊电子书库资源的管理与销售业务模式进行分析。

用户可以通过三种方式从亚马逊购买电子书：

a. 使用浏览器登录亚马逊网站，并在网站上直接购买电子书；

b. 使用任意客户端的 Kindle 阅读软件，均可在其电子书销售界面选购电子书；

c. 通过 Kindle 阅读器中的"Kindle 商店"购买电子书。

微软手机客户端 Kindle 阅读软件可以通过三种方式下载电子书：

a. 亚马逊 Kindle 电子书商店下载；

b. 亚马逊 Kindle 个人文档服务；

c. USB 数据线传输。

B. 测试过程：

用亚马逊账户登录 Kindle 阅读软件，从 Kindle 商店中购买电子书。下面想要验证一下当退出登录后是否可以看之前下载的资源内容。由于本设备已经注册到了一个亚马逊账户上（在客户端上可查到相关注册信息"本设备及从 Kindle 商店购买的所有内容都注册给下面所示的用户"——"用户：XXXX@XXXX.com"），所以首先需要将本设备从该账户中注销，注销后再次打开 Kindle 客户端，提示"Kindle 已从 Amazon.cn 的'管理我的 Kindle'页注销"，"请先注册您的设备以打开此内容"。所以想要阅读通过某一亚马逊账户购买的数字内容资源，仍需要使用该账户进行登录。Kindle 阅读软件通过验证账户信息的方式，实现对数字内容资源的保护目的。

② QQ 音乐。

A. 业务模式分析：

使用 QQ 音乐可以在线收听和下载音乐。音乐的品质分为标准品质、HQ 高品质、SQ 无损品质，音乐文件品质越好其文件越大。非会员可以收听标准品质的音乐，而 HQ 高品质、SQ 无损品质只有会员可以收听。音乐分为非会员音乐和会员音乐，其中会员音乐仅限会员收听。如果用户想要下载音乐则必须加入会员，有些音乐的下载还需要进行付费操作。

B. 测试过程：

对于在线收听音乐的过程，暂不涉及数字版权保护的需求。需要采取数字版权保护措施的主要是音乐的下载过程。而只要歌曲下载到了平板电脑的文件夹里面，就可以通过扫描搜索本地歌曲进行收听。对于在会员期内下载的歌曲，在会员期过后，将不能继续收听本地歌曲，通过控制授权期限，对音乐资源进行版权保护。

③爱奇艺。

A. 业务模式分析：

爱奇艺视频内容资源，分为非会员资源和会员资源，其中会员资源仅限会员观看。同时，会员可以下载视频，但是有的部分由于版权限制，不能够下载。

B. 测试过程：

使用爱奇艺应用软件观看视频，其视频上均加有明水印，水印为爱奇艺的标识，或是标识加文字；水印位置会隔一段时间在右上方和右下方之间做变换。使用爱奇艺客户端下载视频资源，格式为 QSV，该文件格式是爱奇艺视频内容特有的视频文件格式，仅可用爱奇艺客户端进行播放，不能用其他客户端进行播放。这是采用了加密封装成特有格式、需使用专用播放器的方式对数字内容资源进行版权保护。

④优酷。

A. 业务模式分析：

优酷视频内容资源分为非会员资源和会员资源，其中会员资源仅限会员观看。同时，会员可以下载视频，但是有的部分由于版权限制，不能够下载。视频存在较细的版权限制，对于播放平台提出了限制，例如有的视频仅可在手机客户端上播放，而不可在 PC 或平板电脑上播放。

B. 测试过程：

使用优酷应用软件观看视频，其视频上均加有水印，水印为优酷标识；水印位置在视频右上方。从优酷下载的视频为 kux 格式，该文件曾经能够通过旧版优酷客户端软件的转码功能转换为 MP4 格式，目前该转码功能已从优酷客户端软件上去掉。

（3）数字内容资源版权管理模式分析

由于微软操作系统在全球范围占有极大的市场份额，在考虑到版权保护的情况下，出于商业考虑，对用户使用设备的便利性和开放性留有很大的空间。应用软件在微软平板电脑上对数字内容资源的版权保护情况：视频版权保护方面，有的视频网站客户端采用了独家视频加密保护方式，即特定视频格式，只能用对应的视频播放器来播放，对盗版情况肆意横行起到了一定遏制作用；其他的版权保护方式诸如验证账户信息、业务规则限制、不允许下载等，对数字内容资源的版权保护都各有优势。

## 5. 苹果手机客户端数字内容资源版权管理模式研究

（1）苹果手机客户端

iPhone 是苹果公司研发的智能手机系列，搭载苹果公司研发的 iOS 操作系统，提供通话、上网、收发电子邮件、观看电子书、播放音频或视频、玩游戏等功能。目前 iPhone 在全球占有巨大市场，人们不仅使用其进行日常的通话以及收发信息，还会使用 iPhone 设备阅读电子书、听音乐以及观看视频节目。因此，需要对 iPhone 设备进行研究分析，了解其版权管理的情况。

对格式的支持情况：支持 AAC、MP3、VBR、AIFF、WAV、VGAA、MP4、MOV、MPEG、TXT、HTML、JPEG、PNG、GIF、BMP 等格式。

数字出版中版权管理问题及对策研究课题以"苹果 iPhone 7 Plus 手机"一部为工具，对苹果手机客户端数字内容资源管理与销售过程中的版权管理情况进行研究。设备情况如表 4-9 所示。

表 4-9　苹果 iPhone 7 Plus 手机设备详情表

| 设备名称 | 苹果手机 |
|---|---|
| 设备型号 | iPhone 7 Plus |
| 设备采购时间 | 2017 年 2 月 |
| 设备所属项目/课题 | 数字出版中版权管理问题及对策研究 |

（2）数字内容资源管理与销售过程中的版权管理情况

在使用设备前，需将其注册到一个苹果账户。将数字内容资源导入 iPhone 有三种方式：一是在苹果应用商店中下载并安装应用程序，如下载爱奇艺。使用爱奇艺下载视频文件，通过 iPhone 无法查看到具体的文件，通过其他应用软件也无法查看。iPhone 只能通过相应软件才能观看或收听通过该款软件下载的数字内容资源。二是在 PC 端下载 iTunes 客户端，将 iPhone 连接到 PC。PC 与 iPhone 通过 iTunes 连接到一起，点击"应用程序"，将数字内容资源上传到 iPhone 的相应应用中。三是通过 iTunes Store 购买数字内容资源。

① Kindle 阅读软件。

A. 业务模式分析：

使用 Kindle 阅读软件阅读数字内容资源，需要将资源下载到阅读终端。使用 Kindle 阅读软件可以阅读亚马逊电子书库提供的付费/免费资源，也可以将用户自有的文本资源导入到 Kindle 中进行阅读。由于亚马逊只对其所销售的数字内容资源进行版权保护，所以下面仅对亚马逊电子书库资源的管理与销售业务模式进行分析。

用户可以通过四种方式从亚马逊购买电子书：

a. 使用浏览器登录亚马逊网站，并在网站上直接购买电子书；

b. 使用任意客户端的 Kindle 阅读软件，均可在其电子书销售界面选购电子书；

c. 通过 Kindle 阅读器中的"Kindle 商店"购买电子书。

苹果手机客户端 Kindle 阅读软件可以通过两种方式下载电子书：

a. 亚马逊 Kindle 电子书商店下载；

b. 亚马逊 Kindle 个人文档服务。

B. 测试过程：

用亚马逊账户登录 Kindle 阅读软件，从 Kindle 商店中购买电子书。下面想要验证一下当退出登录后是否可以看之前下载的资源内容。对 Kindle 阅读软件实施注销操作，提示"注销将删除 Kindle 内所有的下载内容"，而同时由于苹果 iOS 操作系统的封闭性，数字内容资源在苹果手机中被加密存储，无法看到之前下载的文件，所以在苹果手机 Kindle 阅读软件中，对数字内容资源实现了双重的保护。

② QQ 音乐。

A. 业务模式分析：

使用 QQ 音乐可以在线收听和下载音乐。音乐的品质分为标准品质、HQ 高品质、SQ 无损品质，音乐文件品质越好其文件越大。非会员可以收听标准品质的音乐，而 HQ 高品质、SQ 无损品质只有会员可以收听。音乐分为非会员音乐和会员音乐，其中会员音乐仅限会员收听。如果用户想要下载音乐则必须加入会员，有些音乐的下载还需要进行付费操作。

B. 测试过程：

对于在线收听音乐的过程，暂不涉及数字版权保护的需求。需要采取数字版权保护措施的主要是音乐的下载过程。而只要歌曲下载到了手机的文件夹里面，就可以通过扫描搜索本地歌曲进行收听。对于在会员期内下载的歌曲，在会员期过后，将不能继续收听本地歌曲，通过控制授权期限，对音乐资源进行版权保护。同时数字内容资源在苹果手机中被加密存储，无法查看具体下载的音乐文件。

③ 爱奇艺。

A. 业务模式分析：

爱奇艺视频内容资源分为非会员资源和会员资源，其中会员资源仅限会员观看。同时，会员可以下载视频，但是有的部分由于版权限制，不能够下载。

B. 测试过程：

使用爱奇艺手机客户端观看视频，其视频上均加有水印，水印为爱奇艺的标识加文字；水印位置在视频右上方。同时数字内容资源在苹果手机中被加密存储，无法查看具体下载的视频文件。

④ 优酷。

A. 业务模式分析：

优酷视频内容资源分为非会员资源和会员资源，其中会员资源仅限会员观看。同时，会员可以下载视频，但是有的部分由于版权限制，不能够下载。视频存在较细的版权限制，对于播放平台提出了限制，例如有的视频仅可在手机客户端上播放，而不可在 PC 或平板电脑上播放。

B. 测试过程：

使用优酷手机客户端观看视频，其视频上均加有水印，水印为优酷标识；水印位置在视频右上方。同时数字内容资源在苹果手机中被加密存储，无法查看具体下载的视频文件。

（3）数字内容资源版权管理模式分析

iPhone 使用其自有应用全面支持特定格式文本、图片、音频、视频文件的阅览及播放，数字内容资源受到有效保护。对于从应用软件下载的数字内容资源，由于苹果 iOS 操作系统的封闭性，数字内容资源在苹果手机客户端被加密存储，数字内容资源在操作系统的层面即获得了保护，有效杜绝了数据的复制传播，起到了很好的版权保护作用。

### 6. 苹果平板电脑客户端数字内容资源版权管理模式研究

（1）苹果平板电脑客户端

iPad 是由苹果公司于 2010 年开始发布的平板电脑系列，提供浏览网站、收发电子邮件、观看电子书、播放音频或视频、玩游戏等功能。由于采用 ARM 架构，不能兼容普通 PC 台式机和笔记本的程序，可通过安装由 Apple 提供的 iWork 套件进行办公，并可通过 iOS 第三方软件预览和编辑 Office 和 PDF 文件。苹果 iPad 产品获得了巨大的成功，获得相当大的市场占有率。因此，需要对 iPad 设备进行研究分析，了解其版权管理的情况。

对格式的支持情况：支持 AAC、MP3、VBR、AIFF、WAV、VGAA、MP4、MOV、MPEG 格式。ibooks 支持 EPUB 和 PDF 格式。

数字出版中版权管理问题及对策研究课题以"苹果 iPad mini4 平板电脑"一部为工具，对苹果平板电脑客户端数字内容资源管理与销售过程中的版权管理情况进行研究。设备情况如表 4-10 所示：

表 4-10　苹果 iPad mini4 平板电脑设备详情表

| 设备名称 | 苹果平板电脑 |
|---|---|
| 设备型号 | iPad mini4 |
| 设备采购时间 | 2017 年 2 月 |
| 设备所属项目/课题 | 数字出版中版权管理问题及对策研究 |

（2）数字内容资源管理与销售过程中的版权管理情况

在使用设备前，需将其注册到一个苹果账户。将数字内容资源导入 iPad 有三种方式：①在苹果应用商店中下载并安装应用程序，如下载爱奇艺。使用爱奇艺下载视频文件，通过 iPad 无法查看到具体的文件，通过其他应用软件也无法查看。iPad 只能通过相应软件才能观看或收听通过该款软件下载的数字内容资源。②在 PC 端下载 iTunes 客户端，将 iPad 连接到 PC。PC 与 iPad 通过 iTunes 连接到一起，点击"应用程序"，将数字内容资源上传到 iPad 的相应应用中。③通过 iTunes Store 购买数字内容资源。

① Kindle 阅读软件。

A. 业务模式分析：

使用 Kindle 阅读软件阅读数字内容资源，需要将资源下载到阅读终端。使用 Kindle 阅读软件可以阅读亚马逊电子书库提供的付费 / 免费资源，也可以将用户自有的文本资源导入到 Kindle 中进行阅读。由于亚马逊只对其所销售的数字内容资源进行版权保护，所以下面仅对亚马逊电子书库资源的管理与销售业务模式进行分析。

用户可以通过三种方式从亚马逊购买电子书：

使用浏览器登录亚马逊网站，并在网站上直接购买电子书；

使用任意客户端的 Kindle 阅读软件，均可在其电子书销售界面选购电子书；

通过 Kindle 阅读器中的"Kindle 商店"购买电子书。

苹果平板电脑客户端 Kindle 阅读软件可以通过两种方式下载电子书：

亚马逊 Kindle 电子书商店下载；

亚马逊 Kindle 个人文档服务。

B. 测试过程：

用亚马逊账户登录 Kindle 阅读软件，从 Kindle 商店中购买电子书。下面想要验证一下当退出登录后是否可以看之前下载的资源内容。对 Kindle 阅读软件实施注销操作，提示"注销将删除 Kindle 内所有的下载内容"，而同时由于苹果 iOS 操作系统的封闭性，数字内容资源在苹果平板电脑中被加密存储，无法看到之前下载的文件，所以在苹果平板电脑 Kindle 阅读软件中，对数字内容资源实现了双重的保护。

② QQ 音乐。

A. 业务模式分析：

使用 QQ 音乐可以在线收听和下载音乐。音乐的品质分为标准品质、HQ 高品质、SQ 无损品质，音乐文件品质越好其文件越大。非会员可以收听标准品质的音乐，而 HQ 高品质、SQ 无损品质只有会员可以收听。音乐分为非会员音乐和会员音乐，其中会员音乐仅限会员收听。如果用户想要下载音乐则必须加入会员，有些音乐的下载还需要进行付费操作。

B. 测试过程：

对于在线收听音乐的过程，暂不涉及数字版权保护的需求。需要采取数字版权保护措施的主要是音乐的下载过程。而只要歌曲下载到了手机的文件夹里面，就可以通过扫描搜索本地歌曲进行收听。对于在会员期内下载的歌曲，在会员期过后，将不能继续收听本地歌曲，通过控制授权期限，对音乐资源进行版权保护。同时数字内容资源在苹果平板电脑中被加密存储，无法查看具体下载的音乐文件。

③爱奇艺。

A. 业务模式分析：

爱奇艺视频内容资源分为非会员资源和会员资源，其中会员资源仅限会员观看。同时，会员可以下载视频，但是有的部分由于版权限制，不能够下载。

B. 测试过程：

使用爱奇艺应用软件观看视频，其视频上均加有明水印，水印为爱奇艺的标识，或是标识加文字；水印位置会隔一段时间在右上方和右下方之间做变换。同时数字内容资源在苹果平板电脑中被加密存储，无法查看具体下载的视频文件。

④优酷。

A. 业务模式分析：

优酷视频内容资源分为非会员资源和会员资源，其中会员资源仅限会员观看。同时，会员可以下载视频，但是有的部分由于版权限制，不能够下载。视频存在较细的版权限制，对于播放平台提出了限制，例如有的视频仅可在手机客户端上播放，而不可在PC或平板电脑上播放。

B. 测试过程：

使用优酷应用软件观看视频，其视频上均加有水印，水印为优酷标识；水印位置在视频右上方。同时数字内容资源在苹果平板电脑中被加密存储，无法查看具体下载的视频文件。

（3）数字内容资源版权管理模式分析

iPad使用其自有应用全面支持特定格式文本、图片、音频、视频文件的阅览及播放，基于Veridisc技术开发的Fair Play DRM系统使得数字内容资源受到有效保护。对于从应用软件下载的数字内容资源，由于苹果iOS操作系统的封闭性，数字内容资源在苹果平板电脑客户端被加密存储，数字内容资源在操作系统的层面即获得了保护，有效杜绝了数据的复制传播。

## 7. 苹果手表客户端数字内容资源版权管理模式研究

（1）苹果手表客户端

Apple Watch 是由苹果公司开发的智能手表系列，支持电话、语音回短信、连接汽车、天气、航班信息、地图导航、播放音乐、测量心跳、计步等几十种功能。Apple Watch 由于受到屏幕大小限制，不宜使用该设备阅读书籍及观看视频，所以就版权管理而言，主要关注其在音乐方面的版权保护情况。

对格式的支持情况：支持 AAC、MP3、AIFF、WAV 等格式。

数字出版中版权管理问题及对策研究课题以"苹果 Apple Watch Series 2 智能手表"一部为工具，对苹果手表客户端数字内容资源管理与销售过程中的版权管理情况进行研究。设备情况如表 4-11 所示：

表 4-11 苹果 Apple Watch Series 2 智能手表设备详情表

| 设备名称 | 苹果手表 |
| --- | --- |
| 设备型号 | Apple Watch Series 2 |
| 设备采购时间 | 2017 年 2 月 |
| 设备所属项目/课题 | 数字出版中版权管理问题及对策研究 |

（2）数字内容资源管理与销售过程中的版权管理情况

要想向 Apple Watch 导入音乐，只能通过 iPhone 来同步，并且还只能通过自带的"音乐"应用来操作。如果想把一些第三方的音乐，如 QQ 音乐，同步到手表中是不可行的。具体将音乐导入到 Apple Watch 中的过程如下：

①将音乐导入到 iPhone 中；

②打开 iPhone "音乐"应用，建立"播放列表"；

③为所建的播放列表添加音乐；

④打开 iPhone 上的 Apple Watch 应用；

⑤在"我的手表"栏目下，找到"音乐"一栏，点击打开；

⑥在音乐的设置界面里，点击"已同步列表"一栏；

⑦选择之前创建的播放列表，开始同步。

（3）数字内容资源版权管理模式分析

由于苹果手表不支持第三方音乐软件数字内容资源的下载，所以其面临的版权保护问题主要是音乐文件放入终端后的保护问题。基于苹果 Watch OS 操作系统的封闭性，数字内容资源在苹果手表客户端被加密存储，数字内容资源在操作系统的层面即获得了保护，有效杜绝了数据的复制传播，起到了很好的版权保护作用。

## 8. 三星手机客户端数字内容资源版权管理模式研究

（1）三星手机客户端

三星手机是由三星集团研发的智能手机，三星手机真正开始风靡全球是从 A 系列开始。A 系列最初为折叠手机系列，最早三星 SGH-A188（白色外形）、SGH-A288（内外双屏）都是经典之作。Galaxy 系列可以说是三星手机迄今为止最为成功的一个系列。在 Galaxy 全系列中三星采用了 Android 的智能手机操作系统。

对格式的支持情况：支持 TXT、JPG、JPEG、PNG、MP4、3GP 等格式。

数字出版中版权管理问题及对策研究课题以"三星 Galaxy S7 手机"一部为工具，对三星手机客户端数字内容资源管理与销售过程中的版权管理情况进行研究。设备情况如表 4-12 所示：

表 4-12　三星 Galaxy S7 手机设备详情表

| 设备名称 | 三星手机 |
| --- | --- |
| 设备型号 | Galaxy S7（G9308） |
| 设备采购时间 | 2016 年 4 月 |
| 设备所属项目/课题 | 数字版权保护技术研发工程 |

（2）数字内容资源管理与销售过程中的版权管理情况

对于三星手机，可通过安装客户端软件下载数字内容资源。这里对几个较有代表性的文字、音频、视频应用软件在三星手机上的数字内容资源管理与销售过程进行研究。

① Kindle 阅读软件。

A. 业务模式分析：

使用 Kindle 阅读软件阅读数字内容资源，需要将资源下载到阅读终端。使用 Kindle 阅读软件可以阅读亚马逊电子书库提供的付费/免费资源，也可以将用户自有的文本资源导入到 Kindle 中进行阅读。由于亚马逊只对其所销售的数字内容资源进行版权保护，所以下面仅对亚马逊电子书库资源的管理与销售业务模式进行分析。

用户可以通过三种方式从亚马逊购买电子书：

a. 使用浏览器登录亚马逊网站，并在网站上直接购买电子书；

b. 使用任意客户端的 Kindle 阅读软件，均可在其电子书销售界面选购电子书；

c. 通过 Kindle 阅读器中的"Kindle 商店"购买电子书。

三星手机客户端 Kindle 阅读软件可以通过三种方式下载电子书：

a. 亚马逊 Kindle 电子书商店下载；

b. 亚马逊 Kindle 个人文档服务；

c. USB 数据线传输。

B. 测试过程：

用亚马逊账户登录 Kindle 阅读软件，从 Kindle 商店中购买电子书。下面想要验证一下当退出登录后是否可以看之前下载的资源内容。由于本设备已经注册到了一个亚马逊账户上（在客户端上可查到相关注册信息"本设备及从 Kindle 商店购买的所有内容都注册给下面所示的用户"——"用户：XXXX@XXXX.com"），所以首先需要将本设备从该账户中注销。在注销前将数字内容资源另做保存，以避免由于软件注销删除资源文件。注销后再次打开 Kindle 客户端，提示"Kindle 已从 Amazon.cn 的'管理我的 Kindle'页注销"，"请先注册您的设备以打开此内容"。所以想要阅读通过某一亚马逊账户购买的数字内容资源，仍需要使用该账户进行登录。Kindle 阅读软件通过验证账户信息的方式，实现对数字内容资源的保护目的。

② QQ 音乐。

A. 业务模式分析：

使用 QQ 音乐可以在线收听和下载音乐。音乐的品质分为标准品质、HQ 高品质、SQ 无损品质，音乐文件品质越好其文件越大。非会员可以收听标准品质的音乐，而 HQ 高品质、SQ 无损品质只有会员可以收听。音乐分为非会员音乐和会员音乐，其中会员音乐仅限会员收听。如果用户想要下载音乐则必须加入会员，有些音乐的下载还需要进行付费操作。

B. 测试过程：

对于在线收听音乐的过程，暂不涉及数字版权保护的需求。需要采取数字版权保护措施的主要是音乐的下载过程。而只要歌曲下载到了手机的文件夹里面，就可以通过扫描搜索本地歌曲进行收听。对于在会员期内下载的歌曲，在会员期过后，将不能继续收听本地歌曲，通过控制授权期限，对音乐资源进行版权保护。

③爱奇艺。

A. 业务模式分析：

爱奇艺视频内容资源分为非会员资源和会员资源，其中会员资源仅限会员观看。同时，会员可以下载视频，但是有的部分由于版权限制，不能够下载。

B. 测试过程：

使用爱奇艺手机客户端观看视频，其视频上均加有水印，水印为爱奇艺的标识加文字；水印位置在视频右上方。而使用爱奇艺手机客户端下载视频资源，格式为 f4v，仅可以使用爱奇艺播放器播放。这种是采取了使用专用播放器的方式对数字内容资源进行版权保护。

④优酷。

A. 业务模式分析：

优酷视频内容资源分为非会员资源和会员资源，其中会员资源仅限会员观看。同时，会员可以下载视频，但是有的部分由于版权限制，不能够下载。视频存在较细的版权限制，对于播放平台提出了限制，例如有的视频仅可在手机客户端上播放，而不可在 PC 或平板电脑上播放。

B. 测试过程：

使用优酷手机客户端观看视频，其视频上均加有水印，水印为优酷标识；水印位置在视频右上方。优酷手机客户端所缓存的视频格式为 youku.m3u8，无法进行转码移出，只能放至优酷手机客户端内播放。这样的处理，使得数字内容资源不会有大范围传播，对保护资源版权起到了很好的效果。

（3）数字内容资源版权管理模式分析

由于三星手机所采用的 Android 操作系统在全球范围有众多较大规模厂商支持，且其目的即是为提供给第三方开发商宽泛、自由的开发环境，是移动终端的 Web 应用平台。所以采用 Android 操作系统的三星手机客户端通过对软件的灵活支持，从而实现对数字内容资源的全面支持。各客户端软件的版权保护方式诸如验证账户信息、业务规则限制、限制转码移出等，对数字内容资源都做到了较为有效的保护。

9. 三星平板电脑客户端数字内容资源版权管理模式研究

（1）三星平板电脑客户端

三星平板电脑采用 Android 操作系统，支持 TXT、JPG、JPEG、PNG、MP4、3GP 等格式。

数字出版中版权管理问题及对策研究课题以"三星 Galaxy TabS SM-T805C 平板电脑"一部为工具，对三星平板电脑客户端数字内容资源管理与销售过程中的版权管理情况进行研究。设备情况如表 4-13 所示：

表 4-13　三星 Galaxy TabS SM-T805C 平板电脑设备详情表

| 设备名称 | 三星平板电脑 |
| --- | --- |
| 设备型号 | Galaxy TabS SM-T805C |
| 设备采购时间 | 2016 年 3 月 |
| 设备所属项目/课题 | 数字版权保护技术研发工程 |

（2）数字内容资源管理与销售过程中的版权管理情况

对于三星平板电脑，可通过安装客户端软件下载数字内容资源。这里对几个较有代表性的文字、音频、视频应用软件在三星平板电脑上的数字内容资源管理与销售过程进行研究。

① Kindle 阅读软件。

A. 业务模式分析：

使用 Kindle 阅读软件阅读数字内容资源，需要将资源下载到阅读终端。使用 Kindle 阅读软件可以阅读亚马逊电子书库提供的付费/免费资源，也可以将用户自有的文本资源导入到 Kindle 中进行阅读。由于亚马逊只对其所销售的数字内容资源进行版权保护，所以下面仅对亚马逊电子书库资源的管理与销售业务模式进行分析。

用户可以通过三种方式从亚马逊购买电子书：

a. 使用浏览器登录亚马逊网站，并在网站上直接购买电子书；

b. 使用任意客户端的 Kindle 阅读软件，均可在其电子书销售界面选购电子书；

c. 通过 Kindle 阅读器中的"Kindle 商店"购买电子书。

三星平板电脑客户端 Kindle 阅读软件可以通过三种方式下载电子书：

a. 亚马逊 Kindle 电子书商店下载；

b. 亚马逊 Kindle 个人文档服务；

c. USB 数据线传输。

B. 测试过程：

用亚马逊账户登录 Kindle 阅读软件，从 Kindle 商店中购买电子书。下面想要验证一下当退出登录后是否可以看之前下载的资源内容。由于本设备已经注册到了一个亚马逊账户上（在客户端上可查到相关注册信息"本设备及从 Kindle 商店购买的所有内容都注册给下面所示的用户"——"用户：XXXX@XXXX.com"），所以首先需要将本设备从该账户中注销。在注销前将数字内容资源另做保存，以避免由于软件注销删除资源文件。注销后再次打开 Kindle 客户端，提示"Kindle 已从 Amazon.cn 的'管理我的 Kindle'页注销"，"请先注册您的设备以打开此内容"。所以想要阅读通过某一亚马逊账户购买的数字内容资源，仍需使用该账户进行登录。Kindle 阅读软件通过验证账户信息的方式，实现对数字内容资源的保护目的。

② QQ 音乐。

A. 业务模式分析：

使用 QQ 音乐可以在线收听和下载音乐。音乐的品质分为标准品质、HQ 高品质、SQ 无损品质，音乐文件品质越好其文件越大。非会员可以收听标准品质的音乐，而 HQ 高品质、SQ 无损品质只有会员可以收听。音乐分为非会员音乐和会员音乐，其中会员音乐仅限会员收听。如果用户想要下载音乐则必须加入会员，有些音乐的下载还需要进行付费操作。

B. 测试过程：

对于在线收听音乐的过程，暂不涉及数字版权保护的需求。需要采取数字版权保护措施的主要是音乐的下载过程。而只要歌曲下载到了手机的文件夹里面，就可以通过扫描搜索本地歌曲进行收听。对于在会员期内下载的歌曲，在会员期过后，将不能继续收听本地歌曲，通过控制授权期限，对音乐资源进行版权保护。

③爱奇艺。

A. 业务模式分析：

爱奇艺视频内容资源分为非会员资源和会员资源，其中会员资源仅限会员观看。同时，会员可以下载视频，但是有的部分由于版权限制，不能够下载。

B. 测试过程：

使用爱奇艺平板电脑客户端观看视频，其视频上均加有水印，水印为爱奇艺的标识加文字；水印位置在视频右上方。而使用爱奇艺平板电脑客户端下载视频资源，格式为f4v，仅可以使用爱奇艺播放器播放。这种是采取了使用专用播放器的方式对数字内容资源进行版权保护。

④优酷。

A. 业务模式分析：

优酷视频内容资源分为非会员资源和会员资源，其中会员资源仅限会员观看。同时，会员可以下载视频，但是有的部分由于版权限制，不能够下载。视频存在较细的版权限制，对于播放平台提出了限制，例如有的视频仅可在手机客户端上播放，而不可在PC或平板电脑上播放。

B. 测试过程：

使用优酷平板电脑客户端观看视频，其视频上均加有水印，水印为优酷标识；水印位置在视频右上方。优酷平板电脑客户端所缓存的视频格式为youku.m3u8，无法进行转码移出，只能放至优酷平板电脑客户端内播放。这样的处理，使得数字内容资源不会有大范围传播，对保护资源版权起到了很好的效果。

（3）数字内容资源版权管理模式分析

三星平板电脑所采用的Android操作系统较大地放开了系统开发权限。由于Android操作系统在全球范围有众多较大规模厂商支持，且其目的即是为提供给第三方开发商宽泛、自由的开发环境，是移动终端的Web应用平台，所以采用Android操作系统的三星平板电脑客户端通过对软件的灵活支持，从而实现对数字内容资源的全面支持。各客户端软件的版权保护方式诸如验证账户信息、业务规则限制、限制转码移出等，对数字内容资源都做到了较为有效的保护。

10. 腾讯电子书客户端数字内容资源版权管理模式研究

（1）腾讯电子书客户端

腾讯于2017年6月推出其首款电子书阅读器，阅读器采用安卓操作系统。特色功能方面，提供了3.5mm耳机接口，拥有书籍朗读功能，并可以选择男声/女声；可智能推荐书籍；4种字体可切换，支持8级字体缩放。内容方面则是以QQ阅读书库为支撑，支持QQ、微信登录，自动云同步QQ阅读APP书架和阅读进度。充值的功能则可直接用手机扫描二维码付款，支持QQ/微信支付。可通过USB或WIFI来快速导入本地图书。

阅文集团成立于2015年3月，由腾讯文学与原盛大文学整合而成，是引领行业的正版数字阅读平台和文学IP培育平台。拥有960多万册书籍，兼具kindle、掌阅出版图书，从经典著作到网络文学到漫画，满足读者多元需求。阅文集团旗下拥有中文数字阅读强大的内容品牌矩阵。包括创世中文网、起点中文网、起点国际、云起书院、起点女生网、红袖添香、潇湘书院、小说阅读网、言情小说吧等网络原创与阅读品牌；中智博文、华文天下、聚石文华、榕树下等图书出版及数字发行品牌；天方听书网、懒人听书等音频听书品牌。

对格式的支持情况：支持EPUB、TXT、PDF、DOC、RTF、HTML、JPG、PNG等格式。

数字出版中版权管理问题及对策研究课题以"QQ CR316电子书阅读器"一部为工具，对腾讯电子书客户端数字内容资源管理与销售过程中的版权管理情况进行研究。设备情况如表4-14所示：

表4-14 QQ CR316电子书阅读器设备详情表

| 设备名称 | QQ阅读器 |
| --- | --- |
| 设备型号 | CR316 |
| 设备采购时间 | / |
| 设备所属项目/课题 | 自有 |

（2）数字内容资源管理与销售过程中的版权管理情况

①业务模式分析：

使用QQ阅读器阅读数字内容资源，需要将资源下载到QQ阅读器中。使用QQ阅读器可以阅读QQ阅读书库提供的付费/免费资源，也可以将用户自有的文本资源导入到QQ阅读器中进行阅读。由于QQ阅读只对其所销售的数字内容资源进行版权保护，所以下面仅对QQ阅读书库资源的管理与销售业务模式进行分析。

用户可以通过三种方式从QQ阅读书库购买电子书：

使用浏览器登录QQ阅读网站，并在网站上直接购买电子书；

使用任意客户端的QQ阅读软件，均可在其电子书销售界面选购电子书；

通过QQ阅读器中的"书库"购买电子书。

②测试过程：

QQ阅读器仅支持资源下载后阅读的方式，而不支持在线阅览的方式，包括试读的过程，也需要将资源下载到 QQ 阅读器中后方可阅读。可通过 WIFI 或 USB 来快速导入图书。

A. 网络同步导入图书。

在 QQ 阅读官方网站或 QQ 阅读器内置的"书库"找到想要购买的电子书，购买后电子书就会存放到账号下"书架"之中，同时同步到绑定了购买此电子书账号的 QQ 阅读器中。这是最主要的电子书获取渠道。

B. USB 数据线传输。

通过 USB 数据线把电子书文件拷贝到 QQ 阅读器中。从一个 QQ 阅读账户下购买电子书并下载到电脑上，再将该电子书传到在另外一个 QQ 阅读账户上注册的 QQ 阅读器，在设备上会显示该电子书，但却无法阅读该电子书。

（3）数字内容资源版权管理模式分析

QQ 阅读器拥有书籍朗读功能，是对书籍文字的声音转化，而非已经做好的音频内容资源在 QQ 阅读器上销售，因此 QQ 阅读器的内容版权保护问题主要还是集中在对文字及图片内容的保护上。

QQ 阅读器支持多种文本及图片格式，它采取加密、数字证书等方式对 QQ 阅读授权资源进行有效保护。

11. 小米手机客户端数字内容资源版权管理模式研究

（1）小米手机电子书客户端

小米手机是小米公司研发的智能手机，采用安卓操作系统，于 2011 年 8 月发布首款手机。小米手机目前市场份额达到世界前五。支持 TXT、JPG、JPEG、PNG、MP4、3GP 等格式。

数字出版中版权管理问题及对策研究课题以"小米 Mi6 手机"一部为工具，对小米手机客户端数字内容资源管理与销售过程中的版权管理情况进行研究。设备情况如表 4-15 所示：

表 4-15 小米 Mi6 手机设备详情表

| 设备名称 | 小米手机 |
| --- | --- |
| 设备型号 | Mi6 |
| 设备采购时间 | / |
| 设备所属项目/课题 | 自有 |

（2）数字内容资源管理与销售过程中的版权管理情况

对于小米手机，可通过安装客户端软件下载数字内容资源。这里对几个较有代表性的文字、音频、视频应用软件在小米手机上的数字内容资源管理与销售过程进行研究。

① Kindle 阅读软件。

A. 业务模式分析：

使用 Kindle 阅读软件阅读数字内容资源，需要将资源下载到阅读终端。使用 Kindle 阅读软件可以阅读亚马逊电子书库提供的付费/免费资源，也可以将用户自有的文本资源导入到 Kindle 中进行阅读。由于亚马逊只对其所销售的数字内容资源进行版权保护，所以下面仅对亚马逊电子书库资源的管理与销售业务模式进行分析。

用户可以通过三种方式从亚马逊购买电子书：

a. 使用浏览器登录亚马逊网站，并在网站上直接购买电子书；

b. 使用任意客户端的 Kindle 阅读软件，均可在其电子书销售界面选购电子书；

c. 通过 Kindle 阅读器中的"Kindle 商店"购买电子书。

小米手机客户端 Kindle 阅读软件可以通过三种方式下载电子书：

a. 亚马逊 Kindle 电子书商店下载；

b. 亚马逊 Kindle 个人文档服务；

c. USB 数据线传输。

B. 测试过程：

用亚马逊账户登录 Kindle 阅读软件，从 Kindle 商店中购买电子书。下面想要验证一下当退出登录后是否可以看之前下载的资源内容。由于本设备已经注册到了一个亚马逊账户上（在客户端上可查到相关注册信息"本设备及从 Kindle 商店购买的所有内容都注册给下面所示的用户"——"用户：XXXX@XXXX.com"），所以首先需要将本设备从该账户中注销。在注销前将数字内容资源另做保存，以避免由于软件注销删除资源文件。注销后再次打开 Kindle 客户端，提示"Kindle 已从 Amazon.cn 的'管理我的 Kindle'页注销"，"请先注册您的设备以打开此内容"。所以想要阅读通过某一亚马逊账户购买的数字内容资源，仍需要使用该账户进行登录。Kindle 阅读软件通过验证账户信息的方式，实现对数字内容资源的保护目的。

② QQ 音乐。

A. 业务模式分析：

使用 QQ 音乐可以在线收听和下载音乐。音乐的品质分为标准品质、HQ 高品质、SQ 无损品质，音乐文件品质越好其文件越大。非会员可以收听标准品质的音乐，而 HQ 高品质、SQ 无损品质只有会员可以收听。音乐分为非会员音乐和会员音乐，其中会员音乐仅限会员收听。如果用户想要下载音乐则必须加入会员，有些音乐的下载还需要进行付费操作。

B. 测试过程：

对于在线收听音乐的过程，暂不涉及数字版权保护的需求。需要采取数字版权保护措施的主要是音乐的下载过程。而只要歌曲下载到了手机的文件夹里面，就可以通过扫描搜索本地歌曲进行收听。对于在会员期内下载的歌曲，在会员期过后，将不能继续收听本地歌曲，通过控制授权期限，对音乐资源进行版权保护。

③爱奇艺。

A. 业务模式分析：

爱奇艺视频内容资源分为非会员资源和会员资源，其中会员资源仅限会员观看。同时，会员可以下载视频，但是有的部分由于版权限制，不能够下载。

B. 测试过程：

使用爱奇艺手机客户端观看视频，其视频上均加有水印，水印为爱奇艺的标识加文字；水印位置在视频右上方。而使用爱奇艺手机客户端下载的视频资源，格式为f4v，仅可以使用爱奇艺播放器播放。这种是采取了使用专用播放器的方式对数字内容资源进行版权保护。

④优酷。

A. 业务模式分析：

优酷视频内容资源分为非会员资源和会员资源，其中会员资源仅限会员观看。同时，会员可以下载视频，但是有的部分由于版权限制，不能够下载。视频存在较细的版权限制，对于播放平台提出了限制，例如有的视频仅可在手机客户端上播放，而不可在PC或平板电脑上播放。

B. 测试过程：

使用优酷手机客户端观看视频，其视频上均加有水印，水印为优酷标识；水印位置在视频右上方。优酷手机客户端所缓存的视频格式为youku.m3u8，无法进行转码移出，只能放至优酷手机客户端内播放。这样的处理，使得数字内容资源不会有大范围传播，对保护资源版权起到了很好的效果。

（3）数字内容资源版权管理模式分析

小米手机所采用的Android操作系统较大地放开了系统开发权限。由于Android操作系统在全球范围有众多较大规模厂商支持，且其目的即是为提供给第三方开发商宽泛、自由的开发环境，是移动终端的Web应用平台。所以采用Android操作系统的三星平板电脑客户端通过对软件的灵活支持，从而实现对数字内容资源的全面支持。各客户端软件的版权保护方式诸如验证账户信息、业务规则限制、限制转码移出等，对数字内容资源都做到了较为有效的保护。

12. 华为平板电脑客户端数字内容资源版权管理模式研究

（1）华为平板电脑电子书客户端

华为平板电脑采用安卓操作系统，支持TXT、JPG、JPEG、PNG、MP4、3GP等格式。

数字出版中版权管理问题及对策研究课题以"华为荣耀 waterplay 平板电脑"一部为工具，对华为平板电脑客户端数字内容资源管理与销售过程中的版权管理情况进行研究。设备情况如表 4-16 所示：

表 4-16  华为荣耀 waterplay 平板电脑设备详情表

| 设备名称 | 华为平板电脑 |
| --- | --- |
| 设备型号 | 荣耀 waterplay |
| 设备采购时间 | / |
| 设备所属项目/课题 | 自有 |

（2）数字内容资源管理与销售过程中的版权管理情况

对于华为平板电脑，可通过安装客户端软件下载数字内容资源。这里对几个较有代表性的文字、音频、视频应用软件在华为平板电脑上的数字内容资源管理与销售过程进行研究。

① Kindle 阅读软件。

A. 业务模式分析：

使用 Kindle 阅读软件阅读数字内容资源，需要将资源下载到阅读终端。使用 Kindle 阅读软件可以阅读亚马逊电子书库提供的付费/免费资源，也可以将用户自有的文本资源导入到 Kindle 中进行阅读。由于亚马逊只对其所销售的数字内容资源进行版权保护，所以下面仅对亚马逊电子书库资源的管理与销售业务模式进行分析。

用户可以通过三种方式从亚马逊购买电子书：

a. 使用浏览器登录亚马逊网站，并在网站上直接购买电子书；

b. 使用任意客户端的 Kindle 阅读软件，均可在其电子书销售界面选购电子书；

c. 通过 Kindle 阅读器中的"Kindle 商店"购买电子书。

华为平板电脑客户端 Kindle 阅读软件可以通过三种方式下载电子书：

a. 亚马逊 Kindle 电子书商店下载；

b. 亚马逊 Kindle 个人文档服务；

c. USB 数据线传输。

B. 测试过程：

用亚马逊账户登录 Kindle 阅读软件，从 Kindle 商店中购买电子书。下面想要验证一下当退出登录后是否可以看之前下载的资源内容。由于本设备已经注册到了一个亚马逊账户上（在客户端上可查到相关注册信息"本设备及从 Kindle 商店购买的所有内容都注册给下面所示的用户"——"用户：XXXX@XXXX.com"），所以首先需要将本设备从该账户中注销。在注销前将数字内容资源另做保存，以避免由于软件注销删除资源文件。注销后再次打开 Kindle 客户端，提示"Kindle 已从 Amazon.cn 的'管理我的 Kindle'页注销"，"请先注册您的设备以打开此内容"。所以想要阅读通过某一亚马逊账户购买的数字内容资源，仍需要使用该账户进行登录。Kindle 阅读软件通过验证账户信息的方式，实现对数字内容资源的保护目的。

② QQ 音乐。

A. 业务模式分析：

使用 QQ 音乐可以在线收听和下载音乐。音乐的品质分为标准品质、HQ 高品质、SQ 无损品质，音乐文件品质越好其文件越大。非会员可以收听标准品质的音乐，而 HQ 高品质、SQ 无损品质只有会员可以收听。音乐分为非会员音乐和会员音乐，其中会员音乐仅限会员收听。如果用户想要下载音乐则必须加入会员，有些音乐的下载还需要进行付费操作。

B. 测试过程：

对于在线收听音乐的过程，暂不涉及数字版权保护的需求。需要采取数字版权保护措施的主要是音乐的下载过程。而只要歌曲下载到了手机的文件夹里面，就可以通过扫描搜索本地歌曲进行收听。对于在会员期内下载的歌曲，在会员期过后，将不能继续收听本地歌曲，通过控制授权期限，对音乐资源进行版权保护。

③爱奇艺。

A. 业务模式分析：

爱奇艺视频内容资源分为非会员资源和会员资源，其中会员资源仅限会员观看。同时，会员可以下载视频，但是有的部分由于版权限制，不能够下载。

B. 测试过程：

使用爱奇艺平板电脑客户端观看视频，其视频上均加有水印，水印为爱奇艺的标识加文字；水印位置在视频右上方。而使用爱奇艺平板电脑客户端下载视频资源，格式为 f4v，仅可以使用爱奇艺播放器播放。这种是采取了使用专用播放器的方式对数字内容资源进行版权保护。

④优酷。

A. 业务模式分析：

优酷视频内容资源分为非会员资源和会员资源，其中会员资源仅限会员观看。同时，会员可以下载视频，但是有的部分由于版权限制，不能够下载。视频存在较细的版权限制，对于播放平台提出了限制，例如有的视频仅可在手机客户端上播放，而不可在 PC 或平板电脑上播放。

B. 测试过程：

使用优酷平板电脑客户端观看视频，其视频上均加有水印，水印为优酷标识；水印位置在视频右上方。优酷平板电脑客户端所缓存的视频格式为 youku.m3u8，无法进行转码移出，只能放至优酷平板电脑客户端内播放。这样的处理，使得数字内容资源不会有大范围传播，对保护资源版权起到了很好的效果。

（3）数字内容资源版权管理模式分析

华为平板电脑所采用的 Android 操作系统较大地放开了系统开发权限。由于 Android 操作系统在全球范围有众多较大规模厂商支持，且其目的即是为提供给第三方开发商宽泛、自由的开发环境，是移动终端的 Web 应用平台。所以采用 Android 操作系统的三星平板电脑客户端通过对软件的灵活支持，从而实现对数字内容资源的全面支持。各客户端软件的版权保护方式诸如验证账户信息、业务规则限制、限制转码移出等，对数字内容资源都做到了较为有效的保护。

### 13. 新兴阅读终端数字内容资源版权管理模式的总结

（1）国外新兴阅读终端数字内容资源版权管理模式总结

亚马逊 Kindle 作为电子书的专用阅读器，其版权保护需求仅存在对电子书资源的保护，而不存在对音、视频资源保护的需求。Kindle 采用加密、数字证书、特有格式相结合的方式即可实现对亚马逊授权数字内容资源的有效保护。

基于微软期望可以在对资源进行版权保护的同时满足用户非常多的使用场景的需求，其手机和平板电脑对用户使用设备的便利性和开放性留有很大空间。微软采用的版权保护技术为 PlayReady 技术，包括媒体文件复制预防、加密、嵌入式许可证等手段，可以移植到任何种类的便携式设备。微软手机目前采用的 Windows 10 Mobile 操作系统和微软平板电脑的 Windows10 操作系统不像苹果的 iOS 操作系统那样封闭，在 Windows 10 Mobile 和 Windows10 操作系统下，用户可以将使用客户端软件下载的数字内容资源导出并复制使用。所以，对于微软手机和平板电脑，其中的数字内容资源的保护需要由客户端软件基于相应操作系统采用适当的方法，诸如加水印、加密、特有格式、禁止下载、限制转码移出等，对数字内容资源给予一定程度的保护。微软平板电脑相较于微软手机，具备更高的配置以及大得多的屏幕，更加方便用户办公并可提供更好的娱乐体验。微软手机相比微软平板电脑，则有便携性方面的优势。两类终端的自身特性影响了人们使用设备阅读书籍、收听音乐、观看影片的习惯和频率，数字内容提供商尤其是视频网站，则根据自身业务需要、资金投入限制、视频资源版权方要求等，对不同的终端上的数字内容资源采取不同的版权保护策略。例如，数字内容版权方与视频网站签订协议要求，其拥有版权的某影片仅可在视频网站的电脑端、平板电脑端播放、下载和导出，而对手机端则不能导出甚至不授权播放。另外，也有视频网站应版权方要求，对部分影片不提供下载。视频网站需根据实际业务要求采取限制资源从设备转码移出、禁止资源下载等不同的版权保护手段。

iPhone、iPad 使用其自有应用全面支持特定格式文本、图片、音频、视频文件的阅览及播放，Fair Play DRM 系统作为苹果公司自行研发的版权保护系统，对数字内容资源做到了有效保护。在 iTunes Store 上购买的数字内容会被加密成特定格式文件；对于从应用软件下载的数字内容资源，被苹果 iOS 操作系统加密，无法查看其内容，数字内容资源不会得到进一步传播。但是对于视频内容，仍需要使用水印嵌入等版权保护措施，以减少内容被录屏后的非法传播。Apple Watch 由于屏幕大小限制，数字内容使用场景主要是收听音乐或其他音频内容。可以通过 iPhone 中的 Apple Watch 应用进行数据共享和控制音频播放，这种方式由于资源不在 Apple Watch 设备中，资源未得到进一步传播。而由于 Apple Watch 的 Watch OS 操作系统同 iOS 操作系统一样具有封闭性，从应用软件下载的数字内容资源被加密，无法查看其内容，数字内容资源不会得到进一步传播。

  Android 是首个为移动终端开发的真正的开放的和完整的移动软件，其最大优势是开发性，允许任何移动终端厂商、用户和应用开发商加入到 Android 联盟中来，允许众多的厂商推出功能各具特色的应用产品。由于 Android 操作系统在全球范围有众多较大规模厂商支持，且其目的即是为提供给第三方开发商宽泛、自由的开发环境，是移动终端的 Web 应用平台。所以基于 Android 系统的三星手机和平板电脑较为灵活地支持软件，从而实现对数字内容资源的全面支持。各客户端软件的版权保护方式诸如验证账户信息、业务规则限制、限制转码移出等，对数字内容资源都做到了较为有效的保护。

  各阅读终端版权管理情况的比对请见表 4-17。

  综上，Kindle 电子书阅读器通过多种版权保护技术的结合使用实现对亚马逊数字内容资源的有效保护；应用软件在微软手机及微软平板电脑需要根据实际业务需要采用适当的版权保护手段；iPhone、iPad、Apple Watch 由于操作系统的封闭性，为数字内容资源提供了较好的保护，但对于视频内容仍需要采用加水印的方式予以进一步保护。

表 4-17 国外新兴阅读终端数字内容资源版权管理情况对比表

| 序号 | 设备名称 | 设备特点 | 支持的内容文件格式 | 设备对授权数字内容资源采用的版权保护手段 | 应用软件在设备上对其授权的数字内容资源采用的版权保护手段 | 版权管理情况总结 |
|---|---|---|---|---|---|---|
| 1 | 亚马逊电子书阅读器 | 仅可阅读电子书 | AZW3、AZW、TXT、PDF、MOBI、PRC 原格式，HTML、DOC、DOCX、JPEG、GIF、PNG、BMP 转换格式 | 加密、数字证书、特有格式 | 不可安装其他应用软件 | 对亚马逊授权资源以加密、嵌入数字证书以及特有格式等手段给予保护；同时支持其他多种图文格式，但不对其做版权保护。兼顾资源版权保护和设备推广使用两方面需要。 |

四、数字版权保护技术应用案例

续表

| 序号 | 设备名称 | 设备特点 | 支持的内容文件格式 | 设备对授权数字内容资源采用的版权保护手段 | 应用软件在设备上对其授权的数字内容资源采用的版权保护手段 | 版权管理情况总结 |
|---|---|---|---|---|---|---|
| 2 | 微软手机 | 屏幕适中,携带方便,可为用户提供较方便的办公娱乐体验 | TXT、MP3、JPG、WAV、WMA、MP4、AVI等,安装使用相应应用软件可实现对多种格式的支持 | 加密、数字证书、文件防复制等 | 应用软件基于Windows 10 mobile系统采取适当手段,如水印、加密、特有格式、禁止下载、限制转码移出等 | 由于微软期望满足用户非常多的使用场景,所以为用户使用设备的便利性和开放性留有很大的空间。因此,应用软件对其授权的数字内容资源进行版权保护则需要根据Windows 10 mobile系统限制,从应用软件层面采取与其业务相适应的版权保护手段,在不同程度上对数字内容资源做到了保护。 |
| 3 | 苹果手机 | 屏幕适中,携带方便,可为用户提供较方便的办公娱乐体验 | AAC、MP3、VBR、AIFF、WAV、VGAA、MP4、MOV、MPEG、TXT、HTML、JPEG、PNG、GIF、BMP等,安装使用相应应用软件可实现对多种格式的支持 | 加密、特有格式等 | 应用软件下载的数字内容资源被系统以加密的方式存储,从而使下载的文件无法解码 | 由于苹果iOS操作系统的封闭性,数字内容资源被以加密的方式存储在苹果手机中,数字内容资源在操作系统的层面即获得了保护。 |
| 4 | 三星手机 | 屏幕适中,携带方便,可为用户提供较方便的办公娱乐体验 | TXT、JPG、JPEG、PNG、MP4、3GP等,安装使用相应应用软件可实现对多种格式的支持 | 加密、数字证书、文件防复制等 | 应用软件基于Android系统采取适当手段,如加水印、加密、特有格式、禁止下载等 | 由于Android操作系统在全球范围有众多较大规模厂商支持,且其目的即是为提供给第三方开发商宽泛、自由的开发环境,是移动终端的Web应用平台。所以设备对软件灵活支持,从而实现对数字内容资源的全面支持。各客户端软件的版权保护方式诸如验证账户信息、业务规则限制、限制转码移出等,对数字内容资源都做到了较为有效的保护。 |
| 5 | 微软平板电脑 | 屏幕大,配置相对较高,功能更强大,可为用户提供更好的办公娱乐体验 | TXT、MP3、JPG、WAV、WMA、MP4、AVI等,安装使用相应应用软件可实现对多种格式的支持 | 加密、数字证书、文件防复制等 | 应用软件基于Win10系统采取适当手段,如水印、加密、特有格式、禁止下载等 | 由于微软期望满足用户非常多的使用场景,所以为用户使用设备的便利性和开放性留有很大的空间。因此,应用软件对其授权的数字内容资源进行版权保护则需要根据Windows10系统限制,从应用软件层面采取与其业务相适应的版权保护手段,在不同程度上对数字内容资源做到了保护。 |

续表

| 序号 | 设备名称 | 设备特点 | 支持的内容文件格式 | 设备对授权数字内容资源采用的版权保护手段 | 应用软件在设备上对其授权的数字内容资源采用的版权保护手段 | 版权管理情况总结 |
|---|---|---|---|---|---|---|
| 6 | 苹果平板电脑 | 屏幕大，配置相对较高，功能更强大，可为用户提供更好的办公、娱乐体验 | AAC、MP3、VBR、AIFF、WAV、VGAA、MP4、MOV、MPEG、TXT、HTML、JPEG、PNG、GIF、BMP等，安装使用相应应用软件可实现对多种格式的支持 | 加密、特有格式等 | 应用软件下载的数字内容资源被系统以加密的方式存储，从而使下载的文件无法解码 | 由于苹果iOS操作系统的封闭性，数字内容资源被以加密的方式存储在苹果平板电脑中，数字内容资源在操作系统的层面即获得了保护。 |
| 7 | 三星平板电脑 | 屏幕大，配置相对较高，功能更强大，可为用户提供更好的办公、娱乐体验 | TXT、JPG、JPEG、PNG、MP4、3GP等，安装使用相应应用软件可实现对多种格式的支持 | 加密、数字证书、文件防复制等 | 应用软件基于Android系统采取适当手段，如加水印、加密、特有格式、禁止下载等 | 由于Android操作系统在全球范围有众多较大规模厂商支持，且其目的即是为提供给第三方开发商宽泛、自由的开发环境，是移动终端的Web应用平台。所以设备对软件灵活支持，从而实现对数字内容资源的全面支持。各客户端软件的版权保护方式诸如验证账户信息、业务规则限制、限制转码移出等，对数字内容资源都做到了较为有效的保护。 |
| 8 | 苹果手表 | 屏幕小，携带方便，不适合阅读电子书和观看视频，可播放音频 | AAC、MP3、AIFF、WAV等 | 加密、特有格式等 | 应用软件下载的数字内容资源被系统以加密的方式存储，从而使下载的文件无法解码 | 由于苹果Watch OS操作系统的封闭性，数字内容资源被以加密的方式存储在苹果手表中，数字内容资源在操作系统的层面即获得了保护。 |

（2）国内新兴阅读终端数字内容资源版权管理模式总结

QQ阅读器采取加密和数字证书等方式保护授权资源。其版权保护问题主要集中在对文字及图片内容的保护。Android操作系统较大地放开了系统开发权限。由于Android操作系统在全球范围有众多较大规模厂商支持，且其目的即是为提供给第三方开发商宽泛、自由的开发环境，是移动终端的Web应用平台。所以采用Android操作系统的小米手机和华为平板电脑通过对软件的灵活支持，从而实现对数字内容资源的全面支持。各客户端软件的版权保护方式诸如验证账户信息、业务规则限制、限制转码移出等，对数字内容资源都做到了较为有效的保护。

各阅读终端版权管理情况的比对请见表4-18。

综上，QQ阅读器通过加密和数字证书等方式实现对QQ阅读书库中数字内容资源的有效保护；应用软件在小米手机及华为平板电脑需要根据实际业务需要采用适当的版权保护手段。

表4-18 阅读终端版权管理情况对比表

| 序号 | 设备名称 | 设备特点 | 支持的内容文件格式 | 设备对授权数字内容资源采用的版权保护手段 | 应用软件在设备上对其授权的数字内容资源采用的版权保护手段 | 版权管理情况总结 |
|---|---|---|---|---|---|---|
| 1 | 腾讯阅读器 | 仅可阅读电子书 | EPUB、TXT、PDF、DOC、RTF、HTML、JPG、PNG等 | 加密、数字证书 | 不可安装其他应用软件 | 对QQ阅读书库授权资源以加密、嵌入数字证书等手段给予保护；同时支持其他多种图文格式，但不对其做版权保护。兼顾资源版权保护和设备推广使用两方面需要。 |
| 2 | 小米手机 | 屏幕适中，携带方便，可为用户提供较为方便的办公、娱乐体验 | TXT、JPG、JPEG、PNG、MP4、3GP等，安装使用相应应用软件可实现对多种格式的支持 | 加密、数字证书、文件防复制等 | 应用软件基于Android系统采取适当手段，如加水印、加密、特有格式、禁止下载、限制转码移出等 | 由于Android操作系统在全球范围有众多较大规模厂商支持，且其目的即是为提供给第三方开发商宽泛、自由的开发环境，是移动终端的Web应用平台。所以设备对软件灵活支持，从而实现对数字内容资源的全面支持。各客户端软件的版权保护方式诸如验证账户信息、业务规则限制、限制转码移出等，对数字内容资源都做到了较为有效的保护。 |
| 3 | 华为平板电脑 | 屏幕大，配置相对较高，功能更强大，可为用户提供更好的办公、娱乐体验 | TXT、JPG、JPEG、PNG、MP4、3GP等，安装使用相应应用软件可实现对多种格式的支持 | 加密、数字证书、文件防复制等 | 应用软件基于Android系统采取适当手段，如加水印、加密、特有格式、禁止下载、限制转码移出等 | 由于Android操作系统在全球范围有众多较大规模厂商支持，且其目的即是为提供给第三方开发商宽泛、自由的开发环境，是移动终端的Web应用平台。所以设备对软件灵活支持，从而实现对数字内容资源的全面支持。各客户端软件的版权保护方式诸如验证账户信息、业务规则限制、限制转码移出等，对数字内容资源都做到了较为有效的保护。 |

（3）国外与国内新兴阅读终端数字内容资源版权管理模式的比较

通过比较国外以及国内有代表性的新兴阅读终端，关于新兴阅读终端数字内容资源版权管理模式形成如下结论：

①阅读终端的操作系统开放性对数字内容资源的版权保护起到重大作用，封闭的系统对数字内容资源起到非常好的保护作用。

②国内阅读终端与国外阅读终端很大的不同在于，国内阅读终端围绕着国人阅读潮流，有着更丰富而多样的功能。但是从对数字内容版权保护方面，采取的措施与国外阅读终端是相似的。

③无论是基于国外阅读终端还是国内阅读终端，都需要应用软件在阅读终端技术要求基础上提出适合自身业务的数字版权保护策略。

# 五、数字版权保护技术发展趋势分析[①]

## （一）数字版权保护技术趋势探索

### 1. 区块链技术在数字版权保护中的应用

（1）区块链技术原理

区块链（blockchain）技术为数字版权提供了一种去中心化的版权登记形式，可以提高数字版权管理与交易系统的透明性、安全性、可靠性、可验证性、可溯源性、可扩展性、健壮性和运行效率，并提供自动执行版权合约的方式。

区块链技术运用密码算法、时间戳、分布式共识和经济激励等手段，在分布式系统内的非可信节点间建立了基于去中心化信用的点对点交易、协调与协作机制，从而化解了中心化机构普遍存在的运维高成本、运行低效率和数据存储不安全等问题。目前，比特币是最为成功的区块链应用案例，要分析区块链的技术核心，首先要研究清楚比特币系统的运行机制。比特币的快速兴起、发展与普及，使区块链技术的研究与应用呈现出指数型增长态势。当今业界普遍认为区块链技术是继大型机、个人电脑、互联网、社交网络之后计算范式的第五次颠覆式创新，是人类信用进化史上继血亲信用、贵金属信用、央行纸币信用之后的第四个里程碑，同时区块链技术还是下一代云计算技术的雏形，有望像互联网一样彻底重塑人类社会活动形态，并实现从信息互联网向价值互联网的转变。

区块链系统的安全性主要依赖于链式存储机制、密码机制、时间戳机制、工作量证明机制，分布式工作量共识机制和激励机制之间的相互配合。在信任体系建设过程中，系统使用了 Hash 函数对单笔交易信息和块信息进行处理用于生成"数据指纹"，

---

① 本部分摘自中云文化大数据科技有限公司资助课题：数字版权保护技术研究报告
　课题组负责人：张　立　中国新闻出版研究院
　课题组参加者：张凤杰　中国新闻出版研究院工程研发中心
　　　　　　　　栾京晶　中国新闻出版研究院工程研发中心
　　　　　　　　周　丹　中国新闻出版研究院工程研发中心
　　　　　　　　周　琨　中国新闻出版研究院工程研发中心
　　　　　　　　王　瑶　中国新闻出版研究院工程研发中心
　　　　　　　　陆希宇　中国新闻出版研究院工程研发中心

采用了链式结构来存储每笔交易和每块账本信息,并引入了时间戳为区块链提供按时间追溯的机制;在交易过程中,所有者需要利用私钥对交易信息的"数字指纹"进行签名处理,以此来确认交易的真实性和不可否认性;在记账过程中,系统利用 Hash 碰撞模型构造出工作证明机制和工作量共识机制,由此来保障已经产生的账本不可被更改,账本信息的可信性则由全体记账员共同投票决定,从而极大地减小了单个记账员生成错误账单或伪造历史账单的可能性;同时,系统建立了记账奖励刺激机制,有效地抑制了攻击者的工作效能。

(2)现行版权保护体系分析

数字内容作品的出版涉及数字内容的制作、出版发行、销售、数字图书馆服务等产业链环节,需要解决一系列技术问题。其中,数字版权保护技术是关键,涉及数字内容描述、识别、交易、保护、监控和跟踪等各个环节。由于出版与发售过程中参与交易各方的利益和需求相互制约、版权收益此消彼长,因此交易各方均存在诸多不信任点,主要有:

①内容提供商与内容运营商之间的不信任。国内大部分内容交易系统由内容运营商构建和运维,内容提供商不直接运行数字内容交易系统,因此内容提供商对于交易性的可信度无法评估,这需要在二者之间建立可信的结算机制,同时监管部门需要获得可信的数字内容作品销售数据。在传统的中心式管理模式下,为了监控交易的可信性就需要设立独立的第三方交易数据管理平台,解决数字内容作品在交易过程中计数的"可信"问题,使各种交易数据可信可控。

②内容提供商与代印点之间的不信任。在印刷过程中,数字内容文件容易泄漏,且内容提供商出版单位无法对按需印刷的印刷数量进行有效控制和可信计数,代印点容易进行私印和多印、印刷后的纸质文件不能对版权信息和代印点信息进行有效的识别和追踪。

③内容提供商、运营商,代印点与集成商之间的不信任。集成商为内容提供商、运营商和代印点提供了公共服务平台,主要负责集成、销售、分发和维护数字内容,是数字内容的集散地,因此各方对于集成商的不信任贯穿于业务的全过程。

④内容提供商与读者(消费者)之间的不信任。数字内容提供商担心在数字内容交付之后读者(消费者)是否会在未获得合法授权的情况下非法使用、传播数字内容,同时也担心用户的交易诚信度问题(数字内容交易退款条件如何界定的问题);读者(消费者)担心数字内容提供商所使用的保护技术限定了合理的操作行为。

⑤读者(消费者)与内容运营商之间的不信任。读者(消费者)担心内容运营商是否提供了虚假内容信息,以及网上交易过程是否安全等问题;内容运营商同样担心用户的交易诚信度问题(数字内容交易退款条件如何界定的问题)。另一方面,有些消费者对于数字内容的按需印刷还有一些个性化的印刷需求,这些印刷需求主要表现

为消费者希望从不同的数字内容作品中将所需内容分别摘取出来打包组成新的数字内容，并通过控制代印点印刷，印刷成册。因此，内容提供商还需要解决多来源作品组合授权和个性化印刷问题。

为了解决上述问题，国家监管机构需要建设中心式的、可适配多种商业模式、复杂应用环境和网络环境的第三方可信平台，并建立起可信计数机制、安全认证机制与访问控制机制，以维护整个版权交易系统的信任体系。在中心式版权交易系统内，整体系统的安全性高度依赖于第三方监管平台的可信性与稳定性，第三方监管平台的业务承载能力成为了系统运行效率的瓶颈。为了保障平台的可靠性，第三方运营单位不仅需要在系统内建立双机（多机）热备机制，而且还需要根据灾备需求建立大型的异地备份中心。在系统备份过程中，数据同步、业务备份与用户迁移操作将消耗巨大的计算资源、电力资源与通信资源，因此，随着第三方业务范围不断增长、影响范围不断扩大，未来的运维成本将呈指数型增长态势。

另一方面，由于在监管过程中被监管系统的所有极具经济价值的交易数据都汇总在第三方可信平台内，导致平台很容易成为各类攻击者的攻击对象。而计算机体系的漏洞层出不穷，APT等新型攻击方式层出不穷，而当前网络安全系统主要由防火墙、入侵检测和病毒防范等技术组成，但这些消极被动的封堵查杀技术总是落后于攻击手段演变步伐。如果第三方平台数据的安全性依赖于整体系统的安全性，则未来平台的安全运维成本支出将呈指数型增长态势。

（3）基于区块链技术的数字版权保护方案

区块链技术可为版权提供一种去中心化的版权管理模式，可从根本上解决交易可信度问题、版权流转问题、权利证书与交易单据相互分离的问题、静态权限描述难以直接作用于受保护数字内容产生保护效果等问题。结合版权保护技术需求，区块链技术具有如下特点。

①自我监管：区块链技术可在原理上不再需要第三方监管版权保护系统的运维过程，国家主管部门职责是制定技术标准和规范，并进行版权登记、仲裁和生态系统维护等顶层设计与管理工作。区块链技术让系统中每个节点都参与交易审计，所有的审查和监督工作均由算法自动完成，可确保任何节点都无法欺瞒系统。区块链技术让系统中的每个元素都完全透明，利用大众监管的方式实现了去中心化管理模式，从而可有效地降低欺诈行为、节省成本并提高管理效率。

②便于追踪：区块链能够把所有版权信息和版权交易信息都记录在区块链上并加入了时间戳（用于精确记录交易时间），任何加入到区块链上的记录都不可被篡改，因此任何交易都可以被充分地查询、追踪和证明。对于碎片化作品而言，无论是一张图片、一段文字、一个程序包或者一段音视频文件，均可通过区块链证明其存在性。

③去中心化：区块链的网络基础是去中心化的点对点网络，系统中每个参与节点

上都保存了完整账本，这使得系统具有很高的容错性、可靠性，可保证部分节点出现问题后整体系统仍能正常运转。

④智能合约：智能合约是由事件驱动的、具有状态的、运行在可复制的共享区块链数据账本上的计算机程序，能够实现主动或被动的处理数据，控制和管理各类链上智能资产等功能。智能合约可以内置在任何区块链数据、交易、有形或无形资产上，形成软件自定义系统、市场和资产。简言之，智能合约即是程序化规则和逻辑，是部署在区块链上的去中心化、可信共享的程序代码，它经参与交易的各方签署后，以程序代码的形式附着在区块链数据上。智能合约封装了预定义的若干状态及转换规则、触发合约执行的情景和特定情景下的应对操作等内容。区块链可实时监控智能合约的状态，并通过核查外部数据源、确认满足特定触发条件后自动激活并执行合约。

综上所述，区块链与数字版权保护应用之间有诸多结合点，主要包含以下几方面：交易与授权数据存储，交易与授权记录审计，数字内容操作审计，自动化授权与操作控制，用户账户管理与隐私保护等。具体的技术实施内容可通过构建三条链的方式来实现，即"数字版权管理链""交易审计信息链"和"用户信息链"。其中，"数字版权管理链"负责存储交易、授权和操作管理数据及权限控制合约；若短期内系统无法建立起全网公共链或是产业联盟链，则可在第三方建立"交易审计信息链"，用于分布式存储交易审计信息，维护系统的可信性与公平性；"用户信息链"负责用户登记、账户登记、公钥管理（代替PKI体系）、设备管理与操作运行环境管理等业务，使系统具备更高的安全性和运行效率，从根本上解决PKI体系在跨域与分层管理中遇到的问题。综合来看，引入区块链技术可使系统数据的安全性依赖于分布式数据存储结构、密码算法安全性和共识安全性，提供系统运行效率和安全性，降低系统运维成本。

（4）区块链技术在数字版权保护应用上的难点

数字内容经销产业有较高的专业性和行业壁垒，主要体现在以下几个方面。

①经销商获取数字内容经营权的代价较高。

②消费者的版权保护意识较淡薄，不愿消费"定价过高"的数字内容作品，总想通过各种渠道获取免费数字内容，对于盗版的数字作品抱有较大热情。

③数字作品具有易传播、易复制、盗版追踪困难等特性，因此数字作品的版权持有者难以将大量有价值的数字内容托管给信誉度未得到良好证明的、未经过权威机构担保或监督的电商平台销售，因此在初创阶段平台运营者需要耗费大量资金来购买带版权的数字内容，以充实平台的货品数量。

④若平台运营者使用先客户后内容的营销策略，则当数字作品不能覆盖目标客户群的需求时，目标客户群会大量流失。反之，若平台使用以作品带动目标客户群增长的营销策略，则平台需有能力应对客户群增长后产生的新需求。换言之，当平台不具

备目标客户群需要的数字作品时，则平台难以推动用户量爆发式增长；当平台内客户群较小时，平台运营者又难以高效地促成交易并将有价值的数字内容迅速变现。

⑤目标客户群的积累过程较慢，且各类目标客户群之间的需求与消费习惯存在差异较大，尤其是大平台式的运营策略难以在短时间内有效命中目标客户群的痛点问题，而过分细化的专业市场又会阻碍平台的发展规模，这就需要有海量的数字作品来支撑平台在不同运营阶段的实际需求。

⑥数字作品的内容安全问题十分关键，相关审查工作需要在第三方权威机构的监管下完成，因此数字作品的审查、发行与销售监管工作将消耗大量的人力、时间与资金成本，这极大地提高了平台的运营难度。

### 2. 云计算环境下的数字版权保护技术应用

根据美国国家标准与技术研究院（NIST）定义，云计算是一种按使用量付费的模式，这种模式提供可用的、便捷的、按需的网络访问，进入可配置的计算资源共享池。换言之，云计算技术是基于互联网的相关服务的增加、使用和交付模式，通常涉及通过互联网来提供动态易扩展且经常是虚拟化的资源。

云计算的出现为许多IT传统产业开辟了新的领域，为许多较为成熟的IT传统技术指明了新的发展方向，特别是随着云计算技术的一步步成熟，它渐渐变成了一股强烈的浪潮冲击着传统产业和传统技术，迫使它们做出适应生存的改变，数字版权保护技术便是其中之一。

结合云计算环境与数字版权保护的具体需求，云计算环境下的数字版权保护有以下几点具体的优势：

①由于整个数据不会传输到云外，数据的数字版权得到了极大的保护。提供给读者的仅仅是数据解析后的屏幕变化量信息，保证了整个业务数据始终停留在云中，避免了传统模型中的安全问题。

考虑到云内部的可信传输，可以减少或不使用传统模式中的两端数据加密解密，降低对服务器处理资源的额外开销。

②由于虚拟应用资源池负责进行数据解析，用户终端的处理压力大大降低，终端仅需要完成对数据的展现。这就支持了更广泛的终端形式，包括各类型的平板设备、手机终端、掌上阅读器等，让读者能够得到更好的阅读体验。

③由于从云端向用户端传输的仅是数据解析后的屏幕变化量，真实的数据不会被传送到终端。所以实际传送的数据量很小，对网络带宽的要求非常低。扩大了用户的使用范围，可以通过有线网络、无线网络、2G/3G网络等多种方式接入访问。

总体而言，在云计算环境下，数字内容的分发与传播变得更为便捷和迅速，这使得传统的数字版权保护方案难以招架，同时，用户的体验需求和用户对数字内容的使用方式也分别因云计算功能强大的特性在渐渐提升和发生变化,这就使得数字版权保护技术需要适应人们更高的需求。

因此,基于云计算结构,应用软件虚拟化技术,提出一种新的、符合当前网络数字环境的数字版权保护技术模式,对于实际应用数字版权保护技术有较高的可行性和应用性。

3.P2P 网络环境中数字版权保护技术应用

P2P 技术（Peer to Peer）属于互联网上出现的一些新型网络技术。具体来说,P2P 技术是一种新兴的不依赖服务器的分布式网络模型,在对等计算、信息共享、分布式搜索等领域有着广泛的应用前景。P2P 技术的快速发展也给数字版权保护技术带来新的需求,给传统数字版权保护技术带来极大的挑战。

尽管目前对于 P2P 技术的理解和界定多有不同,但所有的定义都立足于以用户为中心的"共享",代表的是在不同对等实体间实现的资源和服务的流动,不论共享的是文件还是空闲的处理器时钟。P2P 系统因其灵活高效而日益受到互联网用户的推崇,在内容分发网络中起到了越来越举足轻重的作用。

P2P 系统的开放性和自组织性一方面提供了灵活高效的用户体验,另一方面也带来了亟需解决的用户认证以及反盗版的问题。传统的数字版权保护系统一般采用集中式的认证、管理方式,不能很好地适应 P2P 的分布式环境。此外,恶意节点间还可以通过共谋盗版等非法获取受保护的媒体文件,现有的数字版权保护系统也难以防范此种类型的攻击。因此,一种适用于 P2P 网络环境的分布式身份认证及数字版权保护系统是极其必要的。

## （二）数字版权保护技术服务模式发展趋势

1.私有部署与第三方服务结合的服务模式

在实际的版权业务中,出版单位所面临的数字出版模式是多样的,包括出版单位自主发行、互联网出版、移动出版、电子阅读器、数字报刊等。针对不同数字出版业务模式,数字版权保护技术服务模式也应随之变化,在既有版权保护技术的基础上,进行私有部署和定制化开发,建立起有针对性的数字版权保护架构体系。

同时,为了帮助数字产品更好地走向市场,在面对不同的数字版权保护技术需求时,我们依然需要以基于中国出版物唯一标识的第三方公共服务为基础。在第三方公共服务平台标准制定以及相关技术攻关的基础上,依托中国数字出版物唯一标识服务系统提供的面向全社会的一体化公共服务。此第三方公共服务的目标是向全社会提供数字出版物统一的标识规则，开展一致的版权登记服务，并进一步地提供基于唯一标识的解析、检索、追踪等高级服务，为规范数字出版行业应用，实现不同 DRM 系统之间互操作性能奠定基础。

在实际的版权保护业务中，要求我们将私有部署和第三方服务的服务模式结合起来，形成一整套数字版权保护的服务体系，推动新闻出版产业的健康有序发展。

以互联网出版模式下的数字版权保护为例，通过互联网进行数字内容作品的发行、销售、服务，是数字出版最主流的模式，也是目前应用较为普遍的模式。在该模式下，数字内容作用由内容提供商发布后，经过内容集成商的集成分发，由内容运营商向用户提供包括销售、借阅、按需印刷等内容服务。

在实现与第三方数字版权保护服务平台的对接后，内容提供商能够将自己的数字内容作品进行注册登记，确定自己对其数字内容作品的版权拥有；集成商、销售商以及运营商将其交易数据上传至第三方数字版权保护服务平台，由第三方平台进行统一管理并支持各相关单位的随时查询、核对；同时，平台能够实现对注册的数字内容作品的网络侵权行为进行主动追踪，将侵权状态统计分析后供内容提供商查询使用，作为进一步追责的依据。同时，针对数字内容作品在 PC 终端或者智能手持阅读器终端上的服务等需求，则更多需要根据数字出版过程中环境、数字内容特色及开发平台等因素，进行数字版权保护技术平台私有部署和数字版权保护策略的定制开发。

2.PC 端与移动端结合的服务模式

移动互联网的时代，版权主要载体和战线平台将从互联网时代之前过分依赖纸质和电视等传统传播媒体更多地向以手机为中心的移动互联终端平移，而移动互联网对传播技术的倚重将导致版权法对技术保护措施的高度重视。用技术手段解决来自 PC 端和移动端的版权保护需求，将来会成为一大趋势。

移动端与传统 PC 端在内容作品的展现形式上差距甚大。以视频类作品为例，众所周知，在传统 PC 端，网页在线播放和下载本地播放是常见的播放方式，而移动端，通过视频 APP，用户付费观看的模式已经形成，在信息、作品的复制和传播方式上与传统 PC 端并不一致。基于 PC 端的版权保护服务已经不能满足移动端版权保护的需求。

移动端的输入方式和传统 PC 端巨大的差异也将会给版权拥有者带来根本的改变。传统 PC 时代常用输入方式的鼠标和键盘已经是传统产业。现在的移动端产品更倾向于使用声音，甚至使用照相机，使用图片，使用手势来进行输入。因此，在移动互联时代，移动端的版权保护涉及的保护需求与传统 PC 端并不一样。

因此，在将来，PC 端和移动端结合的版权保护策略和服务模式将会成为热门趋势之一。同一内容的作品，在不同形态不同平台上需要有不同的版权保护策略，而这些策略并不是零散的，而是以内容为核心，能够形成一套完整服务模式。

# 附录1　数字版权保护相关术语

## 1 数字版权保护权利术语

### 1.1 基本权利术语

1.1.1
**知识产权** intellectual property
自然人或法人对自然人通过智力劳动所创造的成果，依法确认并享有的权利。

1.1.2
**著作权** copyright
**版权**
作者对其创作的文学、科学和艺术作品依法享有的专有权利。

1.1.3
**数字版权** digital copyright
作者或版权拥有者享有的以数字化方式保存、复制、传播作品的权利。

1.1.4
**作权主体** subject of copyright
依法享有权利并承担义务的公民、法人或者其他组织。

1.1.5
**原始著作权主体** original subject of copyright
直接参与创作的作者。

1.1.6
**继受著作权主体** derivative subject of copyright
通过继承、转让等方式取得著作权的人。一般只享有财产权，而不能享有人身权。

1.1.7
**版权客体** object of copyright

受著作权法保护的作品。

1.1.8

**人身权** personal rights

**精神权利**

著作权权利中与人身不可分割的非财产性质的权利，主要包括发表权、署名权、修改权和保护作品完整权等权利。

1.1.9

**发表权** right of publication

决定作品是否公之于众的权利。

1.1.10

**署名权** right of authorship

表明作者身份，在作品上署名的权利。

1.1.11

**修改权** right of revision

修改或者授权他人修改作品的权利。

1.1.12

**保护作品完整权** right of integrity

保护作品不受歪曲、篡改的权利。

1.1.13

**复制权** right of reproduction

以印刷、复印、拓印、录音、录像、翻录、翻拍等方式将作品制作一份或者多份的权利。

1.1.14

**发行权** right of distribution

以出售或者赠与方式向公众提供作品的原件或者复制件的权利。

1.1.15

**出租权** right of rental

有偿许可他人临时使用电影作品和以类似摄制电影的方法创作的作品、计算机软件的权利，计算机软件不是出租的主要标的的除外。

1.1.16

**展览权** right of exhibition

公开陈列美术作品、摄影作品的原件或者复制件的权利。

1.1.17

**表演权** right of performance

公开表演作品，以及用各种手段公开播送作品的表演的权利。

1.1.18

**放映权** right of presentatiOn

通过放映机、幻灯机等技术设备公开再现美术、摄影、电影和以类似摄制电影的方法创作的作品等的权利。

1.1.19

**广播权** right of broadcasting

以无线方式公开广播或者传播作品，以有线传播或者转播的方式向公众传播广播作品，以及通过扩声器或者其他传送符号、声音、图像的类似工具向公众传播广播作品的权利。

1.1.20

**信息网络传播权** right of communication through network

以有线或者无线方式向公众提供作品，使公众可以在其个人选定的时间和地点获得作品的权利。

1.1.21

**摄制权** right of cinematography

以摄制电影或者以类似摄制电影的方法将作品固定在载体上的权利。

1.1.22

**改编权** right of adaptation

改变作品，创作出具有独创性的新作品的权利。

1.1.23

**翻译权** right of translation

将作品从一种语言文字转换成另一种语言文字的权利。

1.1.24

**汇编权** right of compilation

将作品或者作品的片段通过选择或者编排，汇集成新作品的权利。

1.1.25

**使用权** right of use

用复制、表演、播放、展览、发行、摄制电影电视、录像，或以改编、翻译、注释、编辑等方式使用作品的权利。

1.1.26

**专有使用权** exclusive right of use

在一定期限和地域内独家使用作品的权利。

1.1.27

**非专有使用权** non-exclusive right of use

公众依法均可使用作品的权利。

1.1.28

**获得报酬权** right to remuneration

著作权所有者因许可他人使用其著作权而获得经济报酬的权利。

1.1.29

**公开传播权** right of public dissemination

依法公开扩散作品的权利。

1.1.30

**出版权** right of publishing

著作权所有者以出版的方式复制和传播作品的权利。

1.1.31

**专有出版权** exclusive right of publishing

**独家出版权**

出版者对著作权人交付出版的作品，在合同约定期间享有的独家出版权利。

1.1.32

**转载权** right of reprinting

将已发表的作品在其他连续性资源上再刊载的权利。

1.1.33

**连载权** right of serialization

一部作品在连续出版物上连续刊载的权利。

1.1.34

**重编权** right of readaptation

将已经改编摄制过影片的作品重新改编摄制影片的权利。

1.1.35

**播放权** right of transmission

以广播或播放的形式使用音乐作品的权利。

1.1.36

**转播权** right of relay

利用传播媒介将作品从表演现场向公众转播的权利。

1.1.37

**附属权** subsidiary right

**从属权**

以原本以外的形式出版作品的权利。

1.1.38

**著作权法** copyright law

**版权法**
确认和保护作者和其他权利人对其作品享有专有权利的法律。

1.1.39
**著作权转让** transfer of copyright
**版权转让**
将著作权中的全部或部分经济权利，在著作权有效期或其中一段时间内，有偿或无偿地转让给他人的行为。

## 1.2 作品权利术语

1.2.1
**作品** works
文学、艺术和科学领域内具有独创性并能以某种有形形式复制的智力成果

1.2.2
**独创性** originality
作品创作行为独立，内容具有与其他作品不同的特征。

1.2.3
**可感形式** sensible form
可以为人的视觉、听觉或触觉所感知的形式。

1.2.4
**物质固定形式** tangible form
作品具有某种固定物质形式的载体。

1.2.5
**文学作品** literary works
以语言文字为工具，形象化地反映客观现实的作品，包括戏剧、诗歌、小说、散文等。

1.2.6
**艺术作品** artistic works
泛指一切可以通过视觉和听觉等感官直接引起人的审美感受的作品。

1.2.7
**科学作品** scientific works
反映自然、社会、思维等客观规律知识内容的作品。

1.2.8
**文字作品** written works
小说、诗歌、散文、论文等以文字形式表现的作品。

1.2.9
**合作作品** works of joint authorship
**共同作品**
由两个或两个以上的作者共同创作的作品。

1.2.10
**集体作品** collective works
以自然人集体名义创作、发表的作品。
注：自然人集体包括创作组、编写组和研究室等。

1.2.11
**职务作品** works created in the course of employment
公民为完成法人或其他组织的工作任务所创作的作品。

1.2.12
**雇佣作品** works made for hire
根据雇佣合同受雇作者在其受雇范围内所创作的作品。

1.2.13
**委托作品** commissioned works
根据与自然人、法人或其他组织签订的委托合同作者所创作的作品。

1.2.14
**政府作品** governmental works
具有司法或行政性质的官方文件及其正式译本。一般不受版权保护。

1.2.15
**署名作品** autonym works
署有作者姓名的作品。

1.2.16
**无署名作品** unsigned works
没有作者署名的作品，包括匿名作品和佚名作品。

1.2.17
**匿名作品** anonymous works
**隐名作品**
**不署名作品**
作者由于某种原因，故意不署任何名称而发表的作品。

1.2.18
**佚名作品** works of an unidentified author
**作者不明作品**

无署名作品的一种。为客观条件（如年代久远、辗转传抄、遗落部分章节等）所限，对作者已难考证确定，只得不署任何作者名称而发表的作品。

1.2.19

**假名作品 pseudonymous works**

作者不愿披露自己的真实姓名，以笔名或化名等虚构的名字发表的作品。

1.2.20

**已发表作品 published works**

已经通过出版、上演、展览、宣讲或散发等方式公诸于众的作品。

1.2.21

**未发表作品 unpublished works**

未经任何方式公诸于众的作品。

1.2.22

**遗作 posthumous works**

作者生前未发表的作品。

1.2.23

**丧失著作权作品 works forfeitted copyright**

超过法定期限而不再受著作权保护的作品。

1.2.24

**无著作权作品 works without copyright**

法律规定不给予著作权保护的作品。

1.2.25

**改编作品 adaptation works**

在原有作品的基础上，通过改变作品的表现形式或者用途，创作出具有独创性的新作品。

1.2.26

**演绎作品 derivative works**

作者在已有作品的基础上经过创造性的劳动而派生出来的作品。

1.2.27

**翻译作品 translation works**

将已有的一种语言文字作品，翻译成另一种语言文字作品。

1.2.28

**汇编作品 compilation works**

围绕某一特定的主题，汇集已有的作品而产生的新作品。

注：汇编作品包括文集、选集等。

## 1.3 权利人术语

### 1.3.1
**著作权人 copyright owner**
版权人
版权所有者
作者和其他依照享有著作权的公民、法人或者其他组织。

### 1.3.2
**原始著作权所有者 original copyright owner**
作品著作权的最初所有者。

### 1.3.3
**继受著作权所有者 derivative copyright owner**
通过继承、受让、互易、受赠等法律行为获得著作权的人。

### 1.3.4
**著作权受让人 copyright alienee**
依法通过购买、互易或受赠而取得著作权所有权的人。

### 1.3.5
**著作权代理 copyright agency**
受著作权人委托，以著作权人名义进行具有著作权法律意义的活动，其后果由著作权人承担。

### 1.3.6
**著作权代理人 copyright agent**
受著作权人委托，进行具有著作权法律意义活动的自然人或组织。

# 2 数字版权保护技术术语

## 2.1 保护原则术语

### 2.1.1
**著作权保护 protection of copyright**
保护著作权人在法律许可范围内行使著作人身权和著作财产权的法律制度。

### 2.1.2
**著作权登记 copyright registration**
为获得著作权保护，依照相关条例，由申请者向著作权管理机构对作品进行登记的一种手续。

2.1.3
**著作权标记 copyright mark**
表明作品受著作权保护的相应符号。

2.1.4
**著作权转移 transfer of copyright**
著作权的经济权利通过继承、转让、赠与或授权独家使用等形式，程度不同地脱离原著作权所有者，而由他人享有或使用。

2.1.5
**卖断著作权 buy-out copyright**
将著作权中的经济权利在整个著作权保护期内全部或者分项有偿转让给他人。

2.1.6
**国际著作权保护 international protection of copyright**
国与国之间相互提供的著作权保护。

2.1.7
**独立保护原则 independent protection principle**
《伯尔尼公约》规定的，缔约各国给予其他缔约国作品的保护，与作品产生国是否有著作权保护无关的原则。

2.1.8
**最低限度保护原则 minimum protection principle**
《世界版权公约》缔约国为本国或其他缔约国国民作品提供著作权保护的水平，不能低于公约规定水平的原则。

2.1.9
**自动保护原则 automatic protection principle**
**自动生效原则**
著作权随作品的完成而自动产生并受法律保护，无须履行任何手续。

2.1.10
**著作权开放 copyleft**
一种与传统著作权相左的理念，主张一切由原著作权法加以保护的智力成果的传播与共享摆脱现行版权制度的过度保护，对作者的部分权利加以限制，而用户原被限制的权利得以自由行使，以促进智力创造和学术交流。

2.1.11
**数字版权管理 digital rights management；DRM**
为保护数字内容在全生命周期中的合法使用和传播而实施的一系列计划、组织、协调、控制和决策等活动。

### 2.1.12
**数字版权保护技术 digital rights protection technology**
为使数字内容免受非法的复制、使用、篡改和传播等而采用的技术保护手段。

### 2.1.13
**物理保护 physical protection**
使用物理手段保护密码模块、关键安全参数和公开安全参数等。

### 2.1.14
**文件保护 file protection**
为了防止对文件未经授权地访问、修改或删除，而采取的管理、技术或物理手段。

## 2.2 保护对象术语

### 2.2.1
**对象 object**
系统中可供访问的实体，包括数据、资源、进程等。

### 2.2.2
**多媒体 multimedia**
综合表现图形、图像、动画、文本和声音的信息组合。

### 2.2.3
**富媒体 rich media**
将文字、图像、音频、视频融合为一体，具有交互性的媒体形式。

### 2.2.4
**数字出版产品 digital publish product**
以知识信息为内容，经过编辑加工，以一定形态呈现，面向公众传播的数字文化产品。

注：数字出版产品包括经过编辑加工的数字作品和电子书等。

### 2.2.5
**电子书 ebooks**
可通过相关设备直接呈现文字、图像、音频或视频等内容的数字出版产品。

注：电子书包括电子图书、电子期刊和电子报等。

### 2.2.6
**数字内容编辑 digital content editing**
对数字内容等进行整理加工的活动。

2.2.7

**数字内容重组** digital content reorganization

将数字内容合并成一个新的整体的过程。

2.2.8

**批注** annotate

对数字内容的评论或注释。

2.2.9

**内容提供者** content provider

提供数字内容的机构、个人。

2.2.10

**内容集成商** content integrators

具有法人资质，对数字内容提供者提供的内容进行整合，以原有或新形式提供服务的机构。

2.2.11

**内容销售商** content seller

具有法人资质，从事数字内容销售服务的机构。

2.2.12

**按需印刷** print on demand；POD

**即时印刷**

按照用户要求的内容和数量，在指定地点和时间，利用数码及超高速印刷技术设备进行数字印刷并装订成册的出版行为。

2.2.13

**代印点** print for another spot

印刷客户端获取印刷系统授权和数字内容文件开展印刷活动的场所。

2.2.14

**涉众** stakeholder

版权保护系统范畴内所涉及的（利益）相关者。

2.2.15

**受众** audiences

数字内容的接收者。

2.2.16

**权利对象** rights object

授权许可或操作及内容加密密钥等消息的数据实体。

## 2.3 保护手段术语

### 2.3.1 保护方式术语

#### 2.3.1.1
**注册 registration**
**登记**
对数字出版产品进行登记的行为。

#### 2.3.1.2
**注册者 register**
**登记者**
登记数字出版产品的组织、个人。

#### 2.3.1.3
**登记机构 registration authority**
负责数字出版产品登记的组织。

#### 2.3.1.4
**著作权集体管理组织 copyrights collective administration organization; CCAO**
根据权利人授权对其著作权或与著作权有关的权利进行集体管理依法设立的社会团体。

#### 2.3.1.5
**数字版权管理标识 digital rights management identifier; DRMI**
以 DRMI 为标识，由 1 位类型标识码、17 位数字内容标识码、3 位版权版本号和 1 位校验码四部分，共计 22 位字符组成的用于数字版权保护技术研发系统的标识符。

#### 2.3.1.6
**存储备份 storage backup**
将数字内容和相应的权利对象发送到其他地方保存，使其数据对象能够重传回最初设备的行为。

#### 2.3.1.7
**绑定 binding**
利用指定对象将被绑定的明文对象转换为密文的操作。

#### 2.3.1.8
**安全便携存储 secure and portable storage**
具有唯一设备标识、用以存储和解析许可的一种终端，通常可与被认证的终端交换许可权限、许可消费状态、内容解密密钥等信息和消费内容。

注：安全便携存储和终端之间可以互相交换许可，即将绑定自身设备标识的许可转换为对方可以自由使用的许可，也可借助能力较强的终端为自身申请许可。

2.3.1.9

**授权系统** licensing system

以颁发许可证的方式在线授予用户使用数字内容权限的系统。

2.3.1.10

**销售系统** selling system

允许客户端用户在线访问和购买数字内容的系统。

2.3.1.11

**技术控制** technical controls

信息系统通过该系统内包含在硬件、软件或固件等部件中的机制来实现和执行的安全控制措施（防御措施和对抗措施）。

2.3.1.12

**超级分发** super distribution

对加密的数字内容进行先分发后获取授权的分发手段。

2.3.1.13

**二次分发** secondary distribution

对数字内容及其许可再次转移的一种分发手段。

2.3.1.14

**批量分发** batch distribution

对数字内容及其许可成批转移的一种分发手段。

2.3.1.15

**著作权合同** copyright contract

著作权人与欲获得著作权使用、转让、质押等权利之人达成的以著作权使用、转让、质押等为内容的合意。

2.3.1.16

**法定许可** legal licensing

法律规定在某些情况下使用已经发表的作品可不经著作权所有者同意，但应支付报酬并注明出处。

2.3.1.17

**强制许可** coercive licensing

法律规定在某些情况下或为某种目的使用已经发表的作品，若无法得到著作权人的许可，主管部门有权批准对其实行强制使用。

2.3.1.18

**出版许可** imprimatur

出版行政部门依法准许出版单位从事出版活动。

2.3.1.19

许可合同 licensing contract

许可证协议

著作权人与他人签订的有关使用作品的书面约定。

2.3.1.20

授权 authorization

赋予某一主体可实施某些动作的权利过程。

2.3.1.21

授权许可证 authorization license

许可证

数字权利描述语言基本单位，即某一个权利发布者对另一个权利接受者的权利声明。

2.3.1.22

分段授权 segment authorization

将数字内容按需要（如章节、页数等）授权给特定群体，用以控制某群体对其数字内容的处理权限。

2.3.1.23

合理使用 fair use

在特定条件下使用他人的作品可以不经著作权人许可、不向著作权人支付报酬，但应标明作者姓名、作品名称等信息，并且不得侵犯著作权人依照著作权法享有的权利的行为。

2.3.1.24

商业性使用 commercial use

为赢利而以复制、出版、录制、上演、广播、展览、改编等方式对受著作权保护作品的利用。

2.3.1.25

约稿合同 contract of inviting to write

出版者与作者签订的相约提供稿件的合同。

2.3.1.26

出版合同 contract of publishing

著作权人与出版者就作品出版权的许可使用或转让而签订的合同。

2.3.1.27

租赁 tenancy

描述了一种以一定费用借贷物品的行为。出租人将自己所拥有的某种物品交与承租人使用，承租人由此获得在一段时期内使用该物品的权利，但物品的所有权仍保留在出租人手中。承租人为其所获得的使用权需向出租人支付一定的费用或租金。

2.3.1.28

**认证 authentication**

对一个对象或实体的正确身份建立必要的鉴别保证的一种安全机制。

2.3.1.29

**电子认证 electronic authentication**

一种共性服务，为电子签名相关各方提供真实性和可靠性验证的公众服务活动。

2.3.1.30

**认证机构 authentication authority**

提供认证管理的组织。

2.3.1.31

**证书 certificate**

**数字证书 digital certificate**

关于实体的一种数据。该数据由认证机构的私钥或密钥签发，并无法伪造。

2.3.1.32

**证书确认 certificate validation**

**证书验证**

确定证书在给定时间内有效的过程，包含一个证书路径的构造和处理，确保所有证书在给定时间内在路径上的有效性（也就是说没有废除或者期满）。

2.3.1.33

**证书认证机构 certificate authority；CA**

负责产生、签发和管理证书的、受用户信任的权威机构。用户可以选择该机构为其创建特定密钥。

### 2.3.2 侵权处理术语

2.3.2.1

**侵权 tort**

侵犯或损害他人的受到法律保护的各种权益。

2.3.2.2

**著作权侵权行为 infringement of copyright**

违反著作权法律规定，对著作权人所享有的著作权构成损害的行为。

2.3.2.3

**盗版 pirated editiOn**

**海盗版**
未经著作权人授权，擅自出版他人受著作权保护作品的版本。

2.3.2.4
**剽窃** plagiarism
将他人作品的全部或一部分，原样或改头换面充作自己的创作成果发表的行为。

2.3.2.5
**抄袭** slavish imitation
将他人作品的全部或一部分基本按照原样抄录下来，充作自己的创作成果发表的行为。

2.3.2.6
**著作权纠纷** copyright dispute
有关当事人之间因涉及著作权的享有或行使而发生的争端。

2.3.2.7
**著作权诉讼** copyright litigation
由于著作权纠纷而向法院提起的法律诉讼。

### 2.3.3 版权支付术语

2.3.3.1
**基本稿酬** basic remuneration
以作品的体裁和篇幅为依据计算的报酬。
注：通常以千字（如文字稿）、若干行数（如诗歌）或幅（如图画稿）为单位计算。

2.3.3.2
**一次性稿酬** remuneration paid once
按作品的质量、篇幅、经济价值等出版者一次性向著作权人支付的报酬。

2.3.3.3
**稿酬字数** number of words for remuneration
计算作品报酬所依据的作品字数。
注：通常稿酬字数按照出版物页面进行计算，与作品的实际字符数不同。

2.3.3.4
**作品报酬** remuneration
**稿酬**
**稿费**
因使用作品而向著作权人支付的报酬。

2.3.3.5
**版权使用费** royalty
**版税**
著作权人因他人使用其作品而获得的一定货币份额。

2.3.3.6
**计费** charging
数字版权保护业务管理系统中计算数字内容使用费用的一种功能。

2.3.3.7
**支付系统** payment system
可支持不同类型的支付方式，可执行各个功能性组件所构成的软硬件系统。

2.3.3.8
**本地支付** local payment
在卖方所在地的付费方式。

2.3.3.9
**远程支付** remote payment
在异地的付费方式。

2.3.3.10
**离线收费** off-line charging
所提供的服务不受收费信息实时影响的收费方式。

2.3.3.11
**在线收费** on-line charging
收费信息可实时影响所提供的服务、可与会话或服务控制直接交互的一种收费方式。

## 2.4 技术方法术语

2.4.1
**业务规则** business rules
系统设计及实现过程中对业务执行方式、特定情况处理方法以及对测试和设计者提供的一系列技术要求。

2.4.2
**最小功能性描述** minimum functionality description
保证执行技术发布版本中的最低强制要求部分的特征和功能集合的描述。

2.4.3
**版式技术** fixed layout technique

将文字、图形、图像等多种数字内容按照排版规则进行版面固化呈现的技术。

2.4.4

**密码 cipher**

一种用于保护数据保密性的密码学技术，由加密算法、解密算法和密钥生成及相应运行过程组成。

2.4.5

**加密 encipherment；encryption**

对数据进行密码变换以产生密文的过程。一般包含一个变换集合，该变换使用一套算法和一套输入参量。输入参量通常被称为密钥。

2.4.6

**密钥 key**

一种用于控制密码变换操作（例如加密、解密、密码校验函数计算、签名生成或签名验证）的复合序列。

2.4.7

**加密密钥 cipher key**

结合安全算法，用于编码和解码用户或信号数据的代码。

2.4.8

**段密钥 segmentation key**

将逻辑段的明文转换为密文或将密文转换为明文的算法中需要输入的参数。

2.4.9

**公开加密密钥 public encipherment key**

用于定义公开的加密变换的公开密钥。

2.4.10

**公开密钥 public key**

**公钥**

在某一实体的非对称密钥对中，能够公开的密钥。

2.4.11

**加密鉴别机制 authenticated encryption mechanism**

一种用于保护数据的保密性并保证数据的原发地和数据完整性的秘密学技术，由加密算法、解密算法和生成密钥方法三个分过程组成。

2.4.12

**加密选项 encryption option**

一种可传递给非对称密码的或密钥封装机制的加密算法的选项，以控制输出密文的格式。

2.4.13
**分段加密** segment encryption
根据需求（如章节、页数、时间点、各个用户组级别等）将数字内容进行不同方式的加密处理，以实现对其数字内容进行不同程度的版权保护。

2.4.14
**点对点密钥建立** point-to-point key establishment
在两个实体之间，不涉及第三方直接建立密钥。

2.4.15
**电子密钥传输** electronic key transport
采用计算机网络等电子手段，通常以加密形式传送密钥的操作。

2.4.16
**电子密钥注入** electronic key entry
采用智能卡或密钥装入器等电子方法把密钥注入到密码模块的操作。

2.4.17
**对称密码** symmetric cipher
一种在加密和解密算法中都使用相同的密钥的加密算法。

2.4.18
**对称密码技术** symmetric cipher technique
原发方的变换和接收方的变换均采用同一密钥的加密技术。

2.4.19
**公开加密变换** public encipherment transformation
由非对称加密系统和非对称密钥对的公开密钥确定的加密变换。

2.4.20
**公开验证密钥** public verification key
一种数据项，在数学上与私有签名密钥相对应，可为所有实体所知，并由验证方在签名验证过程中使用。

2.4.21
**公钥导出函数** public key derivation function
一个域参数，它的功能是将比特串映射成正整数。
注1：这个函数用于将实体标识数据转换成实体验证密钥，并符合下列两个性质：要找出任何一对映射成同一输出的两个不同的输入数据，在计算机上是不可行的。随机选取数值Y，Y在函数值域范围内的概率小到可以忽略；或者对给定的输出数据，找出可映射成该输出的输入，在计算机上是不可行的。
注2：可忽略性与计算机上的不可行性依赖于具体的安全要求和环境。

### 2.4.22
**公钥体系（用于数字签名）public key system（for digital signature）**
由以下三种功能组成的密码体制：

密钥产生，即一种用于生成密钥对（由一个私有签名密钥和一个公开验证密钥构成）的方法。

签名产生，即一种用于从消息代表 F 和私有签名密钥生成签名 Σ 的方法。

签名打开，即一种用于从签名 Σ 和公开验证密钥来恢复消息代表 F* 的方法。这一功能的输出还包含关于签名打开规程成败的指示。

### 2.4.23
**公钥信息 public key information**
至少包含实体可区分标识符和公钥的信息。该信息被限制为关于一个实体的数据和该实体的公钥。

该信息还可包括认证机构、实体、公钥、密钥应用限定、有效期或相关算法等相关内容。

### 2.4.24
**公钥证书 public key certificate**
由证书权威机构对一个实体签发并不可伪造的有关其公钥信息的数据结构。

### 2.4.25
**混合密码 hybrid cipher**
将非对称密码技术和对称密码技术结合起来的非对称密码机制。

### 2.4.26
**验证密钥 verification key**
与实体的签名密钥有关，在验证过程中由验证方使用的一个数据项。

### 2.4.27
**密钥传送 key transport**
在适当保护下，从一个实体到另一个实体传送密钥的过程。

### 2.4.28
**密钥管理 key management**
根据安全策略，实施并运用对密钥材料进行产生、登记、认证、注销、分发、安装、存储、衍生、销毁和恢复的服务。

### 2.4.29
**水印载体 watermarking carrier**
嵌入水印的数字对象。

### 2.4.30
**数字水印 digital watermarking**

在受保护的数字内容中嵌入版权归属等不易探知和修改等信息的一种技术。

2.4.31

**水印隐蔽性 watermarking Imperceptibility**

水印透明性

嵌入水印之后不易感知效果。

2.4.32

**水印鲁棒性 watermarking robustness**

水印在各种攻击之下可被正确提取的性能。

2.4.33

**水印负载容量 watermarking load capability**

可嵌入的水印信息量的大小。

2.4.34

**水印安全性 watermarking security**

数字水印抵抗恶意攻击的能力。

2.4.35

**媒体指纹 mediaprint**

从文本、音频、图像、视频等媒体内容中提取的、能够唯一识别该媒体内容的不变性表征。

2.4.36

**媒体指纹健壮性 mediaprinting robustness**

按照同一方法从同一个媒体内容的多种变形（如不同压缩编码格式、模数转换、尺寸变化等）中提取得到的媒体指纹基本不变的特性。

2.4.37

**媒体指纹独特性 mediaprinting uniqueness**

按照同一方法从不同媒体内容中提取得到的媒体指纹各不相同的特性。

2.4.38

**策略 policy**

由管理层正式表述的总体意图和指向。

2.4.39

**策略管理 policy management**

建立、描述、更新、删除、配置和浏览策略的动作。

2.4.40

**散列 hash function**

杂凑函数

将比特串映射为固定长度的比特串的函数，该函数满足下列两特性：

——对于给定输出，找出映射为该输出的输入，在计算上是不可行的；
——对于给定输入，找出映射为同一输出的第二个输入，在计算上是不可行的。
注：计算上的可行性取决于特定安全要求和环境。

2.4.41
**应用协议 application protocol**
应用所需要的一组规则集。

2.4.42
**签名 sign**
签名生成过程产生的一个或多个数据元素。用实体的私钥对相关数据进行密钥变换。

2.4.43
**签名方 signer**
生成某一数字签名的实体。

2.4.44
**签名方参数 signer parameter**
在一个特定域内，针对给定的签名方所提供的公开数据项、数或比特串。

2.4.45
**数字签名 digital sign**
附加在数据单元上的一些数据，或是对数据单元所作的密码变换，这种数据或变换允许数据单元的接收者用以确认数据单元的来源和完整性，并保护数据防止被人（例如接收者）伪造或抵赖。

2.4.46
**签名过程 signature process**
输入消息、签名密钥和域参数，输出签名的过程。

2.4.47
**签名系统 signature system**
一种基于非对称密码技术，其私有密钥用于签署变换，其公开密钥用于验证变换的系统。

2.4.48
**点对点 peer to peer**
对等技术
通过系统间的直接交换达成计算机资源与信息共享的系统。

2.4.49
**域 domain**
一组实体对象的集合，其中每一个对象通过一个定性关系与控制对象相关联。设备域是一组用户数字设备和一个域管理控制器所构成的一组实体集合。

2.4.50

**域标识 domain identifier**

域密钥相关的一个唯一的字符串标识符。

2.4.51

**共享域 shared domain**

授权用户和授权设备组成一个或多个域,授权内容只能在指定的共享范围内使用。

2.4.52

**域上下文 domain context**

包括对设备域中权利对象所必需的信息,如域密钥、域标识符和域的上下文到期时间。

2.4.53

**域密钥 domain key**

满足域安全需求的一个特定位数的对称密钥。

2.4.54

**域上下文到期时间 domain context expiry time**

在一个绝对时间后不允许设备安装该域的权利对象,到期时间之前安装的权利对象的使用不受其影响。

2.4.55

**域取消 domain revocation**

表述域密钥不再被信任,用以保护域权利对象的权利发布的过程。

2.4.56

**域权利对象 domain rights object**

一个基于域密钥的方法,专用于特定域内所属设备的权利对象实体。

2.4.57

**加入域 join domain**

添加一个用户设备进入特定域的权利发布过程。

2.4.58

**离开域 leave(de-join)domain**

删除一个特定域中非撤销设备的权利发布过程。

2.4.59

**解密 decipherment;decryption**

将密文转换为明文的处理,即加密对应的逆过程。

## 2.5 保护权限术语

### 2.5.1
**著作权保护期** term of protection for the copyright
**著作权期限**
法律对作品著作权所规定的有效保护期限。

### 2.5.2
**著作权限制** limitation on copyright
法律对著作权权利的限制性规定，以及为著作权一般原则例外情况的规定。

### 2.5.3
**用户** user
应用服务的实体并使用数字版权保护系统的人或机构。

### 2.5.4
**客户** client
在公钥密码体制中，使用 PKI 来获得证书并且去验证证书和签名的功能的人或终端实体。

### 2.5.5
**角色** role
在过程或组织的语境中所执行的功能。

### 2.5.6
**权限** rights
依法授予的处理一定范围的事务的能力。

### 2.5.7
**内容发布者** content issuer
将数字内容提供给设备使用的实体。

### 2.5.8
**授权服务器** licence server
管理客户端许可证的获取和撤销的设备。

### 2.5.9
**禁止转发（向前锁）** forward lock
一个特殊的组合发送方法，在 DRM 消息中仅包含媒体内容权利对象。在这种情况下，媒体对象采用一套缺省设置的使用权利。

### 2.5.10
**许可操作** permission operation
授予许可用户对数字内容可实施的操作（如浏览、播放、打印、拷贝、转让等）。

2.5.11
**许可限制** permission constraint
对特定许可操作所施加的约束、前提条件和上下文环境等的要求。

2.5.12
**时间段限制** time constraint
一段连续的、被明确规定的时间才能使用许可的规定。

2.5.13
**口令** password
用于身份鉴别的秘密的字、短语、数或字符序列，通常是被默记的弱秘密。

2.5.14
**用户绑定** users binding
用户向许可服务器申请一个与用户身份绑定的许可。绑定身份的许可隐式绑定到一个或一组终端上，即只有适当的用户在适当的终端上才能使用此许可。

# 3 数字版权保护安全管理术语

## 3.1 应用安全术语

3.1.1
**安全服务** security service
根据安全策略，为用户提供的某种安全功能及相关的保障。

3.1.2
**安全许可** service clearance
允许个体访问某一特定安全级别或低于该级别的数据和信息。

3.1.3
**服务接入点** service access point
在一个协议层上为其上层应用提供服务访问的接口。

3.1.4
**服务质量概要** QOS profile
服务质量相关的一组参数，主要用于定义预期性能。

3.1.5
**移动网关白名单** mobile gateway white list
移动网关记录的移动服务提供商服务器信息的名单列表。

3.1.6
**Web 服务** web service

用以支持网络间不同设备互动操作的软件系统。通常由多个应用程序接口组成，通过网络执行客户提交的服务请求。

3.1.7

**数据 data**

用适用于通信、解释和处理的形式表示的信息的形式化表现形式。

3.1.8

**标识数据 identification data**

一种分配给某一实体，用于对其进行标识的数据项序列，该序列包括实体的可区分标识符。

3.1.9

**元数据 metadata**

定义和描述其他数据的数据。

3.1.10

**数据元 data element；DE**

由一组属性规定其含义、标识、表示和允许值的数据单元。

3.1.11

**数据转换 data conversion**

将数据从一种表示形式变换成另一种表示形式。

3.1.12

**数据处理 data processing**

对数据进行的系统化操作。

示例：对数据进行算术运算和逻辑运算，数据的归并或排序，程序的汇编或编译，以及对文本的操作，如文本编辑、分类、归并、存储、检索、显示、打印等。

注：本术语不能作为信息处理的同一术语。

3.1.13

**数据保护 data protection**

采取管理或技术措施，防范未经授权访问数据。

3.1.14

**数据损坏 data corruption**

偶然或故意破坏数据的完整性。

3.1.15

**数据完整性 data integrity**

数据没有遭受以未授权方式所作的更改或破坏的特性。

3.1.16

**访问权 access right**

允许主体以某一类型的操作访问某一客体。

3.1.17

**访问类型（用于计算机安全）access type（in computer security）**

由访问权所规定的操作类型。例如：读、写、执行、添加、修改、删除与创建。

3.1.18

**访问期 access period**

访问权的有效期限。

3.1.19

**访问受控系统 controlled access system**

使物理访问控制达到自动化的手段。例如：使用磁卡、智能卡、生物测定（生物特征）阅读器等进行自动化物理访问控制系统。

3.1.20

**访问许可 access permission**

主体针对某一客体所拥有的访问权。

3.1.21

**推送代理网关 push proxy gateway**

为推送发起者充当推送代理的网关，给推送客户提供空中通信推送信息服务。

3.1.22

**拉模式 pull**

一种服务提供方法，客户端通过请求服务器而最先发起请求内容的消息。

3.1.23

**借入 borrow**

从出借方借来数字内容并承诺在固定期限内归还的活动。

3.1.24

**预览 preview**

购买数字内容之前用户可预先观看部分内容的活动。

3.1.25

**在线阅览 online reading**

在网络环境下用户通过终端设备或通用浏览器直接阅读数字内容的活动。

3.1.26

**多媒体服务 multimedia service**

可处理多种媒体类型的服务（如同步方式的音频和视频服务），可涉及多方、多个连接以及在一个通信会话中涉及资源和用户的增加或删除。

### 3.2 环境安全术语

#### 3.2.1
**信息安全管理体系** information security management system

基于业务风险方法，建立、实施、运行、监视、评审、保持和改进信息安全的体系，是一个组织整个管理体系的一部分。

注：该管理体系包括组织结构、方针策略、规划活动、职责、实践、规程、过程和资源。

#### 3.2.2
**安全性** security

保护信息的保密性、完整性、可用性以及防止用户被欺诈的特性。

#### 3.2.3
**本地安全性** local security

一种用于保护离线文档内容不被拷贝或篡改的安全加密机制。

#### 3.2.4
**封闭安全环境** closed-security environment

一种环境，其中通过授权、安全许可、配置控制等形式，进行数据和资源的保护，免受偶然的或恶性的动作。

#### 3.2.5
**开放的安全环境** open-security environment

一种环境，通过普通的操作过程即可获得对数据及资源的保护，使之免受偶然的或恶性的动作。

#### 3.2.6
**保密性** confidentiality

使信息不泄露给未授权的个人、实体、进程，或不被其利用的特性。

#### 3.2.7
**完整性** integrity

数据没有被非授权的方式所改变或破坏的特性。

#### 3.2.8
**可靠性** reliability

预期行为和结果保持一致的特性。

#### 3.2.9
**可用性** availability

已授权实体一旦需要就可访问和使用的数据和资源的特性。

3.2.10

**可信性** trusted

交易各方都认可和信任的特性。

注：可信性在交易各方利益发生冲突时，保证各方对交易数据和信息相互不可抵赖。

3.2.11

**可计数性** countability

数字内容的交易数量可被统计的特性。

3.2.12

**环境失效保护** environmental failure protection

使用一些特定功能来保护由于环境条件或环境波动超出模块政策操作范围所造成的模块泄露。

3.2.13

**环境失效测试** environmental failure testing

使用特定方法提供合理保障，当环境条件或环境波动超出某一密码模块的正常运行范围时该模块不会泄露。

3.2.14

**软件质量保证** software quality assurance；SQA

验证软件开发过程中的计划、步骤等是否正确地被所有项目所采用的系统方法。

3.2.15

**软件开发工具包** software development kit；SDK

用于为特定的软件包、软件框架、硬件平台、操作系统等建立应用软件的开发工具的集合。

3.2.16

**应用程序编程接口** application programming interface；API

软件系统不同组成部分之间衔接的约定。

3.2.17

**网络运营商** network operator

提供网络连接和服务的实体机构。

3.2.18

**接入条件** access conditions

与一个数据源相关的一组安全属性。

3.2.19

**接入协议** access protocol

网络接口与业务节点接口之间实现传送承载功能的协议。

3.2.20

**协议封装** protocol encapsulation

通过传输包裹在另一协议内的协议数据单元，将一个数据流封装在另一数据流中。

3.2.21

**数字版权封装** digital rights management encapsulation

将数字内容版权相关信息打包到数字内容作品中的过程。

3.2.22

**漫游** roaming

对于用户而言，表示在与本地网络不同的其他网络中也能访问服务的能力。

3.2.23

**多设备授权共享** multi-device license sharing

实现用户的多台设备的一次性授权。

3.2.24

**多用户共享** multi-user sharing

通过对多用户的一次性授权，数字内容在多个授权用户之间的共享使用。

3.2.25

**硬件绑定** hardware binding

将许可与设备的硬件特征信息进行关联，使用户只能在该设备上进行使用许可的行为。

3.2.26

**硬件特征信息** hardware feature information

能够表示一台设备身份的信息。

3.2.27

**硬件适应性** hardware adaptation

在阈值范围内的硬件部件变更不影响数字内容的使用的特性。

3.2.28

**硬件部件** hardware component

组成一台设备的零件，如 CPU、硬盘和网卡等。

## 4　缩略语

AAP：美国出版协会（The Association of American Publishers）

API：应用程序接口/应用编程接口（Application Programming Interface）

AVS：数字音视频编码技术标准工作组（Audio Video Standard）

BT：比特洪流（Bit Torrent）

CCAO：著作权集体管理组织（Copyrights Collective Administration Organization）

CMS：内容管理系统（Content Management System）

CNRI：美国国家研究促进组织（Corporation for National Research Initiatives）

CP：证书策略（Certificate Policy）

DAS：数据采集站（Data Acquisition Station）

DMCA：数字千年版权法（Digital Millennium Copyright Act）

DOI：数字对象唯一标识符（Digital Object Identifier）

ETRI：电子通信研究院（Electronics and Telecommunications Research Institute）

GHR：全局名称登记系统（Global Handle Registry）

GSM：全球移动通讯系统（Global System for Mobile Communications）

ISAN：国际标准视听号码（International Standard Audiovisual Number）

ISRC：国际标准录音制品编码（International Standard Recording Code）

ISTC：国际标准文本编码（International Standard Text Code）

LHS：本地名称服务系统（Local Handle Service）

MMS：多媒体信息服务（简称彩信）（Multimedia Messaging Service）

MMTA：移动多媒体技术联盟（Mobile Multimedia Technology Alliance）

OMA：开放移动体系结构（Open Mobile Architecture）

P2P：点对点（Peer-to-Peer）

PDA：掌上电脑（Personal Digital Assistant）

PDF：可移植文档格式文件（Portable Document Format）

PKI：公钥基础设施（Public Key Infrastructure）

POD：按需印刷（Print-on-Demand）

RO：权利对象（Rights Object）

SCVP：简单证书认证协议（Simple Certificate Validation Protocol）

SDK：软件开发工具包（Software Development Kit）

SSL：加密套接字协议层（Security Socket Layer）

URI：统一资源标识符（Uniform Resource Identifier）

URL：统一资源定位符（Uniform Resource Locator）

WAP：无线应用协议（Wireless Application Protocol）

# 附录2　2005—2018中国数字版权保护状况（节选）

## （一）2005—2006数字版权保护状况

网络传播已经成为盗版电子图书、影音产品、网络游戏产品进入中国文化市场的重要渠道；一些不法分子还私自架设服务器，外挂软件程序，擅自利用互联网从事网络游戏经营活动。网络盗版侵权行为不仅严重阻碍了版权相关产业的生存和发展，还严重侵犯了著作权人的合法权益，同时也破坏了民族文化创新能力，损害了国家形象，对公共利益造成严重危害；一些内容不健康的网络盗版作品，还给未成年人的成长带来了极大的负面影响。

中国政府发布的《2005年中国知识产权保护状况》中表明，"中国政府把知识产权提升到战略高度"，还在《2006年中国保护知识产权行动计划》中的"立法计划""执法计划"中对与网络相关的知识产权保护问题进行了明确的阐述，具体包括：在"立法计划"中，"为了保护信息网络传播权，鼓励通过信息网络向公众传播优秀作品、表演或者录音录像制品，加快制定《信息网络传播权保护条例》"；在"执法计划"中，"文化部门将严厉打击非法经营网络音乐和网络游戏'私服''外挂'行为。选择规模较大、影响范围较广的单位为主要打击对象，严厉打击未经批准的非法互联网文化经营活动，依法查处侵犯知识产权、扰乱市场秩序的违法行为"，"版权部门将以查处重点案件为突破口，加大行政执法工作力度。开展打击网络侵权盗版等专项治理行动后的检查验收工作，防止已经查处的非法组织'死灰复燃'。重点查处一批以营利为目的，通过网络提供电影、音乐和软件下载的非法经营行为，并以此为突破口，在年内查办一批大案，关掉一批网站，处罚一批违法分子"。应当说中国政府对于保护包括数字版权在内的整个社会的知识产权高度重视。从具体保护方式或途径来说，目前数字版权保护的途径主要包括司法保护、行政保护、社会保护以及技术保护。

## 1. 数字版权司法保护突飞猛进

司法保护是指当权利人的权利被侵犯以后，可依法向法院提起民事诉讼，请求法院提供民事救济，追究侵权人的民事责任，保护权利人的权利；也包括法院依法根据《刑法》的规定，对于犯罪情节恶劣、后果严重的犯罪嫌疑人追究刑事责任。相对来讲，目前我国在保护数字版权方面的《著作权法》立法工作还是比较到位的，从2001年新修订的《著作权法》到2006年颁布实施的《信息网络传播权保护条例》，基本完善了著作权的法律保护体系。（见表1）

表1 我国近几年颁布实施的有关著作权保护的法律法规

| 著作权法相关法律、法规、司法解释 | 时间 |
|---|---|
| 《最高人民法院关于审理涉及计算机网络著作权纠纷案件适用法律若干问题的解释》 | 2000年11月22日颁布 |
| 《中华人民共和国著作权法》 | 2001年10月27日修订 |
| 《中华人民共和国著作权法实施条例》 | 2002年9月15日修订 |
| 《最高人民法院关于审理著作权民事纠纷案件适用法律若干问题的解释》 | 2002年10月12日颁布 |
| 《最高人民法院关于审理涉及计算机网络著作权纠纷案件适用法律若干问题的解释》 | 2003年12月23日修订 |
| 《互联网著作权行政保护办法》 | 2005年5月30日实施 |
| 《信息网络传播权保护条例》 | 2006年7月1日实施 |

具体到数字版权司法保护的进展上，近年来，随着网络的迅猛发展以及人们权利意识的增强，人民法院受理的各类网络侵权案件数量持续攀升，同时新类型、疑难复杂案件也不断出现。曾经有媒体用"爆炸的数字·爆炸的官司"作为标题来形容互联网数字产品发展之迅速和因此导致的数字版权问题而引发的诉讼。的确，近几年里，在某些相对发达地区，关于数字作品的著作权纠纷事件风起云涌，甚至于众多文化、法律名人也都以原告的身份出现在了数字版权维权的前线，同时由于网络技术的发展，侵犯数字版权的类型也越来越复杂，越来越多的新类型的诉讼案件不断被提起。

表2 近几年著名的网络侵权诉讼案

| 时间 | 诉讼主体 | 案由 | 结果 |
| --- | --- | --- | --- |
| 1999年 | 原告：王蒙等6人<br>被告：北京世纪互联通讯技术有限公司 | 被告侵犯原告著作权，未经原告同意即将原告部分作品上传至网络公开传播。此案被视为中国知识产权网络保护第一案。 | 海淀区人民法院一审判决被告立即停止侵权、公开致歉、赔偿原告经济损失1680元。后被告不服提起上诉。北京市一中院终审判决：驳回上诉，维持原判。 |
| 2001年12月 | 原告：陈兴良<br>被告：中国数字图书馆网站 | 被告未经原告同意即使用原告之《当代中国刑法新视界》《刑法适用总论》《正当防卫论》等作品。 | 法院一审判决，被告侵犯原告信息网络传播权成立，被告承担停止侵权并赔偿8万元的侵权责任。 |
| 2004年3月初 | 原告：郑成思等7人<br>被告：北京书生数字技术公司 | 被告未与原告签订著作权许可即擅自在其"书生之家数字图书馆"网站使用原告的《WTO知识产权协议逐条讲解》等多部作品。 | 12月29日，法院一审判决被告登报致歉并赔偿7位专家20余万元。 |
| 2005年9月 | 原告：上海步升音乐文化传播有限公司<br>被告：百度网讯科技有限公司 | 被告未经原告允许，即在其经营的网站上（网址为：www.baidu.com）向公众提供原告拥有录音制作者权的共计46首歌曲的MP3下载服务。 | 法院一审判决被告停止在其网站上提供原告享有录音制作者权的涉案歌曲的MP3文件下载服务；被告赔偿原告经济损失6.8万元。 |
| 2006年6月 | 原告：中文在线<br>被告：邦邦网络公司 | 被告未经授权即向其用户提供中文在线享有作品数字版权的毕淑敏作品、徐毅作品的在线阅读。此案被媒体称为"中国无线阅读侵权第一案"。 | 本案已在法庭主持下调解结案。 |

关于数字版权问题的研讨也在此起彼伏的案件和纠纷中逐渐在学术界和法律界成为了焦点，同时也成为司法审判领域一项重要的工作内容。2006年3月11日，最高人民法院在第十届全国人民代表大会第四次会议上的工作报告就明确指出，在2005年度的工作中，"加大对知识产权的司法保护力度，促进自主创新能力和国家创新体系建设"，"一年来，最高人民法院加大了对侵犯发明专利权、技术秘密、植物新品种、驰名商标、网络和音乐电视著作权案件的审判力度，全年共审结各类重大知识产权案件77件"，同时，"地方各级人民法院积极配合全国保护知识产权专项行动，依法制裁知识产权侵权行为，共审结假冒、盗版等侵犯知识产权犯罪案件3529件，上升28.28%；审结知识产权一审民事案件13393件，上升38.04%，为提高自主创新能力、完善国家创新体系、促进国际公平贸易和推动文化产业发展提供司法保障"。而在"关于2006年工作安排"中也明确要"加大知识产权案件审判力度，保障国家创新体系建设。依法惩处侵犯知识产权犯罪，制裁假冒、盗版等侵权行为，营造有利于

自主创新的法治环境。依法保护网络环境下的知识产权，积极受理有关网络域名和商标权等纠纷，对不正当竞争、植物新品种侵权、音乐电视著作权等问题制定司法解释，保障国家创新体系建设，促进科教兴国战略的实施"。

网络知识产权案件是首次在最高审判机关的工作报告中被作为一种专门类型的案件来特别进行阐述的，可以看出网络知识产权案件已经在中国的整个司法保护中占据了相当的份额，同时，这个工作报告对依法保护网络环境下的知识产权工作也进行了明确。由此可见中国的最高司法审判机关对于包括网络环境下的版权（含数字版权）保护的重视程度。

以处于北京教科文化中心地带的海淀区人民法院为例，该院是我国最早受理网络侵权案件的法院，其知识产权庭建庭十年来，审理了大量网络侵权案件。但建庭初期（截至1999年年底），海淀区人民法院总共才受理与网络侵权有关的知识产权案件19件，其中网络侵犯著作权案件共计9件，其余为域名纠纷、涉及网络的不正当竞争案件。而仅2004年一年，海淀区人民法院就审理涉及网络侵权的案件100余件，其中网络侵犯著作权的案件80余件（包括10余件涉及数字图书馆、中国期刊网著作权侵权的案件），其他涉及网络不正当竞争、网络虚假广告的案件10余件。2005年1—10月，海淀区人民法院受理知识产权案件500余件，其中网络侵权案件多达150余件，包括多起作家或公司起诉数字图书馆侵犯信息网络传播权纠纷、链接或搜索侵权纠纷、网络虚假广告纠纷、其他网络不正当竞争纠纷等案件。可见，就案件的数量而言，网络侵权案件大量增加，呈明显的上升趋势；从审理难度上看，一审案中涉及的法律问题增多，经常面临一些法律前沿问题和技术问题，审理比较困难；从案件类型上看，网络侵犯著作权、网络虚假宣传、网络不正当竞争等案件均有发生，且出现网络侵权与传统侵权行为相互交叉的情况，但网络侵犯著作权案件仍是其中的重头。

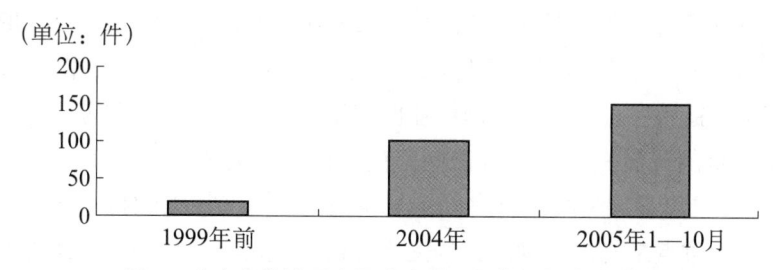

图1 北京市海淀区人民法院受理网络侵权案件统计

而据北京市高级人民法院知识产权厅厅长张鲁民透露，2006年北京各级人民法院在知识产权案件的审理中加大了力度，加重了对侵权人的惩处力度，迄今为止，此类案件的受理数量较2005年大幅上升，增幅接近50%，其中著作权案件占绝大多数，网络侵权的案件有所增加，而涉外的案件也占有一定比例，这同时也是知识产权案的特点之一。

网络侵犯著作权案件的诉讼标的主要是文字作品、音乐作品、图片、电影作品等，该类型案件占到全部网络侵权案件总量的 80% 左右。这类案件中，目前最为突出、最有争议的就是将音像作品制成 MP3 等格式并通过网络进行传播而侵犯的邻接权，数字图书馆及网站侵害作者的网络信息传播权，以及链接、搜索的性质和责任等问题。其他类型的网络侵权案件占到总数的 20% 左右。

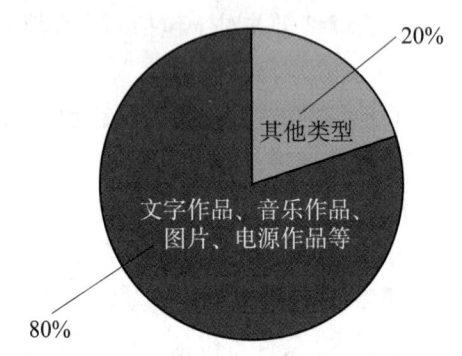

图 2　网络著作权侵权诉讼案件的类型分布图

### 2. 数字版权行政保护力度加强

行政保护是指在侵权行为损害公共利益的情况下，经权利人投诉或者知情人举报，或者经行政机关自行立案调查，行政机关对侵权人依法追究其行政责任的法律行为。近年来，国家有关机关相继颁布了多部与保护网络著作权有关的法律、行政法规，为打击侵权盗版奠定了坚实的法律基础。2005 年 5 月 30 日，我国第一部网络著作权行政管理规章《互联网著作权行政保护办法》正式实施。

2005 年 6 月 20 日，中央宣传部、新闻出版总署、国家版权局、全国"扫黄打非"办公室等八部门，在全国开展了严厉打击盗版音像制品的专项行动，取得了明显成效。为了进一步巩固打击盗版音像制品专项行动的成果，维护著作权人的合法权益，规范网络传播秩序，促进互联网产业的健康发展，中央宣传部等八部门进而做出决定，在全国范围开展一次集中打击网络侵权盗版行为的专项行动。该专项行动于 2005 年 10 月 2 日启动，是我国有史以来规模最大、力度最强的打击网络侵权盗版行动。此次行动的重点是打击各种形式的网络侵权盗版行为，特别是依法查处"三无网站"和情节严重、影响恶劣、社会反响强烈的典型案件，以此规范互联网产业经营管理秩序。据了解，打击网络侵权盗版工作包括严厉打击未经权利人许可，通过互联网向公众传播他人作品及音像制品的违法犯罪行为，重点查处一批专门通过互联网提供电影、音乐和软件有偿下载的大案、要案，其中对情节严重、构成犯罪的，要坚决追究其刑事责任等。

2006年7月10日，全国"扫黄打非"办公室公布17件"扫黄打非"重点案件，其中网络侵权盗版案件作为公布的七大类重点案件之一，主要有湖南网络侵权系列案，包括2005年益阳网络侵权盗版案、长沙网络侵权盗版案、常德网络音乐作品侵权案、郴州私设《传奇》服务器案，以及2006年新疆"天山网络"网站侵权案。

2006年，国家版权局发布了《著作权行政投诉指南》，为著作权人及与著作权有关的权利人向行政机关投诉指示门径，也为有关部门高效率地处理著作权纠纷提供了依据。《著作权行政投诉指南》根据《行政处罚法》《著作权法》《著作权行政处罚实施办法》中的有关规定编写，分为八个部分，约1600余字，对受理投诉的机关、投诉范围、投诉时效、投诉材料等方面作了简明而具体的介绍，具有很强的实用性，为著作权人维权提供了向导。这一工作是在国家保护知识产权工作领导小组指导下进行的，是落实我国保护知识产权战略的一项具体行动，对于包括数字版权在内的著作权的整体行政保护更进了一步。

2006年9月30日，国家版权局发出了《关于开展打击网络侵权盗版专项行动的通知》，部署在全国范围内开展为期3个月的打击网络侵权盗版专项行动，重点打击以营利为目的，通过网络提供电影、音乐、软件和教科书下载的非法经营行为，要求查办一批大案要案，关掉一批非法网站，处罚一批违法分子。10月10日，国家版权局召集中国软件联盟、在线反盗版联盟、金山软件有限公司、人民教育出版社、美国电影协会、国际唱片业协会、美国商业软件联盟等权利人组织和相关单位召开专门会议，向其征集网络侵权盗版案件线索，同时还通过开通举报网站等形式，向社会广泛征集案件线索。这一专项行动开展仅一个月，国家版权局就通过各种途径搜集整理了302条案件线索。在初步立案的这302件案件中，软件案件123件、影视案件80件、音乐案件49件、文字案件34件、教科书案件12件、其他案件4件。这些案件涉及全国31个省市，其中19个重点地区的案件线索共269件，而这其中的50件被列为国家版权局重点督办的案件（参见表3）。这一举措充分证明了政府打击网络侵权盗版行为、保护知识产权的坚强决心。

表3　19个重点地区的269件案件具体分布情况[①]

| 地区 | 案件数量 | 其中重点案件数量 |
| --- | --- | --- |
| 北京市 | 45件 | 10件 |
| 上海市 | 37件 | 10件 |
| 浙江省 | 35件 | 9件 |
| 江苏省 | 22件 | 5件 |

① 王自强：《关于开展打击网络侵权盗版专项行动的工作部署》（2006年10月30日），国家版权局网站。

续表

| 地区 | 案件数量 | 其中重点案件数量 |
|---|---|---|
| 重庆市 | 19件 | 3件 |
| 广东省 | 19件 | 3件 |
| 河南省 | 15件 | 3件 |
| 安徽省 | 13件 | 1件 |
| 四川省 | 10件 | 1件 |
| 湖南省 | 6件 | 1件 |
| 广州市 | 22件 | 4件 |
| 天津市 | 8件 | |
| 黑龙江省 | 6件 | |
| 湖北省 | 6件 | |
| 厦门市 | 3件 | |
| 吉林省 | 1件 | |
| 深圳市 | 1件 | |
| 青岛市 | 1件 | |

3. 数字版权社会保护逐步发挥作用

目前在司法保护和行政保护之外，有越来越多的社会力量加入到数字版权保护的行列，给数字版权保护增加了社会保护的成分。数字版权社会保护是指各社会团体、组织及公民对数字版权的保护。一些社会团体、维权组织，例如中国版权协会、中国音乐著作权协会、中文"在线反盗版联盟"等，逐步加入到对数字版权的社会保护的行列中来，这些团体或组织的成员主要是相关知识产权的权利人，其宗旨主要是协调会员之间的关系，提供法律咨询，收集侵权证据，为权利人开展司法保护，协助行政机关执法等。这些社会团体、维权组织的保护工作，在业界受到权利人的普遍欢迎和认可。

另外一个不可忽略的社会保护力量来自于行业的自律。在 2005 年 9 月的中国互联网大会上，40 余家互联网相关企业共同签署了《中国互联网网络版权自律公约》，倡导网络行业自律，逐渐形成尊重知识产权的氛围。信息产业部相关负责人说，在落实《公约》的同时，应促进信息网络版权立法；搭建网络版权信息发布和交流平台，为公约成员和权利人提供网络版权方面的服务；配合政府相关部门的执法工作，遏制因特网上的侵权行为。

## （二）2009—2010数字版权保护状况

2009年对于中国而言是不平凡的一年，国际金融危机的冲击对传统产业的发展提出了严峻的挑战，而危机可能带来的生产力革命也为有实力和敢于创新的企业带来了巨大的战略机遇，数字出版业在新经济大潮中逆势而上，表现出良好的发展势头。随着互联网技术的发展，版权保护已经成为国内外关注的焦点问题，网络侵权盗版逐步呈现出集团化、专业化、高技术化的特点，不仅严重损害著作权人的合法权益，扰乱正常的网络版权秩序，而且严重威胁到文学艺术、广播影视等传统产业的生存和新兴媒体的发展。随着3G时代的到来，必须不断提升数字版权保护意识，加大版权保护力度，为3G的可持续发展保驾护航。

2009年针对数字版权保护在新的发展环境中遇到的新问题，国家司法机关、行政机关也纷纷采取新举措，开展新形势下保护数字版权的各种宣传活动，进一步加大版权保护的力度，切实保护权利人的合法权益和数字出版产业的良性发展。

### 1. 数字版权司法保护

（1）创新审判模式

重庆市高级人民法院在全国率先建立"三级联动、三审合一、三位一体"的知识产权审判管理新模式，被最高人民法院誉为"重庆模式"。

"三合一"审判模式即将知识产权民事、行政、刑事案件，跨庭组成合议庭进行合一审判。

2009年12月8日，全国首个知识产权法庭在珠海市高新区挂牌成立。作为全国首家由中级法院派出、独立设置的知识产权法庭，标志着珠海市知识产权司法保护进一步提升，也是全省知识产权审判体系改革"先行先试"的创举。

截至2009年12月底，全国已有5个高级人民法院、44个中级人民法院和29个基层人民法院开展了相关试点。

（2）调整管辖范围

为贯彻实施国家知识产权战略，根据《最高人民法院关于贯彻实施国家知识产权战略若干问题的意见》提出"调整完善知识产权案件管辖制度"的要求，最高人民法院于2010年1月28日发出了《关于调整地方各级人民法院管辖第一审知识产权民事案件的通知》，调整了知识产权民事案件级别管辖标准。

根据此《通知》，调整、统一了高级人民法院管辖第一审知识产权民事案件的标准，即高级人民法院管辖诉讼标的额在2亿元以上的第一审知识产权民事案件，以及诉讼标的额在1亿元以上且当事人一方住所地不在其辖区或者涉外、涉港澳台的第一审知识产权民事案件。中级人民法院管辖上述标准以下，除应当由经最高人民法院指定具有一般知识产权民事案件管辖权的基层人民法院管辖的案件之外的知识产权民事案件。

确定具有一般知识产权民事案件管辖权的基层人民法院管辖第一审知识产权民事案件的最高标准，即可以管辖诉讼标的额在500万元以下的第一审一般知识产权民事案件，以及诉讼标的额在500万元以上1000万元以下且当事人住所地均在其所属高级或中级人民法院辖区的第一审一般知识产权民事案件，具体标准由有关高级人民法院自行确定并报最高人民法院批准。

目前，最高人民法院已经指定92个基层人民法院具有一般知识产权民事案件的管辖权。根据有关高级人民法院的报请，这些基层人民法院管辖第一审知识产权民事案件的具体标准也同时经最高人民法院批准。对专利、植物新品种、集成电路布图设计纠纷案件和涉及驰名商标认定的纠纷案件以及垄断纠纷案件等特殊类型的第一审知识产权民事案件，确定管辖时还应当符合最高人民法院有关上述案件管辖的特别规定。

（3）加大案件审判力度

知识产权案件审判工作取得新进展。知识产权民事案件数量继续保持高速增长的势头，2009年全国地方法院共新收和审结知识产权民事一审案件30626件和30509件，分别比上年增长25.49%和29.73%；全年共审结涉外知识产权民事一审案件1361件，比上年增长19.49%；审结涉港澳台知识产权民事一审案件353件，比上年增长56.89%。全年共新收和审结知识产权民事二审案件5340件和5492件，分别比上年增长12.21%和16.88%；共新收和审结再审案件100件和107件，分别比上年下降1.96%和增长50.7%。人民法院加大对涉及知识产权侵权的犯罪行为的打击力度。2009年全国地方法院共审结涉及知识产权侵权的刑事案件3660件，比上年上升10.04%；判决发生法律效力5836人，比上年上升8.31%，其中有罪判决5832人，比上年上升8.28%。人民法院认真履行行政审判职责，依法监督和支持行政机关依法行政。2009年全国地方法院新收和审结一审知识产权行政案件2072件和1971件，分别比上年增长92.92%和90.99%。

知识产权案件的审判质量和效率不断提高。全国地方法院知识产权民事案件一审结案率从2008年的81.73%上升到2009年的85.04%，上诉率从2008年的49.32%下降到2009年的48.82%，再审率从2008年的0.44%下降到2009年的0.33%。知识产权诉讼调解效果显著，2009年全国地方法院知识产权民事一审案件平均调解撤诉率达到61.08%，同比上升5.22个百分点；最高人民法院知识产权庭的结案率从2008年的55.93%上升到2009年的88.64%，提高了32.71个百分点。

版权案件在知识产权案件中所占的比例也越来越大：2007年，全国法院受理一审知识产权民事纠纷案件达 17877 件，其中版权案件 7263 件，约占 40%，到 2009 年上半年，全国的一审知识产权民事案件达 14438 件，版权案件 6825 件，约占 47%。而其中涉及网络版权的案件 2008 年占 37%，2009 年前三季度则达到了 48%。从以上数据可以看出，在我们国家版权案件、版权纠纷、版权诉讼在整个知识产权纠纷中占有很大的数量。以北京市海淀区人民法院为例，2009 年前 11 个月，网络著作权案件达 896 件，占全院知识产权案件的 57%，占所有著作权案件收案数的 66.7%。而 2007 年，海淀法院共审理涉网著作权案 150 余件，2008 年 500 余件，2009 年比 2008 年增长了 83.2%。案件主要涉及视频分享网站、数字图书馆和网站转载纸媒体等方面的纠纷。

2. 数字版权行政保护

（1）行政执法的立法工作得到进一步加强

国家版权局 2009 年修订并颁布了《著作权行政处罚实施办法》（以下简称实施办法》），已于 2009 年 6 月 15 日起开始施行。

《实施办法》于 1997 年 1 月 28 日由国家版权局修订并颁布，2003 年 7 月 16 日重新修订并颁布，是著作权法的主要配套行政规章，也是规范著作权行政管理部门行政处罚行为的重要依据。本次修订《实施办法》针对网络环境下的侵犯著作权案件，其中重点对行政执法中反映比较突出的管辖问题、调查取证问题以及时效问题都做了更加详细合理的规定。

（2）打击网络侵权盗版专项治理行动成果显著

2009 年 7 月 30 日，国家版权局、公安部、工业和信息化部联合下发《关于印发〈2009 年打击网络侵权盗版专项治理行动方案〉的通知》，在全国范围内联合开展 2009 年打击网络侵权盗版专项治理行动。这次是第五次打击网络侵权盗版专项治理行动，与此前连续四年开展行动相比，2009 年专项治理行动呈现出三个新特点：一是规范合法网站与打击非法网站相结合。在严厉打击各种网络侵权盗版行为的同时，注重规范重点互联网企业和网站使用作品行为，加大对在各地区有影响的互联网企业和网站的主动监管，对网络影视传播、文学网站、网络新闻转载等涉及作品授权使用问题进行主动检查，通过宣传教育、自查自纠、限期整改等方式，树立互联网企业和网站"先授权、后传播"的法律意识，从源头上防范侵权盗版行为的发生。二是要加强制度建设，运用技术手段，探索建立网络版权监管的长效机制。深入开展调研，加强作品登记、著作权合同登记等著作权备案制度建设，探索建立著作权授权信息数据库，为版权执法、甄别网络侵权盗版提供准确依据，构建网络版权技术监管平台，形成常态化的网络主动监管工作机制。三是要加大专项治理行动中的督办、督导力度，注重治理实效。在专项治理行动期间，国家版权局、公安部实行联合挂牌督办制度，确保大案、要案查处工作落到实处；三部门还将组成联合督查组，对重点地区、重点企业进行督导检查，保证专项治理行动取得成效。此外，还将运用激励机制，对专项治理成绩突出的单位及个人，纳入2009年度查处侵权盗版案件有功单位及个人奖励范围。

2009年年底，国家版权局总结的2009年打击网络侵权盗版专项行动十大案件，分别是"A199"网站影视作品侵权案、"中国宽带影视"网站影视作品侵权案、"天线视频"网站影视作品侵权案、"一点智慧"软件作品网络盗版案、"霓裳小轩"网站文学作品侵权案、"02SKY"网站音乐作品侵权案、淘宝网上销售《朱镕基答记者问》盗版案、名仕公司游戏私服侵权案、"天堂蚂蚁"游戏私服侵权案、"5151PK"网站游戏私服侵权案。这些案件都带有很强的典型性，对这些盗版网站和网络公司的打击，在互联网和数字出版行业中引起了强烈的反响。

（3）国家版权局颁布《国家版权局关于贯彻国家知识产权战略纲要的实施意见》

为贯彻落实《国家知识产权战略纲要》，全面提升我国版权创造、运用、保护和管理能力，保护著作权人的合法权益，促进经济、文化、科技和社会的发展，2009年12月24日，国家版权局制定颁布了《国家版权局关于贯彻国家知识产权战略纲要的实施意见》（以下简称《实施意见》）。

《实施意见》从全局性战略性的高度，对我国版权工作今后十年的指导思想、总体目标、基本原则、工作重点、保障措施等作了全面规划，对版权领域实施战略纲要的工作重点从"进一步完善版权法律体系""大力促进版权的创造和运用""加大版权行政执法的力度""积极构建版权公共服务和版权社会服务体系""加强版权宣传教育培训工作""加强版权国际交流和合作"等六个方面提出了明确要求。该实施意见是国家版权局出台的一个带有长期性、纲领性意义的文件，将对我国今后一定时期的版权工作产生深远影响。

### 3. 数字版权社会保护

近年来，数字版权司法保护、行政保护以及技术保护的结合越来越紧密，这三方面保护在一定程度上是有效的，但仍需要社会保护整合司法保护和行政保护的社会资源优势，发挥社会保护的专业性和灵活性，从而促进数字版权的保护。多种保护途径的有效结合，将成为数字版权保护的一个发展趋势。

目前，一些社会团体和维权组织，例如中国版权协会、中国音乐著作权协会、中文"在线反盗版联盟"等，逐步加入数字版权社会保护的行列中来，这些团体或组织的成员主要是相关知识产权的权利人，其宗旨主要是协调会员之间的关系，提供法律咨询、收集侵权证据、为权利人开展司法保护、协助行政机关执法等。

2009年12月30日，由互联网内容服务提供商、著作权人及版权代理机构、金融信息服务机构、政府相关部门共同发起成立了中国互联网协会网络版权工作委员会。该组织是全国性、非营利性行业组织，是中国互联网协会下属二级分支工作机构。

行业自律方面最有代表性的事件是2010年1月20日由国家版权局支持、中国版权协会主办的《中国互联网行业版权自律宣言》（以下简称《宣言》）的发布仪式。《宣言》的基本原则，首先是要遵守版权法律法规，遵守互联网行业的管理规定，同时从我国实际情况出发，适应我国互联网行业发展的现状。宣言的内容不仅符合我国著作权的要求，而且也提出了更高的、更明确的要求，指出了下一步互联网企业共同努力的方向。正是由于互联网在知识产权保护上存在问题是一个不争的事实，打击侵权盗版已经成为互联网健康发展的一个非常紧迫和重要的问题。互联网的知识产权保护，打击互联网的侵权盗版，仅仅有一部好的法律、一套基本健全的国家司法和行政执法体系是远远不够的，权利人的自觉维权意识的增强，只有互联网产业的自律意识的提高，才能从根本上改变我国互联网知识产权保护的现状。

## （三）2011—2012数字版权保护状况

1. 整体概述

（1）数字版权司法保护新进展

新技术迅猛发展给现行的法律体系不断带来新的挑战，很多网络环境下出现的数字版权新问题，使现行《著作权法》在适用法律问题上往往无所适从。通过进一步加快立法工作，对于有效解决因新技术发展不断产生的数字版权新问题，有着非常重要的现实意义，这也引起了国家有关部门的高度重视，并开始有序推动相关立法工作。

①《著作权法》修订。

2011年7月13日，新闻出版总署、国家版权局在北京正式启动第三次《著作权法》修订工作，委托中南财经政法大学知识产权研究中心、中国社会科学院知识产权研究中心和中国人民大学知识产权学院起草专家建议稿。

2012年1月13日，三部修法专家建议稿已经完成。修法小组办公室在三部专家建议稿的基础上形成《著作权法》修订草案稿，并向社会公开征求意见。

②《最高人民法院、最高人民检察院、公安部关于办理侵犯知识产权刑事案件适用法律若干问题的意见》。

2011年1月10日，最高人民法院、最高人民检察院、公安部颁布了《关于办理侵犯知识产权刑事案件适用法律若干问题的意见》（以下称《意见》）。《意见》共十六条，主要针对近年来公安机关、人民检察院、人民法院在办理侵犯知识产权刑事案件中遇到的新情况、新问题，进一步明确了法律的适用问题。

特别是《意见》第十条以及第十三条，明确规定了关于侵犯著作权犯罪案件"以营利为目的"的认定和关于通过信息网络传播侵权作品行为的定罪处罚标准，针对司法实践中通过信息网络实施侵犯知识产权犯罪的定罪量刑的标准作出了明确的、具有可操作性的规定，从非法经营数额、传播他人作品数量、作品被点击的次数、注册会员人数等方面进一步明确了通过信息网络传播侵权作品行为的定罪量刑标准。

（2）数字版权行政保护新进展

①加强行政立法规划。

为落实《国家知识产权战略纲要》总体部署，有效推动2011年知识产权保护工作的全面开展，国家知识产权战略实施工作部际联席会议28家成员单位共同制定了《2011年中国保护知识产权行动计划（以下简称《行动计划》）。

《行动计划》从制定及修订知识产权法律法规和规范性文件、提高知识产权执法水平、发展知识产权服务、加强知识产权教育培训和人才队伍建设、推进知识产权宣传和文化建设以及扩大知识产权对外交流合作6个方面提出100项具体措施，其中有多项措施涉及数字版权保护，对我国2011年知识产权保护工作的全面开展具有重大指导作用。2012年2月，国家知识产权战略实施工作部际联席会议第三次全体会议审议并原则通过《2012年国家知识产权战略实施推进计划》和《2012年中国保护知识产权行动计划》，把我国知识产权保护工作，包括数字版权保护工作提升到国家战略的高度，这对于我国数字版权保护工作具有重大指导作用。

②打击网络侵权盗版专项治理"剑网行动"成果显著。

2011年打击网络侵权盗版专项治理"剑网行动"与往年相比有以下三个特点：第一，案件查处数量大幅增加；第二，行政处罚力度显著提高；第三，刑事打击力度前所未有。2011年1月28日，国家版权局、公安部、工业和信息化部联合召开"打击网络侵权盗版专项治理剑网行动视频网站主动监管工作会议"。会议上，相关部门对治理活动做了情况通报：平均每家网站使用主动监管作品191部，每家网站删除约75部，每家网站删除自家网站点击率排名前50位的电影约18部，删除点击率排名前50位的电视剧约12部。

2011年3月底，国家版权局、公安部和工信部正式启动了2011年"剑网行动"。截至2011年6月，共查处网络侵权盗版案件1148起，其中已作出行政处罚466起，移送司法机关追究刑事责任66起，是2005年以来查处侵权盗版案件最多的一年。此次行动被《中国版权》《中国新闻出版报》联合评选为"2011年中国版权十件大事"之一。

与往年相比，此次行政处罚力度显著提高，各级版权行政执法部门除了对侵权人按照上限予以较大数额的罚款，综合采用没收违法所得、没收服务器设备等手段进行惩戒外，还特别加强了行政执法与刑事司法的衔接配合，在将66起涉嫌犯罪重大案件移送司法机关追究刑事责任的同时，注重运用行政处罚手段加大案件查处力度。

同时，此次行动的刑事打击力度也是前所未有。安徽"骑士音乐网"侵权案、河南杜新贵通过网络销售盗版图书案等17起重大网络侵权案件中，法院已判决7起，检察院正在审查起诉5起，其他5起案件公安机关正在深入侦查。7起已经判决的案件中，共20名被告人被判有罪，刑期从拘役6个月到有期徒刑5年不等，共处罚金570万元。

（3）数字版权社会保护新进展

近年来，数字版权司法保护、行政保护以及技术保护的结合越来越紧密，但仍需要社会保护整合社会资源优势，发挥社会保护的专业性和灵活性，全方位促进数字版权保护。多种保护途径的有效结合，已经成为数字网络版权保护的发展趋势。

①《关于合作建立互联网知识产权纠纷调解机制备忘录》的签署。

2011年4月18日，最高人民法院知识产权审判庭与中国互联网协会签署了《关于合作建立互联网知识产权纠纷调解机制备忘录》。

备忘录的内容显示，各地人民法院审理网络著作权等案件中涉及相关专业技术问题需要提供技术咨询意见的，可以委托中国互联网协会推荐有关技术专家；经征得当事人同意，各级人民法院知识产权庭可以委托中国互联网协会调解中心，依法调解双方或一方为互联网单位，争议涉及互联网的著作权、商标权、不正当竞争、技术合同等知识产权纠纷案件。

备忘录的签署是最高人民法院对非诉讼纠纷解决机制的巨大创新与发展，是知识产权审判领域推进三项重点工作的重大举措，它将促进互联网知识产权纠纷解决机制更加灵活、高效，为互联网事业的稳定繁荣提供强有力的保障。

②社会团体、维权组织的重要贡献。

目前，一些社会团体、维权组织，例如中国版权协会、中国文字著作权协会、中国音乐著作权协会、中文"在线反盗版联盟"等，在协调会员之间的关系、提供法律咨询、收集侵权证据、为权利人开展司法保护、协助行政机关执法等工作中做出了重要贡献。

行业自律方面最有代表性的事件是中国互联网协会于2011年5月16日发布《中国互联网协会关于抵制非法网络公关行为的自律公约》和8月1日发布《互联网终端软件服务行业自律公约》。这两部公约，为营造文明诚信的网络环境，规范互联网市场经营行为和信息传播秩序，促进互联网行业的健康发展起到了积极的作用。

## 2. 年度盗版损失情况

盗版问题一直是数字版权产业不能承受之痛，许多机构称不断恶化的盗版形势已给企业带来数十亿美元的损失。

全国政协委员、中国作家协会副主席张抗抗曾指出："网络传播的正版内容和盗版内容的比例为1∶50，即网络正版经营每收入1元，就有50元因盗版而流失。"同时，她在全国两会上的两份提案中提到：目前网络影视盗版率近九成，数字音乐每年因盗版损失上百亿元，每年软件盗版造成的损失按市价折算的经济价值超过千亿元。

据不完全统计，目前我国文学盗版网站的数量多达50多万家，而原创文学网站仅有十几家。包括门户网站经营的网络文学业务在内，都不同程度地存在着被盗链和盗贴等侵权问题。盗版网站给网络文学造成的损失每年高达40亿元至60亿元。[①]

相关调查显示，数字阅读付费率仅为6%，而网络文学的付费率尚不及此。盗版的存在是造成这种状况的根源，可以说，盗版严重挤压了网络文学行业的产业规模和创意价值效应，也加大了内容监管的难度。

视听作品同样损失严重。在北京举行的"网络影音插件知识产权保护新趋势"交流研讨会上，孙黎卿律师在谈到版权方问题时，以网络原创小说改编的电视剧《步步惊心》为例。这部电视剧在网络上的盗版流量达到了惊人的60%—80%，而绝大多数的盗版都是百度影音这类的插件给包含了，这对于整个正版市场是一个非常严重的影响。《步步惊心》版权方因为网络盗版带来的损失，已经超过了亿元人民币，某些版权方的支出甚至比收入多。

## （四）2012—2013数字版权保护状况

随着互联网的进一步发展，数字版权产业作为朝阳产业得到社会各界的广泛关注，巨大的利益增长点使行业内对于完善数字版权保护体系的呼声越来越强烈。相比2011年，我国数字版权保护在2012年有了新的进展。

### 1. 整体概述

（1）数字版权立法保护新进展

2012年年底，国家版权局将《著作权法》第三次修订送审稿正式呈报国务院，标志着此次修法工作取得突破性进展。修改草案（第三稿）较现行《著作权法》有四大变化：一是体例结构明显变化，由现行《著作权法》的六章六十一条调整为八章九十

---

[①] 《年损失60亿元 网络文学向盗版暴力宣战》，《半月谈（内部版）》2011年第6期。

条；二是权利内容普遍增加，特别注重对智力创作成果的尊重，无论是著作权人还是相关权利人，其权利内容都得到了不同程度的增加；三是授权机制和交易模式有重大调整；四是著作权保护水平显著提高。

此次著作权立法专门成立了修法专家委员会，委托相关教学科研机构起草专家建议稿，以专函形式向立法、司法、行政机关及相关社会团体定向征求意见，并通过网络、座谈会和媒体互动会广泛征求社会各界的意见和建议，被认为是"开门立法、阳光立法"的创举，引起了社会各界对版权立法工作的高度关注。

国务院公布四条例修改，致力于知识产权全面保护。2013年1月16日，国务院关于修改《计算机软件保护条例》《著作权法实施条例》《信息网络传播权保护条例》《植物新品种保护条例》等四部条例的决定，经国务院第231次常务会议通过，自2013年3月1日起施行。

四部条例的共同点是加大处罚力度，主要包括两点：一是提高非法经营额的罚款倍数，将对非法经营额确定的罚款倍数统一调整为1倍以上5倍以下；二是将罚款的最高限额由5万或10万元提升为20万或25万元。其中就有三部条例与我国的版权保护有关：《计算机软件保护条例》第24条第2款修改后规定为："有前款第一项或者第二项行为的，可以并处每件100元或者货值金额1倍以上5倍以下的罚款；有前款第三项、第四项或者第五项行为的，可以并处20万元以下的罚款。"《著作权法实施条例》第36条修改后规定："有著作权法第48条所列侵权行为，同时损害社会公共利益，非法经营额5万元以上的，著作权行政管理部门可处非法经营额1倍以上5倍以下的罚款；没有非法经营额或者非法经营额5万元以下的，著作权行政管理部门根据情节轻重，可处25万元以下的罚款。"《信息网络传播权保护条例》第18条、第19条从"并可处以10万元以下的罚款"修改为："非法经营额5万元以上的，可处非法经营额1倍以上5倍以下的罚款；没有非法经营额或者非法经营额5万元以下的，根据情节轻重，可处25万元以下的罚款。"

虽然我国加大了对侵犯知识产权的处罚力度，但罚款的制约作用毕竟有限，许多知识产权法领域的专家学者在肯定本次四部条例修改的同时，纷纷呼吁继续健全相关机制，震慑侵权行为。

（2）数字版权司法保护新进展

数字版权司法保护是我国数字版权保护的重要组成部分，也是其中最可靠最权威的一种权利救济途径，在打击侵权行为、维护当事人合法权益、营造良好的司法环境方面作出了重大贡献。

①最高人民法院出台《关于审理侵害信息网络传播权民事纠纷案件适用法律若干问题的规定》。

2012年11月26日，最高人民法院审判委员会第1561次会议通过《关于审理侵害信息网络传播权民事纠纷案件适用法律若干问题的规定》，自 2013 年 1 月 1 日起实施。该司法解释总共 16 条，主要对人民法院在审理信息网络传播权纠纷案中行使自由裁量权的原则，侵害信息网络传播权行为的构成，网络服务提供者的教唆侵权、帮助侵权，司法实践中较为常见的信息存储空间网络服务提供者应知网络用户侵害信息网络传播权的判定标准以及人民法院对此类案件的管辖等问题进行了规定。

②2012 年网络维权诉讼战果累累。

综观 2012 年版权纠纷，涌现出了一批典型的案例，比如百度文库系列案、谷歌图书搜索案、苹果应用商店案、豆丁网系列案等等。这一年网络侵权纠纷不断攀升，但网络维权取得了丰硕成果。中文在线起诉苹果公司侵权一案最终宣判，法院判决苹果公司停止涉案侵害中文在线对涉案作品的信息网络权侵权行为，赔偿中文在线经济损失人民币 60 万元，及因诉讼支出的合理费用 5000 元。中国作家维权联盟诉苹果应用程序商店（APP Store）侵犯著作权案，案件涉及李 × 等 8 位作家的 34 部作品，索赔 1000 余万元。韩 × 诉百度文库侵权案宣判，韩 × 的《像少年啦飞驰》等 3 部作品获赔 9.58 万元。这些经典维权案例在业界产生了广泛的影响，在维护权利人合法利益的同时进一步促进了数字版权的规范化发展。

（3）数字版权行政保护新进展

①全国省级政府机关完成软件正版化检查整改任务，并建立长效机制。

截至 2012 年 6 月底，全国 31 个省、自治区、直辖市的省级政府机关已经全部按时完成软件正版化检查整改工作。至此，中央和省级政府机关全部按期完成检查整改任务。另有超过一半的市级政府和将近三分之一的县级政府提前完成检查整改任务。中央及各级地方政府机关共采购三类通用软件 281.76 万套（许可数），采购金额 17.46 亿元。同时，政府机关在软件采购资金预算、软件资产管理、软件采购情况审计计算机出厂预装正版软件、加强督导检查等方面出台了相应制度，初步建立了软件正版化长效机制。

②第八次"剑网行动"成效显著，关闭侵权盗版网站 129 家。

2012 年 7 月至 10 月底，国家版权局、公安部、工信部、国家互联网信息办公室联合开展了第八次打击网络侵权盗版专项治理"剑网行动"。此次行动主要针对提供作品、表演、录音录像制品等内容的网站，提供存储空间或搜索链接服务的网站以及提供网络交易平台的网站中存在的侵权盗版行为进行专项治理。行动中，各地共查办网络侵权盗版案件 282 起，其中行政结案 210 起，移送司法机关追究刑事责任 72 起，没收服务器及相关设备 93 台，共关闭违法网站 183 家。

（4）数字版权社会保护新进展

①世界知识产权组织保护音像表演外交会议在北京成功举办，《视听表演北京条约》签署。

2012年6月20日至26日，由世界知识产权（WIPO）组织主办、国家版权局和北京市人民政府共同承办的保护音像表演外交会议在北京成功举办，来自154个WIPO成员国和48个国际组织的202个代表团的721名代表出席会议。《视听表演北京条约》的正式签署标志着外交会议在北京圆满落幕。

这是新中国成立以来首次承办的第一次涉及版权条约缔结的外交会议，对正处在经济转型期的中国意义重大。一方面彰显了我国政府对知识产权保护的高度重视，另一方面也有利于增加我国在国际社会的知识产权保护中的规则制定权和谈判话语权。而《视听表演北京条约》的签署，填补了视听表演领域全面版权保护国际条约的空白，进一步完善了国际表演者版权保护体系，是世界知识产权组织在版权保护方面的重要里程碑。

②全国首家专业版权评估中心在京成立。

随着以版权资源为核心的文化创意产业的高速发展，版权创造、运用、管理和保护对版权作品价值评估提出了需求。针对我国版权评估难、融资难等问题，我国首家专业版权评估中心——中国人民大学国家版权贸易基地版权评估中心于2012年1月6日在北京成立。版权评估中心的成立不仅标志着我国多年的版权评估理论探索正式向实践领域迈进，也为文化企业在控制融资风险和版权保护方面发挥了关键作用。

2. 年度对比分析

较之2011年，2012年的数字版权保护在立法保护、司法保护、行政保护和社会保护方面都有一些新的进步。

立法保护方面，《著作权法》的第三次修订和国务院四条例的公布，进一步完善了我国在数字版权保护方面的法律体系。

司法保护方面，首先，最高人民法院发布的《关于审理侵害信息网络传播权民事纠纷案件适用法律若干问题的规定》对于指导人民法院积极应对互联网环境给传统著作权保护制度带来的冲击和挑战、正确适用著作权法具有重要意义。其次，2012年网络侵权案件迅猛增长，2011年各级法院共审结一审知识产权案件6.6万件，2012年审结一审知识产权案件27.8万件，同比上升284.2%。根据最高人民法院4月22日在江苏苏州发布的《中国法院知识产权司法保护状况（2012年）》内容显示，2012年我国法院审理的知识产权案件数量快速增长，特别是知识产权刑事案件成倍增长。2012年，地方各级人民法院共新收知识产权民事一审案件8.7419万件，比上年增长45.99%；审结8.3850万件，比上年增长44.07%。共新收知识产权行政一审案件2928件，比上年增长20.35%；审结2899件，比上年增长17.37%。共新收知识产权刑事一审案件1.3104万件，比上年增长129.61%；审结1.2794万件，比上年增长132.45%。在深入贯彻实施国家知识产权战略的号召下，司法保护的力度也在不断加强。

行政保护方面，中国政府的行政执法能力得到进一步加强，与司法保护的衔接更为紧密。

社会保护方面，相关国际条约的签订标志着我国知识产权保护在国际上地位的提高，也为知识产权保护营造了良好的国际环境，相关机构的设立进一步推动了版权保护体系的完善。

### 3.年度盗版损失情况对比

版权问题是数字出版进程中最大的制约因素。离开了版权保护，数字出版产业的健康发展就得不到保障。由于网络侵权取证难、认定难、维权成本高，盗版问题屡禁不止，版权侵权纠纷也日益增多。综观2012年，较之2011年盗版现象有增无减。

据相关数据统计分析，目前我国原创文学网站仅有十几家，而我国文学盗版网站的数量竟达50多万家。由网络侵权给网络文学造成的损失每年约40亿到60亿，数字音乐每年因盗版损失上亿元，网络影视盗版率更高达九成。在国家版权局和国家工商管理总局一年一度评选案件中，各省报来的40个侵权案件中有19个涉及网络侵权盗版，几乎占到了一半。

当前网络文学网站的主流盈利模式仍是付费点击阅读模式。根据以往的经验，一部网络小说依作者的人气，其付费部分可以占到全部内容的1/3到1/2。艾瑞咨询的相关报告显示，个人付费占据文学网站70%的营收比重，远高于22%的广告收入及8%的版权收入。然而由于网络盗版的存在，数字阅读付费率仅为6%，而网络文学的付费率尚不及此，盗版收入达到正版收入的50倍以上。

中文在线旗下的17K小说网在2012年的网上付费阅读比例因为无线、版权销售等渠道的开拓，以及受到盗版的严重影响，比重已从70%下降到不足40%，几小时之内网上就有一本网络小说的盗版出现。许多盗版网站每天的点击量超过100万次，这些盗版文学网站已经形成黑色产业链，有的盗版网站月收入超过300万元，而这些盗版网站又成为其他盗版网站的源头。

在音像制品方面也有媒体报道，中国的网络影视盗版率约九成，每年盗版致使数字音乐损失上百亿元、软件损失（按市价折算的经济价值）超过千亿元。很多影片一上映，就遭遇网络盗版，其盗版的速度和带来的损失令人咂舌。

根据以上数据显示，在各项法律制度不断完善、行政机关执法能力不断加强、司法机关审判质量不断提高、版权保护体系不断健全的背景下，2012年的盗版侵权行为仍然普遍存在，盗版网站给网络文学和音像制品带来的损失数额依然巨大。盗版的猖獗不仅严重影响了数字出版行业的产业规模效益和创意价值效应，也大大增加了市场监管的难度。所以构建良好的网络出版环境不仅需要行业自律,还需要多方联合,采取有力措施打击网络盗版行为,只有这样才能共同推动数字版权保护事业的发展。

## (五)2013—2014数字版权保护状况

随着互联网及新技术的进一步发展,数字版权产业得到社会各界日益广泛的关注。同时,因该产业不断增大的利润空间和版权权利流转的复杂性以及较之传统领域更为严峻的侵权盗版行为的存在,使得行业内完善数字版权保护体系的呼声越来越强烈,如何更好地保护权利人的利益,成为社会各界共同关注的焦点。

2013年,我国数字版权保护在立法、司法、行政等方面的保护有了新进展。

1. 整体概述

(1)数字版权立法保护新进展

①《使用文字作品支付报酬办法(修订稿)》明确网络付酬标准。

2013年9月23日,国家版权局就《使用文字作品支付报酬办法(修订稿)》,面向社会广泛征求意见。较之现行有效的国家版权局1999年颁布的《出版文字作品报酬规定》,此次修订稿明确了文字作品的网络付酬标准,将原创作品基本稿酬提高到100至500元,版税率提高到5%至15%。这一规定与数字出版产业发展、稿酬纠纷案件频出、权利人对国家出台相应标准呼声高相契合,同时为法院审理网络著作权纠纷案件提供了更符合数字化时代版权保护的依据,对确认文字作品的作者与使用者,尤其是网络媒体使用者协商标准以及在司法审判实践中确认赔偿数额具有重要指导意义。

此次版权局的开门立法在平衡权利人、文字作品使用者和社会公众三方利益的同时也有力地维护了社会公平正义。当然,从征求意见到《办法》正式颁行还有一段距离,目前《征求意见稿》还处于指导意义明显大于实际意义的阶段,我们期待立法者对意见稿进行充分论证和程序推进,最终使得《办法》的实际意义真正落地。

②国务院公布了四部条例的修改,加强对数字版权的全面保护。

2013年1月16日,国务院关于修改《计算机软件保护条例》《著作权法实施条例》等四部条例的决定,经国务院第231次常务会议通过,自2013年3月1日起施行。

四部条例的共同点是加大处罚力度,主要包括两点:一是提高非法经营额的罚款倍数,将依非法经营额确定的罚款倍数统一调整为1倍以上5倍以下;二是将罚款的最高限额,由5万或10万元提升为20万或25万元,其中有三部条例与我国的版权保护有关。

《计算机软件保护条例》第 24 条第 2 款修改后规定为："有前款第一项或者第二项行为的，可以并处每件 100 元或者货值金额 1 倍以上 5 倍以下的罚款；有前款第三项、第四项或者第五项行为的，可以并处 20 万元以下的罚款。"

《著作权法实施条例》第 36 条修改后规定，有著作权法第 48 条所列侵权行为，同时损害社会公共利益，非法经营额 5 万元以上的，著作权行政管理部门可处非法经营额 1 倍以上 5 倍以下的罚款；没有非法经营额或者非法经营额 5 万元以下的，著作权行政管理部门根据情节轻重，可处 25 万元以下的罚款。

《信息网络传播权保护条例》第 18 条、第 19 条从"并可处以 10 万元以下的罚款"修改为："非法经营额 5 万元以上的，可处非法经营额 1 倍以上 5 倍以下的罚款；没有非法经营额或者非法经营额 5 万元以下的，根据情节轻重，可处 25 万元以下的罚款。"

四条例的修订在一定程度上表明我国加大了对侵犯知识产权的处罚力度和决心，但罚款对于侵权盗版的制约作用毕竟是有限的，因此，许多知识产权法领域的专家学者在肯定本次四部条例修改的同时，也纷纷呼吁继续健全相关机制，震慑侵权行为。

（2）数字版权司法保护新进展

2013 年是人民法院贯彻落实党的十八大精神的开局之年，是实施"十二五"规划承上启下的关键一年，是人民法院知识产权审判工作实现新发展的一年，包括互联网领域在内的数字版权司法保护一直是我国数字版权保护的重要组成部分，也是其中最可靠、最权威的一种权利救济途径。在打击侵权行为、维护当事人合法权益、营造良好的司法环境方面作出了重大贡献。

①各地法院在审理知识产权案件方面积累了更为丰富的审判经验。

2013 年，全国地方人民法院共审结各类知识产权一审、二审案件 114075 件，其中新收和审结知识产权民事一审案件 88583 件、88286 件，分别比 2012 年上升 1.33% 和 5.29%。其中著作权案件 51351 件，占比 57%。在著作权案件里面，一半以上涉及网络，所以最高人民法院和地方各级法院都非常重视互联网领域的知识产权审判工作。

知识产权案件类型呈现多元化趋势发展，各级法院在互联网案件的侵权主体的归属、侵权行为与侵权形式的界定，侵权赔偿的确定方面积累了丰富的实践经验，提高了人们的知识产权保护意识，促进了科技文化企业治理结构的完善，进而完善了整个社会的知识产权保护环境。

②各地法院探索并建立知识产权法院。

近年来，我国知识产权司法发展迅速，互联网案件纠纷逐年增长，现在的知识产权审判体制已不适应现实需要。各地法院积极申请建立知识产权法院，为统筹审理专业性较强的知识产权案件提供了机构条件，也为知识产权审判"三审合一"试点逐步铺开孕育了孵化场，为完善知识产权审判体制、提高案件审判效率、整合资源合力铺路。截至 2013 年底，共有 7 个高级人民法院、79 个中级人民法院和 71 个基层人民法院开展了"三审合一"试点工作。

（3）数字版权行政保护新进展

①第九次"剑网行动"成效卓著，有效遏制了网络盗版高发形势，规范了网络作品传播的版权秩序。

2013年，国家版权局、国家互联网信息办公室、工业和信息化部、公安部联合开展了自2005年开展打击网络侵权盗版以来的第九次"剑网行动"，成效显著。

专项行动期间，各地共接到投诉举报案件512件，行政处理190件，移送司法机关刑事处理93件；没收服务器及相关设备137台，关闭网站201家。其中，国家版权局直接查办的百度、快播侵权案及北京"思路网"盗版数字高清作品案、上海王某等利用互联网销售侵权盗版ISO标准案等案件较为典型、社会影响力较大，被列入"剑网行动"十大案件。25家网站被纳入版权重点监管范围，制定了《关于进一步加强互联网传播作品版权监管工作的意见》，互联网版权重点监管工作的长效机制进一步健全。

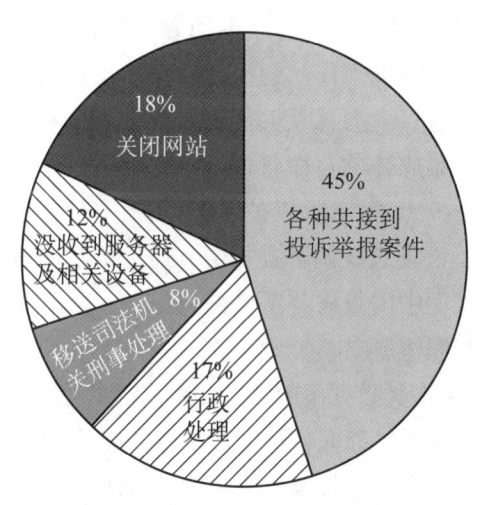

**图3　第九次"剑网行动"成效分析**

②政府软件正版化检查整改工作圆满完成。

截至2013年12月底，31个省（区、市）完成全部地市县级政府机关软件正版化检查整改，中央、省、市、县四级政府机关软件正版化任务基本完成。软件管理制度进一步完善，使用正版软件的长效工作机制也逐步建立。政府机关带头使用正版软件将会发挥积极的示范效应，带动整个中国知识产权环境的根本好转，也有利于软件市场纳入规范化管理。

2013年，就软件正版化工作来说，既是政府机关的攻坚年，又是企业的提升年。为此，我国一方面通过印发文件规范政府机关使用计算机软件行为，另一方面通过"正版软件团购"方式改变企业在软件采购过程中的被动局面。由此，我国的软件产业得到了长足发展，软件资产管理制度也在逐步建立当中，成效明显。不过，由于软件版权保护具有复杂性、特殊性、专业性的特点，推进软件正版化工作仍是一项长期、艰巨、复杂的任务，任重道远。

（4）数字版权社会保护新进展

①首都版权联盟在京成立。

2013年6月6日，由70余家国内知名机构发起，旨在加强版权保护、推动版权产业发展的首都版权联盟在京成立。会议审议并表决通过了《首都版权联盟章程》，选举产生了第一届理事会主席、副主席、秘书长、理事及监事人选。据介绍，首都版权联盟发起单位包括70余家国内知名的版权产业机构。

首都版权联盟是经北京市社会团体登记管理机关核准登记的非营利性社会组织，联盟成立后，将有效整合行业资源优势，为维护广大会员单位的版权权益、配合政府加强市场管理、促进版权产业健康有序发展服务。

首都版权联盟成立大会后举办了第一次会员大会，联盟将按照章程规定务实工作，聚集版权资源、形成版权保护合力、推动版权授权与使用，发挥好桥梁纽带作用。联盟将重点做好以下几方面工作：积极开展理论及实践研究，为国家制定版权产业政策及版权立法提供建议；大力普及宣传著作权法律法规，提高全社会的版权保护意识；推动媒体尤其是网络媒体的自律管理，净化版权行业秩序；组建网络版权监控平台，配合政府的版权监管，实施版权护航工程；积极参与版权声明等相关版权制度，保护会员合法权益；设置版权调解委员会，通过调解快速解决版权纠纷；促进版权进出口贸易，进一步推动中国版权"走出去"。

②中国网络版权维权联盟成立。

2013年2月28日，由人民教育出版社、北京京都世纪文化发展有限公司、青岛国际版权交易中心、新浪、搜狐、奇虎、百度等在内的首批25家签约单位在签约仪式上共同签署了《中国网络版权维权联盟自律公约》，自此中国网络版权维权联盟在京签约成立。中国网络版权维权联盟的签约成立对在全社会形成网络版权保护具有积极意义。

联盟将最广泛地集合行业相关单位的加入，整合国内优秀的网络版权保护资源，以迅速的维权响应、优质的版权服务实现签约单位的版权价值，在全社会形成网络版权保护的积极影响。

2. 年度对比分析

较之2012年，2013年的数字版权保护在立法保护、司法保护、行政保护和社会保护方面均有新进展。

立法保护方面，《使用文字作品支付报酬办法》征求意见稿和国务院四条例的公布,使得我国数字版权保护方面的法律体系更加完善。

司法保护方面,涉互联网案件从横向和纵向在案件数量和案件类型上不断拓展。为了提高知识产权案件,各地法院积极探索建立知识产权法院,为知识产权案件的"三审合一"又添新力。在深入贯彻实施国家知识产权战略的号召下,司法保护的力度也在不断加强。

行政保护方面,第九次剑网行动的成果显著说明中国政府在打击网络盗版的行政执法能力方面得到进一步加强,规范网络出版的秩序,有利于数字出版市场良性发展。

社会保护方面,首都版权联盟、中国网络版权维权联盟的设立推动了版权保护的行业化以及跨领域的合作,有利于进一步提高版权保护的意识,在推动数字出版领域法律法规的完善上也具有重要意义。

3.年度盗版损失情况对比分析

版权问题是数字出版进程中最大的制约因素。离开了版权保护,数字出版产业的健康发展就得不到保障。由于网络侵权取证难、认定难、维权成本高,盗版问题屡禁不止,版权侵权纠纷也日益增多。综观2013年,较之2012年盗版现象有增无减。

2012年,据相关数据显示,网络文学盗版网站的数量达到了50多万家。由网络侵权给网络文学造成的损失每年约40—60亿元,数字音乐每年因盗版损失上亿元,网络影视盗版率更高达九成。这些盗版文学网站已经形成黑色产业链,有的盗版网站月入超过300万元。而这些盗版网站又成为其他盗版网站的源头。

2013年,移动互联网继续呈现爆炸式发展,电子书、手机等手持终端的发展也迅速带动了网络出版产业的快速发展。同时这一年,各类盗版文学网站层出不穷。据统计,仅2013年中国移动手机阅读基地就查到涉嫌盗版图书1000多部,部分图书收益损害达亿元。就网络影视盗版而言,如《全民目击》遭遇网络盗版,片方声称损失数字无法估计。

表4 年度盗版损失对比

| 年份 | 网络文学盗版网站<br>(万个) | 网络文学盗版损失<br>(亿元) | 数字音乐盗版损失<br>(亿元) | 网络影视盗版损失<br>(比率) |
| --- | --- | --- | --- | --- |
| 2012 | > 50 | 40—60 | > 230 | 近九成 |
| 2013 | > 60 | 60—70 | > 345 | 近九成 |

根据以上数据显示,和2012年相比较,盗版网站给网络文学、音像影视等领域的数字出版带来的损失数额依然巨大。数字版权保护的状况依旧堪忧。

## （六）2014—2015数字版权保护状况

最高院已经连续6年发布中国法院知识产权司法保护状况白皮书，"剑网行动"+已经连续开展10年，三家知识产权法院在2014年底先后设立，第三次著作权法的修订工作3年来一直持续推进，从这一系列措施均可以看出我们国家在数字版权保护领域已经取得一定的成绩。但各种报告中不断攀升的数据和政府部门频频采取的知识产权保护举措从另一个侧面也反映出，我国的数字版权保护形势依然严峻。

1. 整体概述

（1）数字版权立法保护新进展

①《使用文字作品支付报酬办法》发布实施。

2014年9月，国家版权局与国家发展和改革委员会联合发布了《使用文字作品支付报酬办法》，并已经于2014年11月1日起施行。《办法》中将原创作品的基本稿酬标准，由1999年《出版文字作品报酬规定》的每千字30元—100元提高到80元—300元。同时《办法》将使用文字作品付酬标准的适用范围从出版领域扩大到数字网络等领域，对于日益增多的数字版权案件的司法审判确定赔偿标准时具有现实指导意义。

②《最高人民法院关于审理利用信息网络侵害人身权益民事纠纷案件适用法律若干问题的规定》。

2014年10月9日，最高人民法院公布《最高人民法院关于审理利用信息网络侵害人身权益民事纠纷案件适用法律若干问题的规定》，针对网络侵权诉讼难等问题都作出了新的规定。明确利用自媒体等转载网络信息行为的过错及程度认定问题。这份司法解释是继规范审理侵害信息网络传播权民事纠纷案件、办理利用信息网络实施诽谤等刑事司法解释之后，最高人民法院针对互联网法律问题出台的又一裁判规则。

③第三次《著作权法》修订进展。

自2011年7月新闻出版总署、国家版权局启动第三次修订《著作权法》以来，已历时3年多，我国著作权法的第三次修改，既非基于加入国际公约的需要，也非源于国际社会的压力，而更多的是立足本国国情做出的主动性安排。在数字环境下，进一步加快推进《著作权法》第三次修订工作有着更为重要的现实意义。

2014年6月6日，国务院法制办就《中华人民共和国著作权法（修订送审稿）》向社会公开征求意见，并于2014年7月5日结束。送审稿对著作权保护的权利客体、权利内容、权利归属和权利保护期等方面进行了修改。因为涉及各方利益，此次《著作权法》的修改得到了社会各界的普遍关注。

④全国人大常委会批准《视听表演北京条约》。

2014年4月24日,第十二届全国人大常委会第八次会议批准了《视听表演北京条约》。《视听表演北京条约》是于2012年6月在北京召开的由中国政府承办的世界知识产权组织保护音像表演外交会议上成功缔结的,是我国积极参与国际组织有关议程和规则制定、维护国家利益的成功范例,提升了我国在保护知识产权方面的国际形象和影响力。我国批准该条约,将对该条约早日生效起到很大推动作用。

(2)数字版权司法保护新进展

2014年,人民法院受理的知识产权案件数量快速增长,尤其是涉及复杂技术事实认定和法律适用的新类型疑难复杂案件大量涌现。人民法院不断加快推进知识产权审判体制改革,优化调整知识产权案件管辖布局,健全完善科学技术专家咨询机制,继续扩大"三合一"改革试点范围。通过与知识产权、科学技术行政管理部门以及行业协会等的沟通、交流,构建互联互通的知识产权多元化纠纷解决机制。

①各地法院在审理知识产权案件方面积累了更为丰富的审判经验。

根据最高人民法院发布的中国法院知识产权司法保护状况(2014年)白皮书,2014年全国人民法院共新收各类知识产权案件133863件,审结127129件,比2013年分别上升19.52%和10.82%,司法保护知识产权主导作用进一步增强。

表5 知识产权案件年度数量对比

| 年份 | 知识产权一审民事案件 | 知识产权一审行政案件 | 涉知识产权刑事案件 |
|---|---|---|---|
| 2009 | 30509 | 1971 | 3660 |
| 2010 | 41718 | 2391 | 3942 |
| 2011 | 58201 | 2470 | 5504 |
| 2012 | 83850 | 2899 | 12794 |
| 2013 | 88583 | 2901 | 9212 |
| 2014 | 94501 | 4887 | 10803 |

资料来源:最高法院(数据均为地方法院结案量)

知识产权案件类型呈现多元化趋势发展,各级法院在互联网案件侵权主体的归属、侵权行为与侵权形式的界定、侵权赔偿的确定方面积累了丰富的实践经验,提高了人们的知识产权保护意识,促进了科技文化企业治理结构的完善,进而完善了整个社会的知识产权保护环境。

②建立知识产权法院。

全国法院系统深化司法改革,推动完善中国特色社会主义司法制度。根据全国人大常委会的决定,2014年年底先后在北京、上海、广州设立了知识产权法院。知识产权法院审理知识产权民事和行政案件,落实国家知识产权战略,对发挥司法保护知识产权具有重要作用。

(3)数字版权行政保护新进展

①第十次"剑网行动"。

2014年是中国数字版权行政保护的关键一年,"剑网2014"专项行动圆满收官,各地版权行政执法部门共查处案件440起,移送司法机关66起,罚款人民币352万余元,关闭网站750家,有效震慑了侵权盗版违法犯罪分子。2014年的专项行动,比前9年力度更大,成效更显著。严厉打击了互联网上的违法侵权现象,得民心,顺民意,对营造一个健康、干净的网络空间发挥了积极的作用。

"剑网行动"开展10年来,累计查办案件4681起,关闭侵权盗版网站2676个,移送司法机关案件388件,"清网"效果显著。有效改善了互联网版权保护环境,大幅提高了网站传播作品的正版率,受到了国内外权利人的充分肯定。

②行政保护新动态。

由多部委联合发布的《深入实施国家知识产权战略行动计划(2014—2020年)》,明确要求加强对视听节目、文学、游戏网站和网络交易平台的版权监管,规范网络作品使用,严厉打击网络侵权盗版,优化网络监管技术手段。要加强重点领域知识产权行政执法。积极开展执法专项行动,重点查办跨区域、大规模和社会反响强烈的侵权案件,加大对民生、重大项目和优势产业等领域侵犯知识产权行为的打击力度。这对加强版权执法监管工作提出了新的更高要求。

③2014年推进使用正版软件工作进展情况。

2014年我国政府机关软件正版化取得了新成果,各地区、各部门建立健全了软件正版化工作制度和常态化工作机制,政府机关软件正版化工作更加规范。83%的中央和国家机关推进其所属事业单位实现了软件正版化。企业软件正版化取得新突破,完善了企业软件正版化信息统计制度,进一步量化了企业软件正版化工作进展。

(4)数字版权社会保护新进展

①首都版权产业联盟"清源行动"。

2014年1月,首都版权产业联盟针对网络侵权行为实施"清源行动",呼吁国内互联网广告联盟断开对盗版网站的广告支持,从收入源头上打击盗版网站。该行动针对网络中存在大量涉嫌侵权活动的规模很小但数量众多的中小网站。它们大都隶属于某个网络广告联盟,通过在网站上提供侵权盗版文学、音乐、影视作品等获取网络流量,再借助流量从广告联盟获取一定的收入。断绝其经济来源,便可以从源头上遏制涉嫌侵权的网站存在,从而达到规范网络作品传播秩序,正本清源的目的。

②"净化网络环境,打击侵权盗版"高端主题论坛。

由国家新闻出版广电总局数字出版司、版权管理司指导,中国音像与数字出版协会大众内容出版工作委员会筹备组主办的"净化网络环境,打击侵权盗版"高端主题论坛在2014年中国数字出版年会上举办。论坛上，与会专家就中国网络版权保护现状、版权产业发展情况及2014年"净网""剑网"专项行动下手机阅读和网络文学的发展状况进行讨论。专家认为，"净网""剑网"专项行动的开展，将对我国传统媒体与新媒体的融合产生积极影响，有利于构建和谐、文明的网络出版环境，促进文化产业繁荣。来自新媒体及相关单位的201家企业代表，在论坛上共同签署了"守正创新，拒绝盗版、净化网络环境"联合倡议。代表们倡议，要拒绝盗版、净化网络环境、共同构建绿色健康安全有序的网络环境，营造积极创新的社会风尚，为我国版权保护事业作出更大贡献。

③中国版权保护中心发函删除83万条侵权链接。

中国版权保护中心的视频音频网络版权监测及调查取证服务平台，从2008年监测平台建立至2014年底，已通过发函通知的方式删除了83万余条侵权链接，在网络版权维权方面作出了服务创新并取得良好效果。

2. 年度对比分析

较之2013年，2014年的数字版权保护在立法保护、司法保护、行政保护和社会保护方面都有一些新的进步。

立法保护方面，《使用文字作品支付报酬办法》从征求意见稿到公布实施，顺应了时代的变化和市场的发展。第三次著作权法的修订也在持续推进当中，使得我国在数字版权保护方面的法律体系在不断的完善进程中。

司法保护方面，法院受理的知识产权案件数量持续增长，尤其是涉及复杂技术事实认定和法律适用的新类型疑难复杂案件大量涌现。知识产权案件审判质效不断提高，呈现出审结案件数和结案率大幅上升，再审率和改判发回重审率双下降的良好局面，知识产权审判公开也在深入推进，知识产权审判影响力显著提升。2014年，全国法院新收知识产权（民事、行政、刑事）一审案件116528件。比2013年上升15.6%。同时，北上广地区的知识产权法院的设立对发挥司法保护知识产权具有里程碑意义和重要作用。

行政保护方面，2013年，"剑网行动"中行政处理190件，移送司法机关刑事处理93件，关闭网站201家。在强化打击的同时，国家版权局对25家主要音视听网站、各地版权管理部门对1881家网站开展了版权监管工作，有效遏制了网络侵权盗版高发的势头。"剑网2014"专项行动期间，各地共查处案件440起，移送司法机关66起，关闭网站750家。国家版权局进一步加强对20家大中型视频网站的版权重点监管，各地版权管理部门对本地区1826家主要网站继续开展版权重点监管工作。从数据上来看，2014年的"剑网行动"在处理案件的数量上比2013年有了大幅增长，是2013年的219%；在移送司法机关和主动监管案件或网站的数量方面没有大的变化；在关闭网站数量上，2014年又较之2013年有了成倍的增长。

第十次"剑网行动"的成果显著说明中国政府在打击网络盗版的行政执法能力方面得到进一步加强，规范网络出版的秩序，有利于数字出版市场良性发展。

社会保护方面，首都版权产业联盟"清源行动"、大众内容出版工作委员会筹备组主办的"净化网络环境，打击侵权盗版"论坛推动了版权保护的行业化以及跨领域的合作，有利于进一步提高版权保护的意识，在推动数字出版领域法律法规的完善方面也具有重要的意义。

## （七）2015—2016 数字版权保护状况

与数字版权保护相关的立法不断获得新进展，补充或扩展了我国在数字版权保护方面的法律体系。最高人民法院已经连续 7 年发布中国法院知识产权司法保护状况白皮书，北京、上海、广州地区的三家知识产权法院自 2014 年底先后设立，已经运行了一年多的时间，审理了不断高发的各类网络著作权案件。"剑网行动"进行了 10 年盘点，又完成了第 11 年的网络专项治理行动。从这一系列措施均可以看出我们国家在数字版权保护领域不断取得新的成绩。

1. 整体概述

（1）数字版权立法保护新进展

①《最高人民法院关于适用〈中华人民共和国民事诉讼法〉的解释》的实施，确认了更有利于权利人的司法诉讼程序。

《最高人民法院关于适用〈中华人民共和国民事诉讼法〉的解释》自 2015 年 2 月 4 日起施行。该解释第二十五条规定了"信息网络侵权行为实施地包括实施被诉侵权行为的计算机等信息设备所在地，侵权结果发生地包括被侵权的人住所地"。这一规定明确了网络侵权案件的侵权结果发生地包括被侵权人的住所地，改变了之前包括网络著作权案件在内的网络侵权案件的立案管辖规则，使得日益增加的网络著作权案件的权利人得以在自己的住所地提起诉讼，大大便利了权利人维权诉讼的开展。同时，在权利人相对集中的所在地法院立案审理案件，更有利于法院查清原告权属情况和被侵权情况，在权利人层面有助于司法裁判统一标准，加强了数字版权网络著作权的民事程序司法保护。

②《中华人民共和国刑法修正案（九）》的实施，增强了对数字版权网络著作权的刑事司法保护。

《中华人民共和国刑法修正案（九）》自 2015 年 11 月 1 日实施。该修正案增加了"明知他人利用信息网络实施犯罪，为其犯罪提供互联网接入、服务器托管、网络存储、通讯传输等技术支持，或者提供广告推广、支付结算等帮助，情节严重的，处三年以下有期徒刑或者拘役,并处或者单处罚金"等内容,明确了在提供互联网接入、服务器托管、网络存储、通讯传输等技术支持,或者提供广告推广、支付结算等帮助的网络服务提供商的刑事责任,这一修正案强化了对网络行为和网络犯罪的监管,增强了对数字版权网络著作权的刑事司法保护。

③《著作权行政处罚实施办法(修订征求意见稿)》向社会公开征求意见。

2015年9月8日,国家版权局针对《著作权行政处罚实施办法(修订征求意见稿)》向社会公开征求意见。该意见稿就行政处罚程序、网络服务提供者的行政责任以及网络环境下的版权执法等内容进行了修改,以解决版权行政执法工作中特别是办理侵犯著作权的行政案件中遇到的实际问题,进一步完善版权行政保护制度,加大对侵权盗版行为的行政打击力度。

(2)数字版权司法保护新进展

2015年,随着"互联网+"行动计划的实施,人民法院受理的知识产权案件数量快速增长,且审理难度不断加大,涉及著名影视文化作品互联网传播的著作权纠纷案件不断增多,涉互联网知识产权侵权纠纷不断涌现,使得知识产权审判面临新挑战。

①案件数量持续增长。

2015年,各级法院新受理知识产权案件123493件[1],同此上升5.98%;审结119511件,同此上升8.46%。其中著作权案件66690件,同比上升12.1%,著作权案件中60%为网络著作权案件[2],约4万件。网络著作权案件数量逐年攀升,是著作权案件中数量最多的案件。[3]

表6 知识产权案件年度数量比对

| 年份 | 知识产权一审民事案件 | 知识产权一审行政案件 | 涉知识产权刑事案件 |
| --- | --- | --- | --- |
| 2009年 | 30509 | 1971 | 3660 |
| 2010年 | 41718 | 2391 | 3942 |
| 2011年 | 58201 | 2470 | 5504 |
| 2012年 | 83850 | 2899 | 12794 |
| 2013年 | 88583 | 2901 | 9212 |
| 2014年 | 94501 | 4887 | 10803 |
| 2015年 | 101324 | 10926 | 10809 |

资料来源:最高人民法院(数据均为地方法院结案量)

---

[1] 2015年全国法院审判执行情况[EB/OL]. http://www.chinacour.org/article/detail/2016/03/id/1824191.shtml.
[2] 最高院马秀荣:网络著作权的司法保护[EB/OL]. http://tech.qq.com/a/20160427/042357.htm.
[3] 中国法院知识产权司法保护状况(2015年)[EB/OL]. http://www.zhichanli.com/article/30049.

图 4 知识产权案件年度数量比对

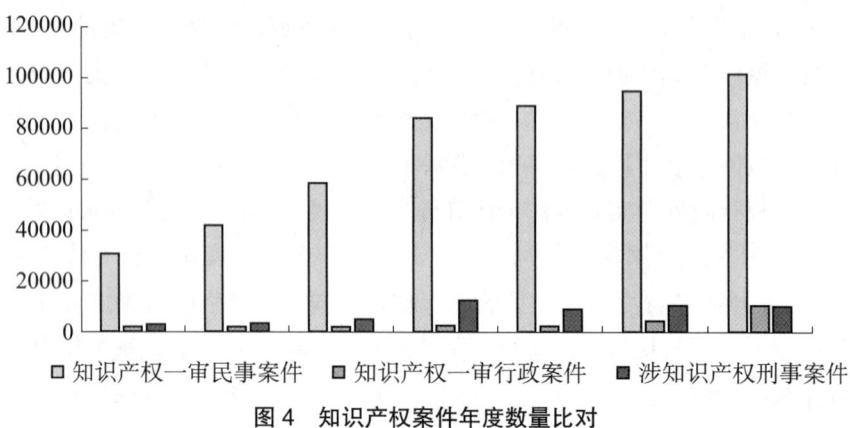

②各地审判数量。[①]

全国各地的法院中，北京、上海、江苏、浙江、广东五省市收案数量持续在高位运行，新受理知识产权民事一审案件数约占全国法院该类案件总数的70%。除广东省在新受理案件数量上保持稳定外，其他四省市新受理知识产权民事一审案件数量同比均大幅增加，江苏省增幅最为明显，达到38.71%。随着京津冀一体化建设的推进，知识产权案件数量持续增长的态势逐步从北京向周边辐射，天津市知识产权受理案数量大幅攀升，全市三级法院新受理知识产权民事一审案件同比上升50.41%。安徽随着建设创新型省份目标的加速推进，知识产权案件数量增长迅速，全省三级法院新受理知识产权民事一审案件同比上升101.26%。山东、陕西、湖南、黑龙江四省新受理知识产权民事一审案件同比增幅较大，均在30%以上。

（3）数字版权行政保护新进展

①国务院印发《关于新形势下加快知识产权强国建设的若干意见》。

2015年12月22日，国务院印发《关于新形势下加快知识产权强国建设的若干意见》提出，要完善行政执法和司法保护两条途径优势互补、有机衔接的知识产权保护模式：一是加大对知识产权侵权行为惩治力度，严厉打击知识产权侵权行为；二是严厉打击知识产权犯罪，重点打击链条式、产业化知识产权犯罪网络；三是建立健全知识产权保护预警防范机制；四是加强对新业态和新领域创新成果的知识产权保护；五是规制知识产权滥用行为。

②第11次"剑网行动"。

2015年，国家版权局对"剑网行动"进行了10年盘点[②]，据不完全统计，2005年至2014年连续十年开展的"剑网行动"，针对网络文学、音乐、视频、游戏、动漫、

---

[①] 最高法发布2015中国法院知识产权司法保护白皮书［EB/OL］. http：//www.sipo.gov.cn/ztzl/ndcs/qgzscqxcz/xwfo/201604/t20160422_1264240.html.

[②] 十年"剑网行动"，连创佳绩；网络版权执法，再谱新篇［EB/OL］. http：//www.ncac.gov.cn/chinacopyright/contEnts/518/254396.html.

软件等重点领域，集中强化对网络侵权盗版行为的打击力度，共查办案件4681起，依法关闭侵权盗版网站2676个，没收服务器及相关设备1178台，罚款人民币1135万元，移送司法机关追究刑事责任案件388件，查处了一批侵权盗版大案要案，网络版权保护水平明显提升。

第11次"剑网行动"也于2015年如期开展，此次行动在前10年的工作基础上，措施更加有力，成效更加显著。[①]行动重点任务涉及网络音乐、云存储、应用APP、网络广告联盟、网络转载等领域，共查处行政案件383件，行政罚款450万元，移送司法机关刑事处理59件，涉案金额3845万元，关闭网站113家。主动监管的16家视频网站中被诉侵权的版权纠纷案件数量急剧下降，列入监管名单的20家网络音乐服务商向社会公告独家授权和非独家授权的音乐作品及重点音乐作品版权预警名单。

③国家新闻出版广电总局、国家版权局系列网络版权保护举措。

除了开展第11次"剑网行动"，2015年，国家新闻出版广电总局、国家版权局还通过其他一系列措施来加强版权保护工作。包括印发了《关于推动网络文学健康发展的指导意见》，发布了《关于规范网络转载版权秩序的通知》，发布了《关于规范网盘服务版权秩序的通知》，下发了《关于责令网络音乐服务商停止未经授权传播音乐作品的通知》，发布了《关于大力推进我国音乐产业发展的若干意见》，通过这一系列举措强调加强网络文学作品版权保护、明确网络版权转载的重要问题、规范网盘服务版权秩序、要求各网络音乐服务商限期将未经授权传播的音乐作品全部下线、加强对数字音乐作品的版权保护，这些举措均取得了切实效果，具有重要意义。

④我国软件正版化步入新常态。

2015年是"十二五"规划的收官之年，也是推进使用正版软件工作进入新常态之年。[②]2015年推进使用正版软件工作取得新进展，软件著作权登记量达29.24万件，同比增长33.63%；软件和信息技术服务业收入达4.3万亿元，同比增长16.6%。同时，进一步巩固了政府机关软件正版化工作成果，各级政府机关软件正版率显著提高，中央和省级机关软件正版率达96%。中央企业软件正版化工作取得重大进展，98.62%的五级及以上企业实现软件正版化。

（4）数字版权社会保护新进展

①微信知识产权保护。[③]

中国数字阅读用户规模达到2.96亿，其中手机阅读用户占到52.2%，微信公众平台日均浏览量（PV）超过30亿，已经成为用户获取内容的重要媒介，但同时也逐渐

---

① "剑网2015"工作总结会［EB/OL］. http://www.ncac.gov.cn/chinacopyright/contEnts/518/270761.html.
② 我国软件正版化步入新常态［EB/OL］. http://www.ncac.gov.cn/chinacopyright/contEnts/9787/294349.html.
③ 国内互联网企业首发平台知产保护白皮书［EB/OL］. http://www.legaldaily.com.cn/IT/con.tent/2016-01/11/contEnt_6440160.htm？node=69471.

暴露出侵权乱象，公众号抄袭现象屡见不鲜，是知识产权侵权投诉高发区。《2015微信知识产权保护白皮书》显示，从2014年第四季度到2015年第三季度，微信共处理涉知识产权案件1.3万件，其中，原创声明功能保护了515万次原创文章，品牌维权平台处理了7千多例涉嫌售假举报。白皮书的发布有助于广大微信用户和知识产权人更好地维护自己的合法权益，促进了互联网知识产权生态的良性发展。

②云盘版权保护。

截至2015年年底，我国的云盘用户已达到4.5亿[①]，然而云盘用户的规模爆棚带来的管理混乱、管理水平低下、标准参差不齐等问题日渐突出，最突出的问题是不法分子利用云盘数据共享的特点，将他人合法资源进行非法传播以牟取利益。"剑网2015"的重点之一，是开展规范网络云存储空间版权专项整治。推动重点网络云存储企业就其版权问题开展自查自纠，坚决查办利用网络云存储空间进行侵权盗版的违法活动，遏制利用网络云存储空间侵权盗版的势头。《关于规范网盘服务版权秩序的通知》发布后，百度云盘和6家视频网站及权利人签署了云盘版权保护共同声明，携手抵制网络云盘上的侵权盗版行为。

③互联网视频正版化。

搜狐视频、腾讯、优酷土豆、凤凰视频、爱奇艺、56网、PPS、PPTV等互联网公司于2015年7月发起组建互联网视频正版化联盟[②]，旨在通过联盟成员的自律、互助，维护互联网视频版权市场的良好秩序。联盟成员承诺在自有平台向公众提供正版、优质影视作品，承诺遵守"先授权后使用"的基本版权准则，不在自有平台主动提供未经其他联盟成员授权的节目，并就相关版权问题发生时联盟成员的责任和义务做了相关约定。

2. 年度对比分析

较之2014年，2015年的数字版权保护在立法保护、司法保护、行政保护和社会保护方面都有一些新的进展。

在立法保护方面，最高人民法院《关于适用〈中华人民共和国民事诉讼法〉的解释》和《中华人民共和国刑法修正案（九）》的颁布实施以及国家版权局针对《著作权行政处罚实施办法（修订征求意见稿）》向社会公开征求意见都反映出我国立法保护的推进，在不断补充或扩展我国在数字版权保护的法律体系；但在针对数字版权保护更为直接相关的实体法律的立法上，如《著作权法》的第三次修订，在2015年亦

---

① 中国云盘用户将突破4.5亿业界携手抵制侵权盗版行为[EB/OL]. http://it.people.com.cn/n/2015/1103/c1009–27772714.html.

② 互联网视频正版化联盟在京成立[EB/OL]. http://www.ipraction.gov.cn/articLE/xxgk/gzdt/Bmdt/201507/20150700058283.shtml.

尚未有新的较大的进展。

在司法保护方面，全国的知识产权案件依然呈增长态势，且网络著作权案件占比突出。案件主要出现在北京、上海、广东等省市，尤其是互联网企业集中的北京更是网络案件的高发地。北上广地区知识产权法院相继设立及运行，使得审判权运行机制更加合理，审判效率明显提高，司法公信力显著提升，对加强数字版权保护的司法审判有一定作用；但依然存在赔偿标准的不统一问题，以及审理网络直播案件、涉及体育节目的案件、聚合搜索网站的案件等新商业模式下的网络著作权案件的服务提供商的责任难以认定等问题。

在行政保护方面，2015年的"剑网行动"，有自己的特点，重点突出，对网络版权实施分类管理，专项行动确定的6项重点任务，都是针对当前网络领域问题最突出、相关产业反映最强烈、现实性很强的几大问题。此次行动进一步净化了我国的网络空间及网络版权环境。从数据上看，2015年的剑网行动在处理案件的数量上比2014年小幅下降，移送司法机关的数量上没有大的变化，关闭的网站数量较2014年大幅度减少。

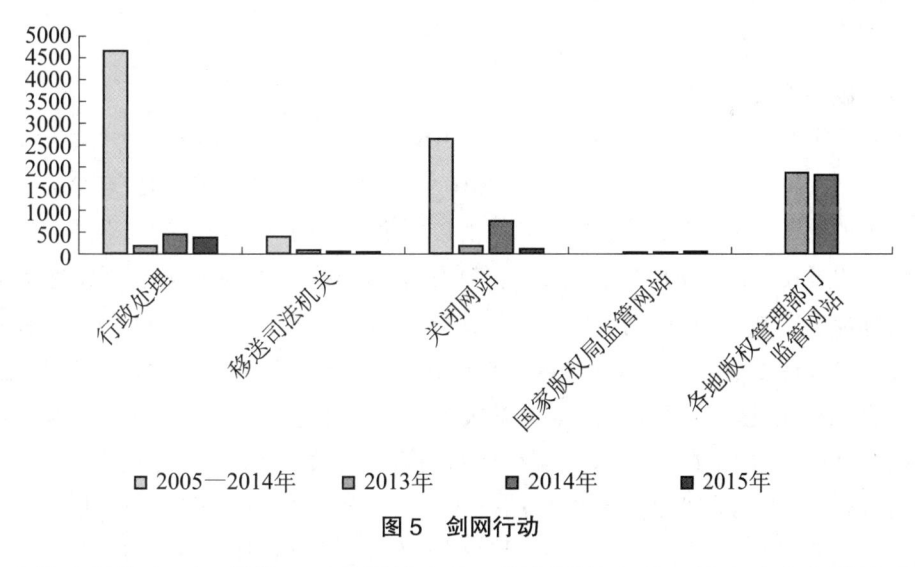

**图5 剑网行动**

在社会保护方面，微信、云盘网站企业、视频网站企业、社会企业自觉地呼吁保护版权、坚持正版的行动，带动了全民维权意识，维护了权利人的合法权益，营造出良好的网络版权经营环境，推动了网络产业的发展。

## (八) 2016—2017 数字版权保护状况[①]

包括推进第三次《著作权法》在内的各种与数字版权保护相关的立法新进展，不断补充或扩展着我国在数字版权保护方面的法律体系。最高院已经连续 8 年发布中国法院知识产权司法保护状况白皮书，制定并发布了《中国知识产权司法保护纲要（2016—2020）》，国家知识产权司法保护的力度不断加强。北京、上海、广州地区的三家知识产权法院自 2014 年年底设立至今司法改革成效和标杆作用逐步显现，知识产权法院在审理网络版权案件中作用日益突出。[②] 由国家版权局、国家互联网信息办公室、工业和信息化部、公安部联合启动的"剑网 2016"专项行动，完成了第 12 年的网络专项治理行动，重点治理了未经授权非法传播网络文学、新闻、影视等作品的侵权盗版行为。从这一系列措施均可以看出我们国家在数字版权保护领域不断取得了新的成绩。

### 1. 整体概述

（1）数字版权立法保护新进展

①《电影产业促进法》的发布实施，让中国电影产业版权保护迈入"法治时代"。由全国人民代表大会常务委员会于 2016 年 11 月 7 日发布、自 2017 年 3 月 1 日起施行的《电影产业促进法》，是我国第一次以国家法律的形式对电影产业予以全面规范。自该法正式实施，从事电影创作、摄制发行、放映、举办或参加电影节展等活动，都应当符合该法规定，同时对电影产业的支持、保障工作，都应当达到该法的要求。

我国已实现胶片电影向数字电影的整体转换，并已经进入系统设备与工艺流程数字化向全面网络化和信息化发展演进的关键时期，顺应"互联网+"大趋势，电影业不断与互联网深度融合，赋予电影行业新的活力与动力。[③] 数字化技术的发展和应用也对电影产业的版权保护提出了新的挑战，在《电影产业促进法》中，明确规定了与电影有关的知识产权受法律保护，同时对涉及信息网络传播的公映电影进行了相应规范。

②《关于加强网络文学作品版权管理的通知》的实施，细化了著作权法律法规在网络文学版权领域的相关规定。

国家版权局发布的《关于加强网络文学作品版权管理的通知》自 2016 年 11 月 4

---

[①] 2016 中国网络版权保护年度报告：用户付费和广告成内容产业收入主力［EB/OL］. http://china.cnr.cn/gdgg/20170427/t20170427_523728799.shtml.
[②] 2016 中国网络版权保护年度报告：用户付费和广告成内容产业收入主力［EB/OL］.http://china.cnr.cn/gdgg/20170427/t20170427_523728799.shtml.
[③] 全国人大表决通过《电影产业促进法》［EB/OL］. http://Ent.sina.com.cn/m/c/2016-11.07/doc.ifxxnEty7560635.shtml.

日实施,①这是国家版权局加强网络文学版权保护的一项重要举措,对规范网络文学版权秩序具有重要的意义。

该通知明确了通过信息网络提供文学作品以及提供相关网络服务的网络服务商在版权管理方面的责任义务,将网络服务提供商概括为通过信息网络直接提供文学作品的网络服务商和为用户通过信息网络传播文学作品提供相关网络服务的网络服务商,针对不同的网络服务商明确了各自应当承担的不同法律责任,并要求各网络服务商落实企业主体责任,履行好法律义务,建立健全四项工作机制,具体包括侵权处理机制、版权投诉机制、通知删除机制和上传审核机制。重申了著作权法律规定的基本原则,进一步明确了网络服务商的主体责任和义务,强化了版权执法部门的监管职责。②

③《移动互联网应用程序信息服务管理规定》的实施,加强了对移动互联网应用程序(APP)信息服务领域的版权保护规范。

应用程序已成为包括数字出版在内的移动互联网信息服务的主要载体,对提供民生服务和促进经济社会发展发挥了重要作用,但少数应用程序被不法分子利用传播违法违规信息及损害用户合法权益的行为。国家互联网信息办公室2016年6月28日发布《移动互联网应用程序信息服务管理规定》,该规定自2016年8月1日实施。③该规定明确,移动互联网应用程序提供者应当严格落实信息安全管理责任,尊重和保护知识产权,要求移动互联网应用程序提供者和互联网应用商店服务提供者不得利用应用程序从事侵犯他人知识产权、合法权益等法律法规禁止的活动,强调了移动互联网应用程序提供者和互联网应用商店服务提供者应当切实履行管理责任,积极承担包括但不限于知识产权保护等社会责任,切实尊重和保护权利人的知识产权。④

④《著作权法》的修订被列入版权工作"十三五"规划重点任务。

"十二五"时期,《著作权法》第三次修订工作深入推进,并得到了社会各界的广泛社会关注。2017年1月25日,国家版权局发布的《版权工作"十三五"规划》将第三次《著作权法》的修订列入重点任务,提出将推进《著作权法》第三次修改,修改完善《著作权法》,健全侵权法定赔偿、著作权集体管理制度、著作权登记制度以及网络环境下确权、授权和交易规则等顶层设计,加强《著作权法》与我国加入的国际条约的衔接。⑤

另外,《著作权法》的这次全面修订,已经列入第十二届全国人大常委会立法规

---

① 关于加强网络文学作品版权管理的通知[EB/OL]. http://wwwgappgovcn/sapprft/contEnts/6588/308186shtml.
② 加强网络文学版权管理明确主体责任强化监管职责[EB/OL]. http://mediapeoplecomcn/n1/2016/1114/c40606-28859240html.
③ 移动互联网应用程序信息服务管理规定[EB/OL]. http://wwwcacgovcn/2016-06/28/c_1119122192htm.
④ 国家网信办发布《移动互联网应用程序信息服务管理规定》[EB/OL]. http://wwwcacgovcn/2016.06/28/c_1119123114htm.
⑤ 关于印发〈版权工作"十三五"规划〉的通知[EB/OL]. http://wwwgappgovcn/sapprft/contEnts/6588/315154shtml.

划，是条件比较成熟的第一类项目，是任期内拟请审议的法律草案。根据全国人大常委会 2017 年的工作安排，全国人大将对《著作权法》开展一次全面的执法检查，目前国家版权局正在配合开展这项工作。《著作权法》第三次修改是一次全面的修改，对进一步完善我国著作权法律制度非常重要。[①]

（2）数字版权司法保护新进展

在司法保护方面，包括涉及信息网络传播的著作权纠纷在内的知识产权案件不断增多，审理难度加大，很多案件涉及复杂技术事实认定、巨额利益分配、社会公共利益、国家利益与知识产权权利人的利益平衡等问题。[②] 根据最高人民法院公布的《中国法院知识产权司法保护状况（2016 年）》（白皮书），2016 年人民法院知识产权案件数量再创新高，审理难度逐步增大，审判质效稳中向好，赔偿力度有所提升。[③]

①案件数量再创新高。

2016 年，人民法院共新收一审、二审、申请再审等各类知识产权案件 177705 件，审结 171708 件（含旧存，下同），比 2015 年分别上升 19.07% 和 20.86%。[④] 地方各级人民法院共审结知识产权民事一审案件 131813 件，比 2015 年上升 30.09%，一审结案率为 83.18%，同比上升 0.52%。其中，著作权案件 86989 件，同比上升 30.44%，在著作权案件中，网络文学案件数量达到总量的 24%，比去年增加 10 个百分点。

表 7　知识产权案件年度数量比对

| 年份 | 知识产权一审民事案件 | 知识产权一审行政案件 | 涉知识产权刑事案件 |
| --- | --- | --- | --- |
| 2009 | 30509 | 1971 | 3660 |
| 2010 | 41718 | 2391 | 3942 |
| 2011 | 58201 | 2470 | 5504 |
| 2012 | 83850 | 2899 | 12794 |
| 2013 | 88583 | 2901 | 9212 |
| 2014 | 94501 | 4887 | 10803 |
| 2015 | 101324 | 10926 | 10809 |
| 2016 | 136534 | 7186 | 8352 |

资料来源：最高法院（数据均为地方法院结案量）

---

① 著作权法修订已列入全国人大常委会立法规划［EB/OL］. http：//wwwsciogovcn/xwfbh/xwbfbh/wqfbh/35861/36536/zy36540/documEnt/1549533/1549533htm.
② 最高人民法院首次发布知识产权司法保护纲要［EB/OL］. http：//wwwcourtgovcn/zixun.xiangqing.41872html.
③ 中国法院知识产权司法保护状况（2016 年）［EB/OL］. http：//wwwcourtgovcn/zixun.xian.gqing.42362html.
④ 中国法院知识产权司法保护状况（2016 年）［EB/OL］. http：//wwwchinacourtorg/article/de.tail/2017/04/id/2825053shtml.

②各地审判数量。

北京、上海、江苏、浙江、广东五省市法院收案数量一直保持高位运行态势，新收各类知识产权案件数合计107011件①，占全国法院的70.37%。其中，广东同比上升22.36%，上海同比上升20.74%。山东、福建新收各类知识产权案件同比增幅也均在20%以上。其他一些省份也一改往年案件数量偏少的状况，如贵州法院随着工业强省、城镇化带动战略的推进，案件数量增长迅猛，同比上升了58.20%。重庆法院的知识产权案件数量也大幅攀升，全年新收知识产权案件同比上升57.85%。湖南、安徽法院知识产权一审案件数量也增长迅速，分别同比上升52.02%和45.4%。

（3）数字版权行政保护新进展

①第12次"剑网行动"。

从2005年到2015年，我国已查处网络侵权案件5000多起，依法关闭网站近3000个，罚款1500万元，移送追究刑事责任案件450余件。②2016年7月至11月开展第12次打击网络侵权盗版专项治理"剑网行动"，行动期间，各地共查处行政案件514件，行政罚款467万元，移送司法机关33件，涉案金额2亿元，关闭网站290家。③办理了包括北京"顶点小说"网侵犯著作权案、广西南宁"皮皮小说"网涉嫌侵犯著作权案、重庆"269小说"网涉嫌侵犯著作权案、江苏苏州"风雨文学"网涉嫌侵犯著作权案等一批较为典型的网络侵权盗版案件。④通过5个月的专项治理，网络文学、影视、音乐等领域大规模侵权盗版现象基本得到遏制，版权秩序进一步规范，网络版权环境进一步净化。剑网行动还集中开展多个领域的专项整治：分类开展了打击网络文学侵权盗版专项整治、私人影院专项整治、APP专项整治及网络广告联盟专项整治等行动，均取得了较好的效果。

②网络文学专项治理，创新网络版权管理模式。

2016年11月4日开始实施的《关于加强网络文学作品版权管理的通知》⑤，是国家版权局加强网络文学版权保护的一项重要举措，对规范网络文学版权秩序具有重要的意义。2016年网络专项行动突出整治未经授权非法传播网络文学作品的侵权盗版行为，主要开展了打击网络文学侵权盗版专项整治行动，加强对文学网站的版权执法监管力度，严厉打击通过网站、贴吧、微博、微信等方式未经授权非法传播网络文学作品的侵权盗版行为。国家版权局还通过建立"黑白名单"制度，逐步探索网络版权监

---

① 中国法院知识产权司法保护状况（2016年）[EB/OL]. http://wwwchinacourtorg/article/detail/2017/04/id/2825053shtml.
② 我国10年间查处网络侵权案件5000余起关闭网站近3000个[EB/OL]. http://news.xinhuanet.com/newmedia/2016.10/31/c_1119821583.htm.
③ "剑网2016"专项行动总结会在京召开[EB/OL]. http://www.ncac.gov.cn/chinacopyright/contents/9880/311523.html.
④ "剑网2016"专项行动21起典型案件公布[EB/OL]. http://www.chinaxwcb.com/2016-12/26/content_349741.htm.
⑤ 关于加强网络文学作品版权管理的通知[EB/OL]. http://wwwgappgovcn/sapprft/contents/6588/308186.shtml.

管的新举措、新方法。在网络文学领域推行"黑白名单"制度,公布网络文学作品侵权盗版网络服务商"黑名单"、网络文学作品重点监管"白名单",树立版权保护典型企业。同时将国内主要文学网站纳入国家版权局重点监管,推动网络文学企业加强行业自律。

③我国推进软件正版化工作再上新台阶。

2016年,我国政府机关软件正版化工作已实现了逐步常态化。[①]93.38%的中央和国家机关所属事业单位实现软件正版化,各级政府机关共采购操作系统、办公和杀毒三类软件66.72万套,采购金额3.67亿元。2016年,中央企业和金融机构采购操作系统、办公和杀毒三类软件金额共计22.93亿元。截至2016年年底,所有中央企业总部、97.36%的中央企业下属企业、70.15%的金融机构实现软件正版化。

2016年,我国软件著作权登记量达到40.78万件,同比增长39.48%,我国软件产业总值由2001年的750亿元,飞跃至2016年的49万亿元。

(4)数字版权社会保护新进展

①版权行业协会积极促进行业自律。

在配合监管部门的重点整治工作的同时,版权行业协会协同行业企业发布了《网络文学行业自律倡议书》《网络广告联盟版权自律倡议》等自律公告。

2016年7月,中国作协网络文学委员会与中国音像与数字出版协会数字阅读工作委员会共同发起了《网络文学行业自律倡议书》[②],呼吁网络文学行业:"推出更多思想性、艺术性和可读性有机统一的精品力作。"提出"坚持版权保护观念,抵制侵权盗版;坚持依法经营,努力营造良好发展环境"等自律倡议。

2016年12月,首都版权产业联盟联合百度网盟推广、360广告联盟、阿里妈妈广告联盟和腾讯广告联盟发出了《网络广告联盟版权自律倡议》[③],表示将积极配合国家主管部门的监管工作,共同维护健康良好的网络版权秩序。倡议书倡议网络广告联盟建立并完善内部版权管理制度,严格规范广告投放程序,防止将广告投放在未经ICP(网络内容服务商)备案,以及未获得网络出版或信息网络传播视听节目许可证而非法开展网络出版或通过信息网络传播视听节目的网站;对被国家版权局列入侵权盗版"黑名单"的网站,终止向其投放广告,并解除其会员资格。

②企业进一步提高版权保护意识,落实主体责任、加强自我约束。

2016年9月,在国家版权局的协调和敦促下,国内33家主要网络文学企业和原创小说网站共同发起的中国网络文学版权联盟宣布成立,并签署了《中国网络文学版

---

[①] 我国推进软件正版化工作再上新台阶[EB/OL]. http://wwwchinaxwcbcom/2017-03/02/content_352602 htm.
[②] 《网络文学行业自律倡议书》发布多推精品力作[EB/OL]. http://mEdia.people.com.cn/n1/2016/0722/c40606.28574887.html.
[③] 《网络广告联盟版权自律倡议》发布[EB/OL]. http://media.people.com.cn/n1/2016/1202/c40606.28919110.html.

权联盟自律公约》[①]。

联盟成员在会上共同承诺：增强版权保护意识，坚持"先授权、后使用"的版权保护原则，切实尊重网络文学著作权人的合法权利；自觉抵制侵权盗版行为，坚决不用侵权盗版网络文学作品，不为任何侵权盗版网络文学作品提供接入、存储、搜索、链接等网络技术服务；积极配合政府部门开展网络反盗维权活动，努力营造良好的网络文学版权保护社会氛围等。

2. 年度对比分析

较之2015年，2016年的数字版权保护在立法保护、司法保护、行政保护和社会保护方面都有一些新的进展。

在立法保护方面，《电影产业促进法》《关于加强网络文学作品版权管理的通知》和《移动互联网应用程序信息服务管理规定》都反映出我国在司法保护方面的立法保护的推进，在不断补充或扩展我国在数字版权保护方面的法律体系，针对数字版权保护更为直接相关的实体法律的立法，如第三次《著作权法》的修订，也被列入十二届全国人大常委会立法规划第一类项目。

在司法保护方面，全国的知识产权案件依然呈高速增长态势，且网络著作权案件占比突出。案件主要出现在北京、上海、江苏、浙江、广东等省市，尤其是互联网企业集中的北京更是网络案件的高发地。各地法院通过案件审理不断取得重大进展与突破，统一司法标准，提高审判质量，完善知识产权司法保护制度，提高知识产权司法保护的整体效能，实现知识产权的全方位救济。但依然存在赔偿标准的统一问题，以及审理涉及网络游戏直播案件、视频聚合网站的案件等新商业模式下的网络著作权案件的服务提供商的责任认定等问题，需要在今后的工作中进一步探索和完善。在行政保护方面，2016年的"剑网行动"，有自己的特点，重点突出，突出整治三类作品、重点查处四个平台、规范巩固三个成果，并建立"黑白名单"制度和强化落实互联网企业主体责任。专项工作针对的都是当前网络领域问题最突出、相关产业反映最强烈、现实性很强的几大问题。此次行动进一步净化了我国的网络空间及网络版权环境。

在社会保护方面，2016年网络版权的社会保护更加立体、多元、有效。版权行业协会积极促进行业自律，数字内容企业和网络服务商企业进一步落实主体责任、加强自我约束，权利主体维权积极性不断提高、维权手段更加丰富，网络版权保护的社会共治机制初步建立。

---

① 割除网络文学领域毒瘤需利器——来自"网络文学版权保护研讨会"的声音 [EB/OL]. http://www.ncac.gov.cn/chinacopyright/contents/518/305118.html.

## （九）2017—2018 数字版权保护状况

包括《反不正当竞争法》的修改等在内的各种与数字版权保护相关的立法新进展，不断补充或扩展着我国在数字版权保护方面的法律体系。最高院已经连续9年发布中国法院知识产权司法保护状况白皮书，与此同时中共中央办公厅、国务院办公厅印发《关于加强知识产权审判领域改革创新若干问题的意见》，为知识产权司法保护工作指明了方向。2017年，最高人民法院批准在南京等11个市设立知识产权专门法庭，具有跨区域管辖权，有助于统一裁判标准，提升裁判质量。[①]由国家版权局等四部门联合启动的"剑网2017"专项行动，完成了第13年的网络专项治理行动，重点治理了未经授权非法传播网络文学、新闻、影视等作品的侵权盗版行为。从这一系列措施均可以看出我们国家在数字版权保护领域不断取得了新的成绩。

### 1. 整体概述

（1）数字版权立法保护新进展

①《反不正当竞争法》的修订，为版权保护"添砖加瓦"。

2017年11月4日，十二届全国人大常委会第30次会议通过了新修订的《反不正当竞争法》。修订后，该法能够更好地调整和引导新时代市场竞争秩序，扩大了版权保护范围。[②]

修订后的《反不正当竞争法》第六条将经营者实施的混淆行为扩大到企业和社会组织的名称及相关名号等。可以看出，新修条款将知名人士的姓名扩大到了商标法及其他存在特定联系的领域，有效解决了相关纠纷中署名权遭遇的尴尬，加大了对版权权利人的保护力度。

②新政策不断推动版权保护发展。

2017年1月，国务院印发《"十三五"国家知识产权保护和运用规划》（简称"规划"）与《知识产权综合管理改革试点总体方案》（简称"方案"）两份文件，国家版权局印发《版权工作"十三五"规划》（以下简称"版权规划"）。三份文件相辅相成，为"十三五"时期的知识产权保护，提供了坚实有力的政策基础和依据。《规划》的印发，意味着知识产权首次成为国家专项规划的重点之一，有利于知识产权工作的全国布局。[③]《规划》着眼于知识产权强国建设，重点部署七方面工作。《方案》将以国家知识产权局为主进行落实。这将有利于完善知识产权管理机制、提升知识产权保护

---

① 2017知识产权回望. http://www.sipo.gov.cn/mtsd/l 107609.htm.
② 全国人大常委会办公厅2017年11月4号新闻发布会. http://www.scio.gov.cn/xwfbh/qyxwfbh/document/1605291/1605291.htm.
③ 新华社：关于国务院印发《"十三五"国家知识产权保护和运用规划》. http://www.gov.cn/xinwen/2017-01/13/content_5159586.htm.

能力，对创新驱动战略提供支撑。《版权规划》提出，"十三五"时期，版权工作要实现版权强国的战略目标，并部署了26项重点工作任务，这将对版权法律制度、行政管理、社会服务等体系的完善与建设工作起到非常大的促进作用。

（2）数字版权司法保护新进展

在司法保护方面，包括涉及信息网络传播的著作权纠纷在内的知识产权案件不断增多，审理难度加大，很多案件涉及复杂技术事实认定、巨额利益分配、社会公共利益、国家利益与知识产权权利人的利益平衡等问题[①]。近5年我国知识产权案件数量增长迅猛。全国法院新收各类知识产权一审案件从2013年的100800件上升到2017年的213480件，案件总量翻了一番，年均增速超过20%。[②]

① "3+15+1"知识产权大保护格局建立。

2018年3月，郑州知识产权法庭成立。至此，郑州、天津等共15家知识产权法庭完成挂牌，与北上广3家知识产权法院、杭州互联网法院一起，共同构成中国知识产权司法上"知识产权法院+知识产权法庭+互联网法院"的审判矩阵，即"3+15+1"新的大保护格局，将知识产权司法保护水平推向一个新的高度。

② 案件数量再创新高。

2017年，各类知识产权案件特别是著作权案件大幅增长。在知识产权民事一审案件中，著作权、商标和专利案件分别为137267件、37964件、16010件，同比上升分别为57.80%、39.58%、29.56%。北京、上海、江苏、浙江、广东五省市法院收案数量占全国法院案件总数的70.65%。[③]

表8 知识产权案件年度数量比对

| 年份 | 全国法院新收案件量 | 一审新收著作权案件量 | 一审新收专利案件量 | 一审新收商标案件量 |
|---|---|---|---|---|
| 2010 | 42931 | 24719 | 5785 | 8460 |
| 2011 | 59612 | 35185 | 7819 | 12291 |
| 2012 | 87419 | 53848 | 9680 | 19815 |
| 2013 | 88583 | 51351 | 9195 | 23272 |
| 2014 | 95522 | 59493 | 9648 | 21362 |
| 2015 | 109386 | 66690 | 11607 | 24168 |
| 2016 | 136534 | 86989 | 12357 | 27185 |
| 2017 | 213480 | 137267 | 16010 | 37964 |

资料来源：最高法院（数据均为地方法院新收案件量）

---

① 最高人民法院首次发布知识产权司法保护纲要. http://www.court, gov.cn/zixun-xian-gqing-41872.html.
② 2017年全国法院知识产权一审案件首次突破20万件. http://legal, people, com.cn/nl/2018/0228/042510-29840202.html.
③ 中国法院知识产权司法保护状况（2017年）. http://www.courtgov.cn/zixun-xiangqing-42362.html.

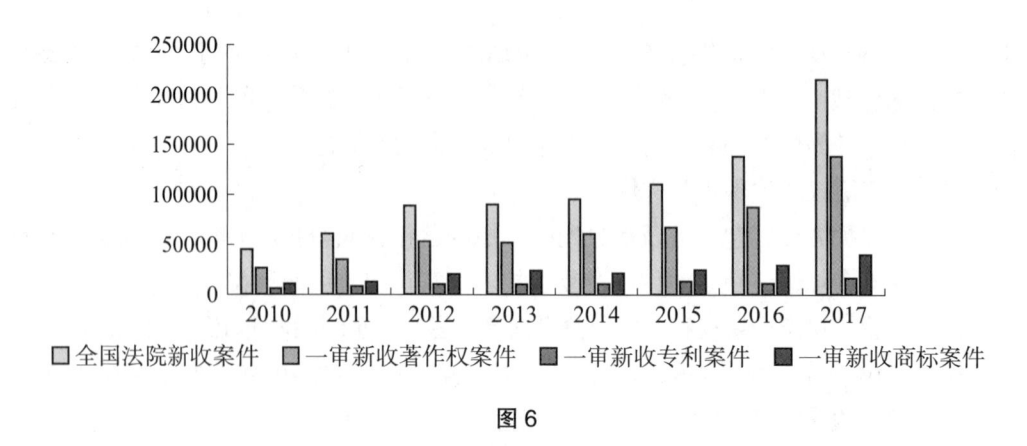

图6 全国法院新收案件、一审新收著作权案件、一审新收专利案件、一审新收商标案件（2010—2017）

③各地审判数量。

同期，北京、上海、广州知识产权法院共受理案件26698件（包括一审、二审），共审结22631件。北京知产法院受理专利行政诉讼案件同比增加5.2%、商标行政诉讼案件同比增加43.9%。[①]2017年，广东法院审结知识产权案件占全国新接收案件的1/3，为历年来最高。随着科技和经济的发展，知识产权愈加重要，权益受到侵害的可能性也随之加大，其他省份知识产权案件也呈现激增态势，天津、河北全年新收知识产权案件分别同比上升13.74%、29.54%。

（3）数字版权行政保护新进展

①版权保护总基调确定。

党的十九大报告指出，要"倡导创新文化，强化知识产权创造、保护、运用"，这为今后的版权保护工作确定了总基调。一方面要重视知识产权在国际竞争中的重要作用，加强自主创新，形成自己独有的知识产权；另一方面也要加大知识产权保护力度，要在创新中保护，在保护中创新，实现良性循环，创造知识产权保护的优良社会氛围，满足新时代对知识产权保护的需要。

②"剑网行动"提升保护力度。

由国家版权局、国家网信办、公安部、工信部等四部门联合开展的"剑网行动"到2017年，已经开展了13次。"剑网行动"有效地打击了侵权盗版行为，提升了版权保护力度，为网络版权环境的好转提供了有力保障。2017年的"剑网行动"关闭侵权盗版网站2554个，71万条链接被删除，侵权盗版制品276万件被收缴，并立案调查了一批案件，向社会公布了20件侵权盗版典型案件。这将会对侵权盗版企业及行为起到有力的震慑作用。

③《著作权法》执法检查层级提升。

著作权保护越来越受到重视，2017年，全国人大常委会组成执法检查组对《中华

---

① 我国法院知识产权司法保护工作2017年取得四大进展．http://www.stdaily.com/sipo/sipo/2018-02/10/content_636643.shtml．

人民共和国著作权法》实施情况对北京、上海等5省市进行了检查,这表明执法检查的层级得到提升。另外还委托天津、河北等10个省(区、市)人大常委会对本辖区区域内实施情况进行检查,并出具《关于检查〈中华人民共和国著作权法〉实施情况的报告》,提交全国人大常委会审议。

这是《著作权法》自1991年实施以来最大规模的一次执法检查,通过这次执法检查,对于宣传著作权法,增强全社会尊重智力劳动和保护著作权的意识、提升版权保护水平、促进版权产业发展和推进《著作权法》修订都具有重要意义。

④软件正版化持续推进,助力软件产业可持续发展。

2017年,推进使用正版软件工作部际联席会议加大工作力度,进行全面部署,通过统筹协调、服务指导和督促检查,使正版软件推进使用工作取得了新的成效。各级党政机关、央企、金融机构共采购操作系统、办公和杀毒软件372.81万套,2017年全国有37667家企业实现软件正版化。部际联席会议共督查单位389家、检查计算机26989台。党政机关和大中型企业带头使用正版软件,起到了很好的示范引领作用,促进软件创新能力不断增强,软件著作权登记量大幅增长。2017年软件著作权登记量达到74.54万件,同比增长83%;软件和信息技术服务业收入达到5.5万亿元,同比增长13.9%。[①]

(4)数字版权社会保护新进展

①企业合力破解新闻作品版权保护难题。

2017年4月,"中国新闻媒体版权保护联盟"在第二届中国网络版权保护大会上宣布成立,首批媒体版权联盟成员单位有人民日报社、新华社、中央电视台和中国搜索等中央新闻单位和新媒体网站。联盟的成立意味着新闻媒体通过行业自律和版权合作等措施来推进新闻作品版权保护的工作,合力打造平台推进版权共享、监控与交易,为新闻媒体作品版权保护和维权提供可能,为媒体融合和内容创新提供良好的行业氛围,共破新闻作品版权保护难题。[②]

②网络版权研究得到开展,版权工作社会化进一步推进。

网络版权研究近年来得到进一步重视。主要表现一是2016年批准在腾讯设立网络版权产业研究基地,并展开相关研究工作;二是发布《2017中国网络版权产业发展报告》;三是成立网络版权产业研究基地专家委员会。通过这三方面的努力,凝聚各方力量,推动研究工作进展。尤其是成立网络版权产业研究基地专家委员会,能够促进学界与业界的互动,加深对网络版权的认识,使版权工作社会化进程得到进一步推进。

---

① 国家版权局:2017年版权大事件. http://www.ncac.gov.cn/chinacopyright/contents/518/361129.html.
② 国家版权局:2017年版权大事件. http://www.ncac.gov.cn/chinacopyright/contents/518/361129.html.

## 2. 年度对比分析

较之2016年，2017年的数字版权保护在立法保护、司法保护、行政保护和社会保护方面都有一些新的进展。

在立法保护方面，《反不正当竞争法》《"十三五"国家知识产权保护和运用规划》及《知识产权综合管理改革试点总体方案》都反映出我国在司法保护方面的立法保护的推进，在不断补充或扩展我国在数字版权保护方面的法律体系。

在司法保护方面，全国的知识产权案件依然呈高速增长态势，且新类型版权纠纷呈上升趋势。北京、上海、深圳这些互联网企业集中城市是此类案件的高发地。最高人民法院设立了跨区域管辖的15个知识产权专门法庭，使审理不断取得重大进展与突破，对统一司法标准，提高审判质量，完善知识产权司法保护制度，提高知识产权司法保护的整体效能有着深远影响。与此同时，我国依然存在赔偿标准的统一问题，以及审理涉及网络游戏直播案件、视频聚合网站的案件等新商业模式下的网络著作权案件的服务提供商的责任认定等问题，需要在今后的工作中进一步探索和完善。

在行政保护方面，党的十九大报告为知识产权保护确定总基调，突出知识产权保护的重要性，彰显保护网络版权的突出作用。2017年的"剑网行动"，为网络版权保护的生态建设做出了突出的贡献。影视和新闻两类作品的侵权盗版状况得到有效整治，电子商务平台与APP平台版权秩序受到重点关注，网络文学、网络音乐、网络云存储空间、网络广告联盟等领域的版权工作得到有效巩固，使权利人的权益得到有效保障，净化了网络环境。

在社会保护方面，2017年，网络版权的社会保护更加立体、多元、有效。"中国新闻媒体版权保护联盟"宣告成立，是新闻媒体知识产权保护意识增强的体现，凸显政府对新闻产业的版权保护的重视。学者、媒体、企业等多种社会力量不断聚焦版权保护，促使版权保护工作更加顺利进行。

图书在版编目（CIP）数据

数字版权保护技术在垂直领域的应用 / 张立等著. -- 北京：中国书籍出版社，2019.11
ISBN 978-7-5068-7527-1

Ⅰ.①数… Ⅱ.①张…②张… Ⅲ.①电子出版物-版权-保护-研究-中国 Ⅳ.①D923.414

中国版本图书馆CIP数据核字（2019）第257561号

## 数字版权保护技术在垂直领域的应用

张　立　张凤杰　陆希宇　等著

| 责任编辑 | 李　新 |
| --- | --- |
| 责任印刷 | 孙马飞　马　芝 |
| 封面设计 | 路　平 |
| 出版发行 | 中国书籍出版社 |
| 地　　址 | 北京市丰台区三路居路97号（邮编：100073） |
| 电　　话 | （010）52257143（总编室）　　（010）52257140（发行部） |
| 电子邮箱 | eo@chinabp.com.cn |
| 经　　销 | 全国新华书店 |
| 印　　刷 | 三河市顺兴印务有限公司 |
| 开　　本 | 787毫米×1092毫米　1/16 |
| 字　　数 | 330千字 |
| 印　　张 | 16.25 |
| 版　　次 | 2019年11月第1版　　2019年11月第1次印刷 |
| 书　　号 | ISBN 978-7-5068-7527-1 |
| 定　　价 | 80.00元 |

版权所有　侵权必究